マーケティング戦略

第5版

和田充夫・恩藏直人・三浦俊彦 [著]

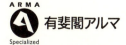

第5版へのはしがき

有斐閣アルマ・シリーズが立ち上がり，その一冊として『マーケティング戦略』が刊行されてから，20年以上の歳月が流れようとしている。この間，わが国の経済産業環境は大きな変化のなかにあった。大手銀行への公的資金の投入，それにともなう金融証券業界の再編，大手百貨店の倒産などが起こったものの，その後わが国はどうにか経済再生を果たしたかに思われる。しかし，リーマン・ショックが発生し，さらに2011年3月11日に東日本大震災と福島第一原発の事故が発生した。その一方で，インターネットなどの新しいメディアの普及が進行し，多くの人々の生活が大きく変化してきている。

このような激動のなかにあって，本書は引き続き多くの方の支持を得ることができた。大学学部はもちろんのこと，多くの企業研修プログラムでも本書を採用する機会が増加している。まさに，本書がマーケティング論のスタンダード・テキストとして定着したといっても過言ではないだろう。各章のサマリー，本文，事例（コラム），キーワード一覧，演習問題という構成が，新たにマーケティングを学ぶ学生や実務家にとって非常に理解しやすい形になっているのでは，と筆者らは自負している。

第5版を出すにあたっては，これまでの改訂の際と同様，初版の構成を基本的に踏襲しつつ，ケースや統計データ，参考文献などの最新化にできるだけ努めた。また，よりいっそう重要性を増すと考えられるサービス・マーケティング，ソーシャル・マーケティング，関係性マーケティングあるいはインターネット・マーケティングについても，新しい動向を踏まえてさらに検討を加え，より充実した内容になっていると思う。

今回の第5版が，マーケティングのよりよい理解にさらに貢献することを期待している。

2016年12月

著 者 一 同

初版 はしがき

マーケティングという学問や経営技法がアメリカに誕生してから，まもなく1世紀を迎えようとしている。わが国においても，マーケティングが学界や実務界に導入されてから半世紀が過ぎようとしている。このマーケティングが，学問的にも実践的にも体系化されたのは，1960年代初頭にレイザーとケリーによってマネジリアル・マーケティングという戦略体系が構築されたときからだといえるだろう。

それ以降，わが国においても海外においても，マネジリアル・マーケティングの基本的な分析単位は製品でありブランドであった。この分析単位を中心としてマーケティング・ミックスあるいは4Pマーケティング体系が確立されたといってよい。

本書は，はじめてマーケティングを学問的に学ぶ大学の学部学生，はじめてマーケティングを実務的に体験するビジネスマンを主たる読者として想定している。したがって，マーケティング・ミックス論を中心としたマーケティングの最も基本的なスタイルを念頭において解説されている。

しかし，1980年代以降，マーケティングは単に製品マネジャーだけのものにとどまることを許されなくなってきており，企業の経営者にとっても最大関心事となってきた。すなわち，市場の成熟化にともなって企業の対市場戦略の拡大化が進み，その結果，企業全体にマーケティング志向が必要とされる時代になったので

ある。考えてみれば，企業の環境対応のほとんどの問題はマーケティングにかかわっている。とすれば，いかに市場を選択するか，いかに市場を分析するか，いかに市場に対応するかといった企業の基本的な行動すべてがマーケティングであるともいえる。

マーケティングはいまや，製品戦略から事業戦略へ，そして企業戦略へと発展・拡大している。したがって，入門書といえども単なるマーケティング・ミックス論だけを論じているだけではマーケティングを語れない時代になってきている。

本書では，まず第Ⅰ部でマーケティング戦略構築の前提となる企業戦略について論じ，アンゾフやエイベルが語った企業成長の枠組みをわかりやすく解説した。そのうえで，第Ⅱ部と第Ⅲ部の各章でマーケティングの分析面や対応面を詳細に解説するという構成をとった。

本書には3つの特徴がある。第1に，4P体系のマーケティング・ベーシックスとともに，企業戦略や競争戦略についても十分に解説されていることである。第2に，現代のマーケティングの焦点であるサービス・マーケティングやソーシャル・マーケティング，リレーション・マーケティングについても検討を加えていることである。第3に，読者の理解を助けるために，各章の冒頭でサマリーを示し，各章のなかではそれぞれの議論にかかわる実践的な事例を取り上げ，さらに章末では復習のためのキーワード一覧と演習問題を付けるなどの工夫がされていることである。こうした特徴によって，本書は学問的にも実務にも大いに役立つものになっていると確信している。

初版はしがき　　iii

本書は，マーケティングを研究し教育する立場にある慶應義塾大学大学院経営管理研究科の和田充夫と中央大学商学部の三浦俊彦，早稲田大学商学部の恩藏直人の3人の共同作業によって誕生した。この3人の組み合わせは，本書のねらいであるマーケティングにおける学問と実践の統合，マーケティング基礎部門と応用部門の統合を実現するのに最適だったように思われる。本書が，"翻訳マーケティング"から脱皮したわが国独自のマーケティングの基本的な入門書となり，マーケティングを企業経営の中核へと昇華させていくための書となれば望外の幸せである。

　最後に，本書の企画・編集にあたった有斐閣書籍編集部の伊藤真介氏に心より感謝したい。心やさしくわれわれ3人に接してくれながら，著者3人のうち2人までもが留学中という困難な状況のなかで，厳しくスケジュール管理をし編集作業をしていただいた。同氏あっての本書だと今さらながら思っている。

　　　1996年2月

　　　　　　　　　　　　　　　　　　　　著　者　一　同

著者紹介 (執筆順)

和田 充夫 (わだ みつお)

1944 年 6 月 27 日生まれ。1967 年，慶應義塾大学経済学部卒業

1977 年，米国ペンシルバニア大学経営学部大学院博士号取得

現在，慶應義塾大学名誉教授。マーケティング・コミュニケーション論，ブランド・マーケティング，アート・マーケティング専攻

主著　『関係性マーケティングの構図』有斐閣，『関係性マーケティングと演劇消費』ダイヤモンド社，『小売企業の経営革新』誠文堂新光社，『ブランド価値共創』同文舘出版，『地域ブランド・マネジメント』(共著) 有斐閣，『宝塚ファンから読み解く超高関与消費者へのマーケティング』(編著) 有斐閣

執筆分担　序章，第 1 〜 3 章，第 7 章，第 15 章

恩藏 直人 (おんぞう なおと)

1959 年 1 月 29 日生まれ。1982 年，早稲田大学商学部卒業

1989 年，早稲田大学大学院商学研究科博士課程修了

現在，早稲田大学商学学術院教授。マーケティング論専攻

主著　『競争優位のブランド戦略』日本経済新聞社，『セールス・プロモーション』(共著) 同文舘出版，『マーケティング』日本経済新聞社 (日経文庫)，『コモディティ化市場のマーケティング論理』有斐閣

執筆分担　第 4 章，第 8 〜 10 章，第 13 章

三浦 俊彦 (みうら としひこ)

1958 年 10 月 21 日生まれ。1982 年，慶應義塾大学商学部卒業

1986 年，慶應義塾大学大学院商学研究科博士課程中退。博士 (商学)

現在，中央大学商学部教授。マーケティング戦略論，消費者行動論専攻

主著　『グローバル・マーケティング入門』(共著) 日本経済新聞出版社，『e マーケティングの戦略原理』(共編著) 有斐閣，『地域ブランドのコンテクストデザイン』(共編著) 同文舘出版，『日本の消費者はなぜタフなのか』有斐閣。

執筆分担　第 5 〜 6 章，第 11 〜 12 章，第 14 章

INFORMATION

●**本書とは何か**　本書は，大学学部の学生や企業のマーケティング部門に新たに携わる読者を対象としています。マーケティングの基礎であるマネジリアル・マーケティングと同時に，戦略的マーケティングの基本的枠組みが習得できるよう工夫されています。また，理論解説とともに事例を豊富に取り入れ，理論と実践の統合的理解ができるように配慮されています。改訂にあたって，事例を刷新するなど新しい内容を盛り込みました。

●**本書の構成**　本書は，4部16章より構成されています。序章以降，「市場の選択」「市場の分析」「市場への対応」「市場との対話」という斬新な構成によって，発展著しい現代マーケティングの全貌が，理解しやすく体系的に解説されています。

●**各章の構成**　各章は，「本章のサマリー」「本文」「*Column*」「本章で学んだキーワード」「演習問題」「参考文献」で構成され，マーケティングの内容が立体的かつ確実に学習できるようになっています。

●**サマリー**　各章の冒頭に「本章のサマリー」が付けられています。その章で学ぶ理論の概要や位置づけが的確に理解できるようになっています。

●*Column*　各章のなかにひとつずつ *Column* が挿入されています。その章で学ぶ内容に関連した興味深いケースを取り上げ，理論の理解を助けるよう工夫されています。

●**キーワード**　重要な概念や用語は，キーワードとして本文中ではゴチックになっています。さらに，各章末に「本章で学んだキーワード」として一覧にしてあります。これによって，各章の内容が確実に理解できているかどうか確認してください。

●**演習問題**　各章末に，その章の内容に関連した「演習問題」が付けられています。より進んだ学習やゼミなどでの討議課題として利用してください。

●**参考文献**　各章について，さらに学習するための参考文献がリストアップされています。日本語文献を中心に読者が入手しやすいものが選択されています。

●**索引・用語解説**　巻末には，キーワードを中心に基礎タームが検索できるよう索引が収録されています。とくに重要な用語には解説が付されていますので，学習に有効に役立ててください。

マーケティング戦略〔第5版〕・目 次

序章　マーケティング戦略への招待　　I
マーケティングの概念と体系

1　マーケティングの誕生　　2
● 20世紀の新しい学問

アメリカでの誕生（2）　　日本への導入（2）

2　マーケティング・コンセプトとは何か　　3
● 企業の市場に対する考え方と実践

マーケティング・コンセプト（3）　　プロダクト志向（4）
販売志向の要請（4）　　プロダクト志向・販売志向の限界（5）
ニーズ志向・顧客志向・社会志向とマーケティング（5）

3　マーケティング戦略の体系　　7
● マーケティングのしくみ作り

マーケティング・システムの構成要素（7）

4　マーケティング・ミックス諸要素　　9
● マーケティング 4P とは何か

戦略システムの適合性（9）　　製品政策（10）　　価格政策（11）
広告・販促政策（12）　　チャネル政策（13）

5　マーケティング戦略の構築に向けて　　14
● 本書の構成

市場の選択（14）　　市場の分析（15）　　市場との対話（15）

vii

第 I 部　市場の選択

第 1 章　事業機会の選択　　　21
企業成長のための市場需要の探索

1 事業創造への道　22
● 市場需要の創造・開拓と拡大

市場需要の開拓（22）　新事業探索のポイント（23）　事業開発のキーワード——情報（27）

2 企業成長のベクトル作り　28
● 成長目標達成のための方策

企業成長の図式（29）　市場浸透戦略（29）　新製品開発戦略（30）　市場拡大戦略（31）　多角化戦略（31）　アンゾフの成長ベクトル（32）

3 事業戦略のポートフォリオ　33
● 成長ベクトルの具体的作成

製品・事業の分類（33）　ポートフォリオの投資配分（35）

4 む　す　び　36

第 2 章　事業領域の選択　　　39
企業アイデンティティの形成

は じ め に　40
● 2020 年へのシナリオ作りは成功したのか

1 事業領域の定義　41
● 企業ドメインの戦略

企業ドメインの作成（43）

2 事業多角化の基本方針 ……………………………………… 45
●経営資源の活用戦略

経営資源の活用（45）　集約型多角化（47）　連鎖型多角化（47）　企業のアイデンティティ作り（48）

3 企業アイデンティティと企業イメージ ……………………… 49
●差別優位の企業戦略

企業理念（49）　企業ドメインと企業コンセプト（50）

4 企業イメージの形成と構造 …………………………………… 51
●望ましい企業像の構築に向けて

企業イメージとは（51）　属性イメージと意味構成イメージ（52）　企業のコミュニケーション活動の統合（52）　望ましい企業イメージの形成と定着（53）

5 企業戦略とマーケティング …………………………………… 54
●マーケティングの重要性

第3章 標的市場の選択　58
成熟市場における市場細分化戦略

1 標的市場と市場細分化 ………………………………………… 59
●市場空間の戦略的選択

標的ということ（59）　市場空間の選択の分類（59）　マス・マーケティングの登場（60）　マス・マーケティングから市場細分化へ（61）

2 市場細分化の考え方と発展 …………………………………… 62
●異質需要の結合体としての市場

違って同じ（62）　マーケット・セグメンテーションの普及

(63)

3 市場細分化の基本軸 ———————————— 64
● 人口動態的特性軸と社会心理的特性軸

人口動態的特性による市場細分化軸（64）　ライフスタイル
による市場細分化軸（68）

4 市場細分化軸の体系 ———————————— 69
● 消費財市場の細分化軸

デモグラフィック変数（70）　サイコグラフィック変数（71）

5 市場細分化採用の手続き ———————————— 72
● 市場設定のマーケティング手法

第 II 部　市場の分析

第 4 章　市場データ分析
79

消費者に関するデータの収集と分析

1 データの種類 ———————————————— 80
● 収集データのさまざまな分類

一次データと二次データ（80）　内部データと外部データ
（82）

2 データ収集の方法 ———————————————— 82
● 質問法・観察法・実験法

質問法（82）　観察法（86）　実験法（86）

3 母集団の設定と標本抽出 ———————————— 88
● 調査対象の範囲と標本調査の方法

母集団の設定（88）　　標本抽出（88）

4 測定尺度の性質 ··· 91
●名義尺度・序数尺度・間隔尺度・比例尺度

名義尺度（92）　　序数尺度（92）　　間隔尺度（92）　　比例
尺度（93）

5 分 析 事 例 ·· 94
●若干のデータ分析の実例

単純集計と平均値（94）　　クロス表とカイ2乗検定（94）
t 検定（97）　　相関係数（99）　　多変量解析（100）

第*5*章　消費者行動分析　　　　104
消費者の行動を理解する

1 消費者行動とマーケティング ······························ 105
●消費者行動分析の重要性

マーケティングの基本は市場適応（105）　　消費者行動分析
の2つの局面（105）

2 消費者を理解する ··· 106
●主要な3つの分析方法

S-O-R モデル研究（107）　　消費者情報処理研究（109）
ライフスタイル研究（114）

3 消費者のインタラクションを理解する ··················· 119
●新製品の普及過程と準拠集団

新製品の普及過程研究（119）　　準拠集団の研究（122）

4 ポストモダン消費者行動分析 ······························ 125
●新たなパラダイムを求めて

目　次　xi

第6章 競争分析 130

競争環境と競争相手の分析

1 競争構造の諸側面 131
●企業を取り巻く競争要因
ポーターの5つの競争要因（131）

2 業界の競争構造の分析 132
●業界全体の競争の枠組みを知る
産業組織論とSCPパラダイム（132）　集中度（133）　参
入障壁（135）　参入阻止戦略（139）

3 業界の競争戦略の分析 142
●業界の具体的な競争の姿を知る
戦略グループ（142）　移動障壁（145）

4 変化する競争構造 149
●業界を超えた新しい競争の展開
アウトソーシング（149）　OEM（150）　M＆A（151）
代替品と「市場の定義」（151）

第7章 流通分析 154

メーカーのチャネル戦略のための分析

1 日本型流通システム 155
●複雑で多様な流通のシステム
さまざまな流通システム（155）　外国からみた日本の流通
システム（157）

2 わが国流通構造の変化 160
●小売構造と卸構造の動向

xii

小売構造の変化（160）　　卸構造の変化（164）

3 流通取引関係 ———————————————————— 167
　　　●急速に変貌する流通取引の関係

流通系列化（168）　　建値制の崩壊（169）　　パワー関係の
喪失（171）

第 III 部　市場への対応

第8章　製品対応　　　177
マーケティングの中核としての製品戦略

1 マーケティングにおける製品 ———————————— 178
　　　●消費者の問題解決としての「便益の束」

製品とは何か（178）　　拡張された製品概念（179）　　製品
対応のレベル（179）

2 新製品開発 ———————————————————— 181
　　　●長期的な企業成長の源泉

新製品のとらえ方（181）　　新製品の重要性とヒット率の低
さ（181）　　新製品開発のプロセス（183）　　ホワイトスペー
ス戦略（186）

3 製品ライフサイクル ————————————————— 187
　　　●製品の導入から衰退まで

製品ライフサイクルの考え方（187）　　製品ライフサイクル
の段階（188）　　製品ライフサイクルの問題点（190）　　計画
的陳腐化（191）

4 ブランド・マネジメント ———————————————— 192
　　　●強いブランドの創造戦略

目　次　xiii

先発優位と後発優位（192）　ブランドの基本戦略（194）
ブランドの採用戦略（197）　ブランド拡張（200）

第9章　価格対応　202

価格設定のマーケティング戦略

1　価格設定の基本方針 …………………………………………… 203
●コスト・需要・競争に基づく価格設定

コストに基づいた価格設定方針（203）　需要に基づいた価格設定方針（206）　競争に基づいた価格設定方針（207）

2　新製品の価格対応 …………………………………………… 208
●上澄み吸収価格戦略と市場浸透価格戦略

上澄み吸収価格戦略（208）　市場浸透価格戦略（209）

3　製品ミックスを考慮した価格対応 ………………………… 210
●製品ラインにおける価格設定

プライス・ライニング戦略（210）　抱き合わせ価格戦略（211）
キャプティブ価格戦略（211）

4　心理面を考慮した価格対応 ………………………………… 211
●消費者心理をつかむ価格設定

端数価格（212）　威光価格（212）　慣習価格（213）

5　割引による価格対応 ………………………………………… 214
●通常価格から引き下げる価格設定

現金割引（214）　数量割引（215）　機能割引（215）
アロウワンスとリベート（216）　特売価格と季節割引（217）

6　需要の弾力性 ………………………………………………… 219
●価格の変化と需要の関係

価格弾力性（219）　交差弾力性（219）

第10章 コミュニケーション対応

223

消費者への効果的な情報伝達

1 マーケティングにおけるコミュニケーション …………… 224
●コミュニケーション対応の枠組み

コミュニケーション・モデル（224）　コミュニケーションの反応プロセス（226）

2 マーケティング・コミュニケーションの領域 ………… 229
●多様なコミュニケーション手段

コミュニケーション要素としての企業活動（229）　人的コミュニケーションと非人的コミュニケーション（232）

3 コミュニケーション・ミックス ……………………… 233
●コミュニケーション媒体の上手な組み合わせ

コミュニケーション・ミックスの決定要因（234）　新しいコミュニケーション・ミックス（236）

4 広 告 対 応 ………………………………………… 238
●広告の媒体・訴求内容・分類

広告計画（240）　広告媒体（242）　トリプルメディア・マーケティング（242）　広告訴求内容と広告分類（244）

5 セールス・プロモーション対応 ……………………… 246
●セールス・プロモーションの範囲と種類

セールス・プロモーションの範囲（246）　セールス・プロモーションの種類（248）

目 次　xv

第11章　流通チャネル対応　252

流通環境の変化に対応したチャネル戦略

1　流通チャネル対応の体系　253
●チャネル選択とチャネル管理

2　チャネルの選択　253
●垂直的マーケティング・システムの構築

3つのチャネル政策（253）　垂直的マーケティング・システム（VMS）（254）　チャネル選択の意思決定課題（255）

3　チャネルの管理　259
●変化するメーカーのチャネル管理

メーカーによるチャネル管理の方策（260）　パワー・コンフリクト論（261）

4　これからのチャネル対応　264
●延期―投機理論の考え方

延期―投機の理論（264）　チャネル・コンピタンスの時代へ（269）

第12章　競争対応　272

競争優位のための戦略対応

1　競争対応の枠組み　273
●4Pを方向づける戦略指針

2　ポーターの3つの基本戦略　274
●コスト・リーダーシップ，差別化，集中

コスト・リーダーシップ戦略（275）　差別化戦略（275）
集中戦略（277）

xvi

3 製品ライフサイクル別戦略 ················· 280
● **動態的な競争対応への視点**

製品ライフサイクルのとらえ方（280）　製品ライフサイク
ル段階別の対応（282）　デファクト・スタンダードをめぐ
る競争（283）

4 競争地位別戦略 ······························· 284
● **構造的な競争対応への視点**

リーダー企業の競争戦略（284）　チャレンジャー企業の競
争戦略（289）　フォロワー企業の競争戦略（291）　ニッ
チャー企業の競争戦略（292）

第 Ⅳ 部　市場との対話

第13章 ┃ サービス・マーケティング　　　　297
サービス業のマーケティング戦略

1 サービスの重要性とマーケティング ··········· 298
● **経済のサービス化とサービス・マーケティング**

サービスの重要性（298）　サービスとは何か（298）

2 サービスの分類 ······························· 300
● **3つの分類基準**

設備ベースか人ベースか（300）　サービスへの顧客のかか
わりあい（302）　受け手が誰で，サービスの本質は何か（302）

3 サービスの特性 ······························· 303
● **有形財との5つの違い**

無形性（304）　品質の変動性（305）　不可分性（306）
消滅性（307）　需要の変動性（307）

目　次　xvii

4 サービス業のマーケティング戦略 ……………………… 309
● サービスにおける 4P と品質向上

マーケティング・ミックス（309）　インターナル・マーケ
ティングとインタラクティブ・マーケティング（311）

第14章　ソーシャル・マーケティング　317
マーケティングと社会のかかわり

1 ソーシャル・マーケティングとは ……………………… 318
● ソーシャル・マーケティングの2つの流れ

2 非営利組織のマーケティング ……………………………… 319
● マーケティングの適用領域の拡大

非営利組織のマーケティングの特徴（320）　ニーズ対応と
コンセプト提案（323）　非営利組織のマーケティング方法
（325）

3 社会志向のマーケティング ………………………………… 327
● 企業の社会責任と社会貢献

社会責任のマーケティング（327）　社会貢献のマーケティ
ング（333）

4 マネジリアル・マーケティングとの統合 …………… 335
● 企業の利益と社会の利益の一致に向けて

CSR マーケティング（336）

第15章　関係性マーケティング　341
相互作用重視のマーケティング

1 関係性マーケティングの誕生 ……………………………… 342
● 3 つの時代背景

xviii

消費者の変化（342）　メーカーと流通業者の関係の変化（343）
ソーシャル・コミュニケーションの増大（344）

2 関係性マーケティングとは何か ……………………………… 344
●ステイクホルダーとのインタラクション
ステイクホルダーとのインタラクション（344）　信頼（345）

3 マーケティング・アズ・コミュニケーション（MAC）……… 347
●コミュニケーションとしてのマーケティング
MAC マーケティングとは（347）　ブランドをめぐる企業と
顧客のインタラクション（347）

4 信頼の製販同盟 …………………………………………………… 349
●流通にみる関係性マーケティング
製販同盟とは何か（349）　コンビニエンス・ストアの製販
同盟（350）　流通における関係性の形成（351）

5 対話するマーケティング ……………………………………… 352
●企業と顧客の対話の形成
企業の顧客への語りかけ（352）　対話の媒介としてのブラ
ンド価値（353）　フェイス・トゥ・フェイス・コミュニケー
ション（354）　口コミ・コミュニケーション（355）　情
報プラットフォーム・コミュニケーション（356）　地域ブ
ランド形成のマーケティング（359）

索引（用語解説付き）━━━━━━━━━━━━━━━ 365

Column 一覧

① サントリーのコーポレイト・メッセージ ……………… 25

② 部屋干しトップが新たな需要を創造 …………………… 42

③ 市場セグメントの新たな発見 …………………………… 66

④ 横浜 DeNA ベイスターズ——データ分析による集客 … 81

⑤ 貝印「ちゅーぼーず」の現場調査 …………………… 118

⑥ QB ハウスのブルー・オーシャン戦略 ……………… 147

⑦ 福光屋のチャネル選択 ………………………………… 162

⑧ 日清フーズのパッケージ変更 ………………………… 196

⑨ エーエヌディー——支払条件へ注目した新しいビジネス …… 218

⑩ 西川産業の Air（エアー）——色によるコミュニケーション … 230

⑪ ユニクロとしまむら——流通チャネルの革新 ……… 268

⑫ リーダー企業の強みを弱みに変える「ミノルタのα–7000」…… 290

⑬ マーケティング発想で躍進するクラブツーリズム …… 313

⑭ 育児休業者の職場復帰を支援する「wiwiw（ウィウィ）」… 334

⑮ 長野県小布施町の地域ブランド作り ………………… 357

本書のコピー，スキャン，デジタル化等の無断複製は著作権法上での例外を除き禁じられています。本書を代行業者等の第三者に依頼してスキャンやデジタル化することは，たとえ個人や家庭内での利用でも著作権法違反です。

序章 マーケティング戦略への招待

マーケティングの概念と体系

本章のサマリー

　マーケティングとはなんだろうか。このことを明らかにすることが本章のねらいである。マーケティングとは，市場と企業や組織とのかかわりを考察する考え方や接近法であり，そしてそのしかけ作りである。本章では，企業や組織と市場がどのようにかかわるべきかという点について，システムズ・アプローチをベースとしたマネジリアル・マーケティングの戦略体系，いわゆるマーケティング4Pの基本構造を明らかにしている。現代マーケティングは，4P構造を中心とする戦略体系を基本として「市場とのかかわり方」を設定し，そのための市場区分の選択・設定，市場分析を行うことを要求している。さらに，現代マーケティングは「市場とのかかわり方」を「市場との語り合い」へと昇華しようとしている。

　本章は，マーケティングの基本構造を示すとともに，それをベースとした本書の全体構造を概観している。

1 マーケティングの誕生

● 20 世紀の新しい学問

> **アメリカでの誕生**

マーケティングという言葉がこの世に誕生してから 100 年以上が経過している。マーケティングという言葉がはじめて世に出たのは，1902 年のアメリカ・ミシガン大学の学報においてである。次いで，1905 年にはペンシルバニア大学で "Marketing of Product" という講座が開講し，1910 年にはウィスコンシン大学で "Marketing Method" なる講座が開講した。

このように，20 世紀初頭にアメリカで相次いでマーケティング講座が開講した背景には，アメリカにおけるゴールド・ラッシュ，西部開拓，東海岸から西海岸に至る全北米大陸的な市場の誕生，そしてその後の供給過剰市場における販売拡大の必要性ということがあった。それまでは，アメリカでも trade, commerce という言葉が使われており，わが国でも戦前は商品学，商業学，配給論であった。

> **日本への導入**

わが国でマーケティングという概念あるいは実践的な対市場活動が始まったのは，第 2 次世界大戦以降である。1955 年に日本生産性本部のアメリカ視察団が帰国し，その団長であった当時の経団連会長・石坂泰三氏が羽田空港で記者会見し，「アメリカにはマーケティングというものがある。わが国もこれからはマーケティングを重視すべきである」と発言したのはあまりにも有名な話であり，以降わが国の産業界では「マーケティング」という言葉が流行語にもなり，

またその実践的活用の気運が高まったのである。以降，今日に至るまで「マーケティング」は企業活動の実践としてもてはやされ，企業経営のキー・ファクターとしての位置づけが行われてきたのである。しかし，「マーケティング，マーケティング」と広言する実践家，「マーケティング，マーケティング」と騒ぐ企業にしても，「マーケティングとは何か」という問いに自信をもって答えてくれる人は，今日に至ってもいまだ少数である。本書の目的はまさにここにある。マーケティングという概念，あるいはマーケティング行為を正しく理解し，その内実を基本的・体系的に把握する，このことが本書の目的である。

2 マーケティング・コンセプトとは何か
●企業の市場に対する考え方と実践

マーケティング・コンセプト

マーケティング・コンセプト（マーケティング概念）という言葉がある。誤解を招かないようにこの言葉を最初に定義しておこう。マーケティング・コンセプトとは，マーケティング行為，マーケティング戦略体系，あるいはマーケティング技術といったものではなく，「企業経営にあたって必要とされる企業の市場に対する考え方もしくは接近法」である。マーケティング・コンセプトとは，まさに企業が全組織的にもつべき市場に対する考え方（概念）であると理解することが重要である。したがって，マーケティング・コンセプトの今日に至るまでの変遷というとき，それは，「プロダクト志向」「販売志向」「顧客志向」，そして「社会志向」という言葉で表現されるように，まさに市場に対する考

序章 マーケティング戦略への招待 3

え方・接近法なのである。

プロダクト志向　ここで「プロダクト志向」というマーケティング・コンセプトは，むしろマーケティング以前と考えたほうがよいかもしれない。プロダクト志向の基本は，「はじめに製品ありき」である。企業家や研究者・技術者が，市場や顧客とはまったく無関係の状況で製品を作り出す。そして，その製品が売れた，売れないが問題となる世界である。よくいわれる「シーズ志向」とは，このことなのである。ここでは新製品開発の動機は，研究者・技術者の個人的な興味である。しかし，先にも述べたように，マーケティング誕生の背景は，20世紀初頭の北米大陸における一大市場の出現であり，その市場の供給過剰化であった。プロダクト・アウトで発売された新製品がたまたま市場のニーズにあってヒットし，売り手市場のなかで販売が拡大している状態では，とくにマーケティングという問題は発生しない。しかし，このような市場もやがて飽和化し供給過剰市場となると，プロダクト志向は立ち往生する。少しでも多くの商品を手に入れようと，われもわれもと製造業者の門前に殺到した販売業者がパタリと姿をみせなくなる。

販売志向の要請　製造業における本格的な販売部隊が誕生したのは，以上のような背景があってのことである。日本流にいえば，現場の営業部隊の本格的な活用が注目を浴びたのである。もちろん，それまでにも製造業にも販売窓口はあっただろう。しかし，彼らのおもな役割は，製品を求めて群がる販売業者に対して販売割当を行うことであった。まさに，需要が供給を上回り，製造業者が上手にでて製品（現場では製品を玉とさえいった）を分け与えたのである。しかし，供給過剰市

場のもとで販売業者がパタリと来なくなると，製造業者は本格的
に販売部隊を編成して販売業者に積極的に働きかけ，「買っても
らう」ことになる。「販売志向」とはこのことであり，製造業者
の販売員が個々に販売業者に接近して販売し，自ら割当販売量
（ノルマ）をセルアウト（売り切る）しなければならなくなったの
である。

プロダクト志向・販売志向の限界

『経営者の時代』などで世界的に著名
な経営学者ドラッカー（P. F. Drucker）は，
かつて「マーケティングの究極目的はセ
リングを不要にすることである」と述べた。ここでドラッカー
のいうセリングという言葉は hard-sell を意味しており，これを
日本語に訳せば「押し込み」「押し売り」とでもなるだろう。つ
まり，「販売志向」は「プロダクト志向」でできあがった商品を，
製造業者の販売部隊が売り込んでいくということを意味し，商品
そのものが市場や顧客のニーズに適合しているかどうかはとりあ
えず問題とはしないのである。ドラッカーのいいたいことは，販
売部隊がいかに積極的に販売業者にアプローチしようとも「プロ
ダクト志向」の商品の拡販は難しいし，販売部隊のプッシュのみ
での商品の売り込みには限界があるということである。

ニーズ志向・顧客志向・社会志向とマーケティング

もう一度ドラッカーの主張を解説すれば，
第1は，研究者・技術者の興味本位から
生まれたものは商品ではなく，顧客ニー
ズ探索のなかから生まれる「ニーズ志向」「顧客志向」の商品が
必要であること，第2は，販売部隊に拡販を委ねるのではなく，
企業全体がマーケティングというしくみ作りをしなければ市場や
需要を捕捉できないということである。つまり，企業には「ニー

序　章　マーケティング戦略への招待　　5

ズ志向」「顧客志向」が必要であり，マーケティングはこのような発想をもつことによってはじめてその生命を与えられたといっても過言ではないのである。その後，マーケティング・コンセプトは，その基本としてニーズ志向，顧客志向を発展させ，さらに「社会志向」へと拡張していく。マーケティングの社会志向というと一見わかりにくいが，前述のようにマーケティングを企業全体がもつべき市場に対する考え方や接近法とするならば，社会志向は企業の社会責任や社会貢献というかたちでマーケティングをとらえることができよう。

　この問題を明らかにするためにきわめて卑近な例を考えてみよう。今日，世界的にみてタバコを吸う人々はいまだ世の中のある部分を占めるだろう。したがって，タバコには確実に顧客のニーズが存在する。個々のユーザーを考えてみれば，タバコはまさにニーズ志向の商品である。しかし，喫煙は周りの人々に迷惑を与え，肺がんの発生や地球環境の悪化に一役買っていることも事実である。ニーズ志向のタバコ・メーカーなら，いかにスモーカーに受け入れられるタバコを開発するかを考えるだろうし，社会志向のタバコ・メーカーならば，タバコ事業の縮小を考え多角化事業路線に進むだろう。アメリカのフィリップ・モリス社がその最たる例である。同社はいまや，アメリカのインスタント・コーヒーのトップメーカーであるゼネラル・フーズ社，酪農製品トップメーカーであるクラフト社，アメリカ大手ビール・メーカーであるミラー社の親会社である。

　以上のように，マーケティングとはニーズ志向，顧客志向，さらには社会志向といったマーケティング・コンセプトを企業の対

市場接近の基本としてとらえ，それらのニーズを充足させるための市場に対するしくみ作りを行い，そのしくみの市場実践を行うことである。ここで明らかなことは，市場における顧客のニーズこそが需要であり，マーケティングはこの需要を創造・開拓し拡大することを目的としていることである。

3 マーケティング戦略の体系
●マーケティングのしくみ作り

マーケティング・システムの構成要素

前述のように，マーケティングの基本的な目的は市場需要（つまり，顧客のニーズ）を創造・開拓し拡大することである。ここで重要なことは，このような市場需要を創造・開拓し拡大するためにマーケティングはしくみ作りを企図するということである。一般にしくみはシステムと言い直すこともできる。システムの構成要素は，システム目的，システムの作動対象，そしてシステム要素である。つまり，マーケティングのしくみをマーケティング・システムあるいはマーケティング戦略体系と考えた場合，システム目的は当然ながら市場需要の創造・開拓・拡大である。システムの作動対象は特定の市場要素あるいは特定ニーズを有する顧客集団であり，システム要素はシステム目的達成のための諸手段，一般にいわれるマーケティング・ミックス諸要素である。

マーケティング・ミックス要素は，レイザー（W. Lazer）とケリー（E. J. Kelley）によって確立されたシステムズ・アプローチに基づくマネジリアル・マーケティングの枠組みのもとでは，①

序　章　マーケティング戦略への招待　　7

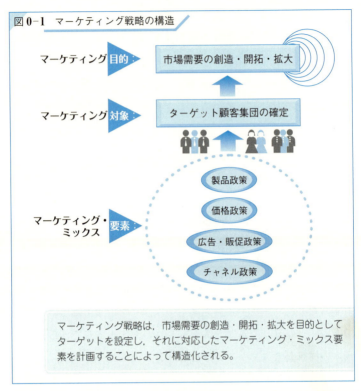

図0-1 マーケティング戦略の構造

マーケティング目的：市場需要の創造・開拓・拡大

マーケティング対象：ターゲット顧客集団の確定

マーケティング・ミックス要素：製品政策／価格政策／広告・販促政策／チャネル政策

マーケティング戦略は，市場需要の創造・開拓・拡大を目的としてターゲットを設定し，それに対応したマーケティング・ミックス要素を計画することによって構造化される。

製品政策，②価格政策，③広告・販促政策，④チャネル政策の4要素と規定されている。したがって，システムとしてのマーケティング戦略体系は，システム目的，システム作動対象，システム要素からなる図0-1のような構造になっている。企業は常に市場に対してニーズ志向・顧客志向というマーケティング・コンセプトを基本として，市場に対して図のようなマーケティング戦略体系を構築し市場実践を行わなければならない。

本書の第Ⅲ部の各章は，市場需要の創造・開拓・拡大への具体

的な対応としてマーケティング・ミックス諸要素のそれぞれについてその内実を詳しく議論しており，また，これら諸要素を「競争」という次元で統合的に検討を加えている。第Ⅲ部のマーケティング・ミックス諸要素の各論に入る前に，この章ではこれら諸要素の概要について少し触れておこう。

4 マーケティング・ミックス諸要素
●マーケティング4Pとは何か

戦略システムの適合性　一般にマーケティングの入門講座あるいはマーケティング実践の入門研修会では，「マーケティング戦略とは何か」という問いに対して，しくみとしての「マーケティング・ミックス」あるいは「マーケティング4P」を作ることと答えれば合格である。ここでマーケティング4Pとは，マッカーシー（E. J. McCarthy）が『ベーシック・マーケティング』で唱えたマーケティング・ミックス諸要素のことであり，前述のマーケティング・ミックス諸要素，すなわち，①製品政策（product），②価格政策（price），③広告・販促政策（promotion），④チャネル政策（place）の4つのPである。

ただし，マーケティング戦略の立案はこれら諸要素の具体的な内実を特定することだけでは終わらない。前述のように，マーケティング戦略はシステムであるから，システムとしての2つのフィット（適合）が必要である。まず第1のフィットは，ターゲット顧客集団とマーケティング・ミックス各要素とのフィットである。たとえば，広告・販促政策について幼児という顧客集団に対し，深夜のテレビスポットといった媒体選択はまったく不適合

序　章　マーケティング戦略への招待　　9

といわざるをえない。第2のフィットは，マーケティング・ミックス要素間のフィットである。価格政策とチャネル政策間のフィットということで考えれば，コンビニエンス・ストアにおける価格ゾーンとして1万円以上のものは考えにくいだろう。

　以上のように，具体的なマーケティング戦略の構築にあたっては，戦略構造にシステム感をもち，以上のような2つのシステム・フィットを考慮しながら具体的なミックス要素の検討に入っていくことになる。

| 製品政策 |

製品政策はまさに，市場需要の創造・開拓と拡大を達成するためにどのような製品を開発しそれを育成していくかということにかかわっている。この領域での主たる問題は，新製品開発プロセスをどのように作り上げ製品コンセプトをいかに確立するか，製品ラインをどのように拡大・維持するか，ブランドをどのように作り上げるか，パッケージ政策をどのように計画し実践するかなどを考えることである。

　製品コンセプトはどのように作り上げたらよいだろうか。コトラー（P. Kotler）は，「製品とは便益の束である」といっている。古くは，レビット（T. Levitt）によれば，製品コンセプトに対する考え方は「マーケティング・マイオピア」という言葉に示されており，鉄道は航空機サービスや自動車交通を意識した輸送産業であると考え，映画はディズニーリゾートやテレビを念頭においた娯楽産業と考えなければならないということである。たとえば，レビットの考え方は，電動ドリルが100万個売れたということは，市場に100万×αの穴を開けたいというニーズが存在したと解釈すべきということなのである。まさに，製品政策の出発点

は，市場のニーズをどのようにして製品コンセプトに転化しうる
かということである。本書の第8章「製品対応」では，前述の
ような製品政策にかかわる意思決定のそれぞれについて詳しい検
討が行われる。

価格政策

価格政策はマーケティング意思決定のな
かでもかなり実践的な意思決定であり，
とくに価格と他のマーケティング要素とのかかわりという次元で
とらえることが必要である。たとえば，価格と品質のかかわりは
市場需要特性の観点から重要である。価格は本来，商品の価値を
表明する基準であるから，顧客の現実の商品に対する知覚品質と
価格認識との関係を明らかにすることが求められる。ここでは市
場需要の価格弾力性や競争差別性と競争価格の設定，価格と商品
差別化との関係などが検討される。

　価格政策はまた，チャネル取引という次元からも検討されなけ
ればならない。商品価格は通常，製造業者から中間業者への価格
と中間業者から最終顧客（ユーザーや消費者）への価格によって
構成され，消費財市場であれば製造者仕切価格，卸売価格，小売
価格となる。これまで日本の多くの製造業者は，これらの価格を
体系化し流通業者に提示する，いわゆる建値制を採用してきた。
現在でもみられるメーカー希望小売価格は，この体系によって提
示されたものである。つまり，製造業者が流通システムのなかで
指導的立場にあって，卸売業者はこの価格で小売業者に，小売業
者はこの価格で消費者に販売すれば，それぞれが適正なマージン
をとって健全な経営ができる，としたのがメーカー建値制である。
　製造業者の建値制は，先に示した流通各段階における価格が設
定されたからといって完結するものではなく，建値価格体系を

序　章　マーケティング戦略への招待　11

ベースとしたリベート体系の設定がともなうものである。つまり，マージン，リベート，アロウワンス，そして決済条件の4者が備わってはじめて価格政策は完結する。リベートの典型的なものは取引数量割引であり，流通業者の取引の規模に応じて単位当たり値引きが行われる。アロウワンスは典型的には機能対価リベートとも呼ばれ，たとえば大量陳列行為に対する対価として支払われる。決済条件は，手形取引なのか電子取引なのか，あるいは決済は現金なのか，サイトは何ヵ月なのかといった条件を決定することである。いずれにしても，マージン，リベート，アロウワンス，決済条件は，それぞれの間のバランスによって，また流通システム・メンバー間のパワー関係や協調関係をもとにして決定される。

広告・販促政策 広告・販促政策は，一般にはマーケティング意思決定の最も典型的なものと考えられているが，これとても他のマーケティング・ミックス諸要素との関係において決定されなければならない。現実には，広告と販促とを区分することはきわめて困難である。一般的には，広告とは電波・印刷媒体のなかでも広域媒体を活用したものと考えられ，販促には消費者向けキャンペーン，店頭キャンペーン，トレードディール（取引先向け販促）などが含まれるだろう。最近では，専門誌のようなターゲット特定的な狭域メディアやインターネットなども活用されているし，広告と販売活動を連動させたような IMC（integrated marketing communication）的な活動も盛んである。有価証券報告書をみると，企業によっては広告費と販促費を分けて計上している場合もあるし，合計で計上している場合もある。また，広告費と販促費を分けて計上している企業でも，

販促費のなかに販売手数料（いわゆるリベート）を含んで計上している場合もある。さらに，広告費・販促費のなかには直接個別商品訴求をともなわない企業広告費や広報活動費が含まれている場合もある。

　一般に，マーケティングを成熟寡占市場下の非価格競争活動と定義するならば，製品政策と価格政策，広告・販促政策のそれぞれの意思決定は不可分である。とくに，商品のブランド化を目標としたマーケティング意思決定では，価格政策と広告・販促政策は商品ブランド化に向けて高度な整合性が必要とされる。

チャネル政策　チャネル政策の基本はメーカーの立場に立って考えるならば，その第1は流通チャネル構造の選択である。広い拡大チャネルを求めるのか，それとも狭い限定的なチャネルを求めるのかが，ここでの基本的意思決定である。この選択は商品が最寄品や買回品か，あるいは専門品かといった商品特性にも依存するし，小売構造変化の傾向にも依存する。ここでチャネル構造の基本が選択されると，次の意思決定事項は先に示した価格政策とのかかわりをどうするか，広告・販促政策とのかかわりをどうするか，流通業者とのかかわりをどのようにマネジメントするかということになる。

　以上のように，マネジリアル・マーケティング戦略体系下の各マーケティング・ミックス諸要素にかかわる意思決定事項はきわめて多元的であり，かつマーケティング・ミックス諸要素間の関連性・相互作用性が高い。マーケティング戦略体系の構築の詳細については，第Ⅲ部「市場への対応」においてそれぞれのマーケティング・ミックス諸要素の意思決定事項にしたがって検討が

加えられる。ただし，マーケティング戦略体系の構築にあたって，これまでの議論でいえることは，マーケティング戦略そのものが市場需要に対応したひとつのシステムであること，そしてシステム諸要素間の相互作用がきわめて重要であることである。

5 マーケティング戦略の構築に向けて
●本書の構成

　前節で，本書の第Ⅲ部「市場への対応」で扱うマーケティング・ミックス諸要素について説明したので，本節では，第Ⅰ部「市場の選択」，第Ⅱ部「市場の分析」，第Ⅳ部「市場との対話」の内容を紹介しよう。

市場の選択

企業活動にとって，それがどのようなものであれ，「市場とのかかわり」をもつことが前提となることは明らかである。先に示したマーケティング戦略体系は，「市場とどのようなかかわりをもつか」という問いに対する解答を導き出すものである。しかし，「市場とのかかわり方」を考察するためには，「どのような市場」とのかかわりをもつのかという決定をあらかじめ行っておかなければならない。本書の第Ⅰ部「市場の選択」では，企業がマーケティング活動を行うための前提としての「市場の選択」，つまり，企業戦略の言葉でいえば事業機会や事業領域の選択について，さらには標的市場の設定の仕方，市場細分化の考え方や方法について検討を加えている。

　先述のペンシルバニア大学で 1905 年開講のマーケティング講座の名称が "Marketing of Product" とあるように，一般にマーケ

ティングの実践単位は「製品」である。しかし，現実には，多く
の企業が複数の製品を販売しており，それが製品ラインとなり，
さらに事業となっていくのである。企業によっては複数の事業を
営む多角化企業となっているものもある。したがって，ひとつの
製品を単位としてスタートしたマーケティングは，やがては事業
単位のマーケティングへ，さらには，事業単位を超えた企業戦略
単位のマーケティングへと発展していく。そして，これらのマー
ケティングを展開していくなかで，自社の現在および将来におい
てかかわっていく事業領域（市場領域ともいう）や事業機会を探
索し設定していくことが出発点となるのである。

市場の分析　ひとたび自社の事業領域が設定され，
個々の市場区分がおぼろげながらみえて
くると，次に行うことは，それぞれの市場区分での事業機会を明
らかにするための分析作業である。本書の第II部「市場の分析」
では，このような市場区分に対する分析の次元と具体的な方法を
示している。第4章では，統計的分析手法を含む市場データの
収集と分析の方法が示されている。第5章以降では，具体的な
市場行動の参加者である消費者，競合企業，流通業者の行動とそ
の分析の枠組みが示されている。ここで明確にしておかなければ
ならないことは，第I部「市場の選択」の検討のなかであらかじ
め与えられた市場区分を分析する場合と，第II部に示された市場
分析の過程で市場の選択が修正されたり，あるいは新たな市場設
定が行われる場合があることである。それはあたかも，論理と現
実の相互作用ということになるかもしれない。

市場との対話　本書の第IV部「市場との対話」は，第I
部から第III部までの議論の根幹ともいう

序　章　マーケティング戦略への招待　15

べき「マネジリアル・マーケティング」の枠組みを超えた新たな
マーケティングの枠組みを考察するという，いささか大胆な議論
である。もちろん，企業は市場を分析し市場を事業機会としてと
らえ，選択した市場にマーケティング・ミックス諸要素で対応し
なければならない。しかし，今日の企業は，市場に対応しフィッ
ト（適合）するだけでなく，「市場と語り合わなければならない」。
これが第Ⅳ部の基本的な主張である。

　第13章で扱うサービス・マーケティングは，本来的にはサー
ビスという財もしくは製品を対象としたマーケティングであり，
製品を単位としたマネジリアル・マーケティングとなんら基本的
な枠組みは変わるところがないとも考えられる。しかし，サービ
ス財が物財と基本的に異なる特性のひとつは，サービス財の成立
は財の提供者と購買者とが同一時空間を共有することによっては
じめて可能となるということである。つまり，財の提供者と消費
者とのインタラクティブな関係，場合によっては両者の語り合い
のプロセスで財が存在し品質が決まっていくのである。

　第14章のソーシャル・マーケティングも，サービス・マーケ
ティングと似たような側面をもっている。ソーシャル・マーケテ
ィングの第1の側面は，非営利組織の活動へのマーケティング
の応用である。通常，ソーシャル・マーケティングが対象とする
ものは環境問題などの社会問題キャンペーンであったり，選挙キ
ャンペーンであったりして，その活動対象はサービス財と似たよ
うな特性をもっている。病院のマーケティングなどはその典型だ
ろう。ソーシャル・マーケティングの第2の側面は，企業の社
会責任や社会貢献にかかわるものであり，社会的存在としての企
業が顧客を含む社会とのかかわりをどのようにもつべきかという

ことが議論の中心となる。「企業と社会の語り合い」がここでは重要な視点となり，企業のソーシャル・コミュニケーションが考察される。

　第15章の関係性マーケティングはまさに，マネジリアル・マーケティングを超えた新しいマーケティングの枠組みであり，企業と顧客，企業と取引先，企業と社会，地域と社会といった企業や組織と企業や組織を取り巻く諸要素との間の関係性に注目するアプローチである。ここでは，企業や組織がこれらさまざまな要素とどのようなかかわりのプロセスを構築するかということが，中心的な研究対象となる。

　本書は4部からなっており，その中心概念は市場である。もちろん，市場という概念は多義的・多次元的であるが，少なくとも本書の基本スタンスは「マーケティングの中心的な考え方は企業や組織が市場とどのようなかかわりをもつか」という点で一貫している。本書は本質的にマーケティングの入門書であるから，「市場とのかかわり」の基本枠組みとして1960年代に体系化された「システムズ・アプローチ」あるいは「マネジリアル・マーケティング」を採用している。そして，それをベースに，第Ⅳ部では「市場との対話」について，マネジリアル・マーケティングを超えた新しい現代的なマーケティングのアプローチをも示している。

▶本章で学んだキーワード	KEY WORD
マーケティング・コンセプト　　シーズ志向　　　ニーズ志向	
顧客志向　　マーケティング・ミックス諸要素　　マネジリア	

序　章　マーケティング戦略への招待　17

ル・マーケティング　マーケティング４Ｐ　製品コンセプト
マーケティング・マイオピア　企業戦略　企業や社会　企業と組織

演習問題

1 マーケティング・コンセプトとはなんだろうか。それはどのように変遷してきたのだろうか。また，それはなぜだろうか。
2 マーケティング戦略体系の内容を示し，要素間のフィットについて実例をあげて説明してみよう。
3 「製品は便益の束」ということを具体的な例をあげて考えてみよう。

参考文献

池尾恭一［2011］，『モダン・マーケティング・リテラシー』生産性出版。

コトラー，P.＝G.アームストロング（和田充夫・青井倫一訳）［1995］，『新版マーケティング原理』ダイヤモンド社。

嶋口充輝［1984］，『戦略的マーケティングの論理』誠文堂新光社。

嶋口充輝・石井淳蔵［1995］，『現代マーケティング』新版，有斐閣。

嶋口充輝・和田充夫・池尾恭一・余田拓郎［2004］，『ビジネススクール・テキスト　マーケティング戦略』有斐閣。

第 I 部

市場の選択

第 1 章 事業機会の選択

第 2 章 事業領域の選択

第 3 章 標的市場の選択

ジャカルタのユニクロ1号店　オープンを待つ買い物客
（毎日新聞社提供）

第1章 事業機会の選択

企業成長のための市場需要の探索

本章のサマリー

　企業成長の方途はなんだろうか。まず，技術やアイディアを駆使して事業機会・市場需要を探索することがスタートである。戦後のわが国の消費者の生活再構築のプロセスのなかで，消費財市場は飛躍的な発展を遂げた。そして，生活財の取り揃えから生活の豊かさを求める消費者を前にして，1980年代以降本格的な事業機会・市場需要探索の必要性が高まってきた。それでは，事業機会・市場需要探索のポイントはなんなのだろうか，また企業の長期的な成長目標達成のための枠組みは何なのだろうか。

　本章では，成熟市場における事業機会・市場需要探索のためのポイントをいくつか示し，また企業の長期成長目標達成のためのフレームワークとしてアンゾフの製品市場マトリックス，成長ベクトル，そしてボストン・コンサルティング・グループの製品・事業ポートフォリオ管理の概念と事業投資のフレームワークを示している。

1 事業創造への道

●市場需要の創造・開拓と拡大

市場需要の開拓
いかなる企業といえども,「はじめに企業ありき」ではなく,「はじめに需要ありき」であり,それがシーズ志向であろうとニーズ志向であろうと,事業機会の探索,つまり市場需要の創造・開拓と拡大を行おうとする。つまり,企業が誕生するということは,シーズやニーズが製品やサービスとして事業化されるということである。それでは,市場需要の創造・開拓や拡大は具体的にどのように行われるのだろう。

わが国にあっては1960年代から70年代にかけての需要開拓・拡大は,とくに消費財分野の場合では比較的容易だった。つまり,この時期わが国の消費者の多くは,戦争によって徹底的に破壊された生活を新たな生活価値に基づいて再構築しようとしていた。そしてわが国の消費者が新たに描く生活像は,アメリカン・ウェイ・オブ・ライフという近代的・文化的生活像だったのである。言い換えるならば,新たな生活を構築しようとする消費者の前にかっこうなお手本があったのであり,新たな需要を開拓しようとする消費財メーカーの前に商品見本が示されていたのである。かつて,3C(カー,クーラー,カラーテレビ)といわれた一大ヒット商品群はその典型である。

このアメリカン・ウェイ・オブ・ライフという生活像の背後には,近代的・文化的というコンセプトのほかに生活の便利さや生活向上というコンセプトが含まれていた。このことにいち早く気

22　第I部　市場の選択

づいたのが安藤百福氏（日清食品株式会社元社長）であり，いまやカップヌードル 1000 億食という世界を作り出している。つまり，カップヌードルの場合には，従来からわが国の生活のなかにあった商材にインスタント調理という便利さを付与することによって，市場需要が成立したということになる。

このように，わが国の戦後から 1970 年代に至るまでの市場開拓は，アメリカの中流家庭の生活像を背景にした生活財の取り揃えや生活の便利さを既存商品に付与するといったかたちでの需要開拓，いわゆる生活文明の形成というコンセプトを中心に行うことができた。しかし，1980 年代以降，消費者が生活財の取り揃えに一段落し，生活の便利さから生活の豊かさを求めるようになると，従来のような事業探索や市場需要の開拓の仕方では新事業・新商品は生まれにくくなってきた。成熟市場にあっては，新事業・新商品を開発することはまさに至難の業なのである。戦後期における，いわゆるコピー型戦略の転換，発想の転換が真に求められる状況が 1980 年代以降発生したのである。

新事業探索のポイント

それでは，成熟市場にあって新事業探索のポイントはなんだろうか。まず第 1 に，基本価値回帰，いわゆるバック・ツー・ベイシックスが必要である。基本価値回帰は，世の中の構造や価値観・パラダイムが大きくシフトしないかぎりは最も有効な方法である。おいしいビールの源泉はなんなのか。それは新鮮さであろう。キリンのラガービールがなぜおいしかったのか，それはキリンがトップシェア・リーダーであるから競合他社のどれよりも高回転で工場からいち早く配荷できたからだろう。となれば，競合他社がキリンとの品質差を克服するためには，瓶ビール・缶ビールの生化しかなかっ

第 1 章 事業機会の選択　23

たといってよい。

第2は，コンセプト変換である。再びビールの話に戻ろう。ビールの生化は基本価値の向上である。それでは，アサヒ・スーパードライの成功はどう説明がつくのだろうか。新鮮さを主軸にしてキリン・ラガービールは独走態勢を作り上げた。しかし，スーパードライの発売はビールにドライ（辛口）というコンセプトを導入した。もともと辛口というコンセプトはワインや日本酒の世界のものである。ビールに辛口というコンセプトをアサヒが導入したということは，同社がビールを清涼飲料から嗜好性飲料へとコンセプトを転換し，新たな市場需要作りをしたということになる。

第3に新規事業・新商品の種は矛盾結合である。トレードオフという言葉を聞いたことのある人は多いだろう。トレードオフは，別の言葉でいえば，「何かを得るためには何かを諦める」ということである。たとえば，安い価格を求めるのであれば品質を諦めるということである。株式会社ダイエーの中内㓛元会長兼社長はいまから60年以上も前に，「よい品をどんどん安く」と唱えて各界から批判を浴びた。なるほど，この言葉はトレードオフという考え方からは矛盾している。「よい品は高い」のである。しかし，矛盾したことはできないと考えてしまえば，新規事業・新商品は生まれてこない。

中内氏のいうような良品質のナショナル・ブランドの価格破壊もひとつの新規需要を生み出すし，そのほかにもトレードオフではなくトレードオンの発想（矛盾結合）は新商品としての受容性が高いのである。単価100円前後で価格競争が行われていたインスタント・ラーメン市場で明星食品が300円もするインスタ

24　第I部　市場の選択

Column ① サントリーのコーポレイト・メッセージ

　サントリー株式会社は，2005年になってテレビ・コマーシャルのエンド・ロゴとメッセージを変え，「水と生きるSuntory」とした。2015年度のサントリーの売上高は，連結で2兆円以上である。これらの売上は，同社の食品飲料カンパニー，酒類カンパニー，海外カンパニー，外食開発カンパニーなどによって支えられている。これらの事業領域は，今やウィスキー，ワイン，焼酎に限定されるものではなく，飲料，食品，アイスクリーム，ビール，健康食品や花など多岐にわたっている。

　コーポレイト・ブランド「サントリー」はもともとは，ウィスキーのプロダクト・ブランドがコーポレイトへ昇華したものである。このようなプロダクト・ブランドからコーポレイト・ブランドへの昇華は，食品に限っても「味の素」や「キッコーマン」など枚挙にいとまがないほどである。しかし，醤油臭い「マンズワイン」など，なかなかプロダクト・イメージから脱却できない場合が多い。そのようななかで，コーポレイト・ブランド「サントリー」はプロダクトから見事に脱却した数少ない例である。

　サントリーがプロダクト・ブランドを超えたコーポレイト・ブランドに昇華したことには，いくつかの理由がある。そのひとつは，サントリーがかつて日本にはまったく存在しなかったウィスキーを市場導入したことにある。キユーピー・マヨネーズがマヨネーズの使い方やマヨネーズを使った料理方法を紹介して需要を喚起したように，サントリーは「ウィスキーを飲む状況や風景」を紹介することに主力をおいたのである。まさに，「ウィスキー文化」を日本に導入したといえよう。さらに，サントリー芸術財団やサントリーミュージアムを設立するなど，文化貢献活動を行ってきている。これらのことによって，「サントリーは文化」とか「サントリーはスポーツ」といったイメージが定着し，サントリー＝ウィスキーという狭い範囲でのプロダクト・イメージにならなかったことが大きい。

　「水と生きる」「人と自然と響きあう」「原点は自然との共生

です」というメッセージが，ウィスキーを超えたサントリーの
イメージとなり，プロダクトを超えたコーポレイト・アイデン
ティティ，コーポレイト・イメージが定着した数少ない例だと
いえる。

ント・クックの「おいしい」ラーメンを発売して大成功をおさ
めたのも，矛盾結合の代表的な例である。明星食品の「中華三
昧」は，「インスタント・ラーメンはおいしいはずがない」とい
う，トレードオフの通念を打破したのである。

　新規事業のなかには，これまでの業界慣習が非合理といわれな
がらなかなか解消できないなかで，非合理をうまく活用して成功
した例がある。典型的な例は，わが国の書籍流通の業界である。
周知のように，わが国の書籍流通の典型的なイメージは，顧客に
背中を向けながら返品の梱包にいそしむ本屋の店主である。書店
の基本的なあり方は，取次店（卸店）からの一方的配本と返品自
由によって規定されている。つまり，書店は自らが発注した数の
書籍を配本してもらえず，勝手に配本された書籍は自由に返品で
きるという，流通取引としては信じられない慣行がまかり通って
いたのである。このような非合理な取引慣行に注目したのが，長
野県飯田市に本拠を置く平安堂である。平安堂の疑問は，「なぜ
小売店が顧客に尻をみせているのか，なぜ自分で発注した数量を
取次店は配本してくれないのか」ということであった。そこには，
東販・日販を中心とする二大取次店の書店に対する極端な不信が
存在し，また両社の取り扱い量が全書籍流通の 7 割を占めてい
るという事実，さらに出版社の多くは小規模零細であるという現

26　第 Ⅰ 部　市場の選択

実があった。

平安堂は書籍販売業務に POS 管理，需要予測モデル化を導入し，これらをもとにした「ジャパンブックボックス」なる書籍小売のフランチャイズ店舗展開を積極的に行った。その結果，小売段階における販売予測と実売の乖離が縮小し，書店の発注量に対する取次店の信頼性が増加し，返品の減少，発注量と配本量が接近することになった。つまり，書籍流通の非合理性が POS 管理システムの導入によって解消されたのである。

**事業開発のキーワード
　　──情報**

成熟市場における事業開発のひとつのキーワードは，モノからコトへ，モノから情報へということである。情報が付加価値化した典型的な例は，アメリカのコンピューカード・インターナショナルの成功である（ただし，同社はその後破綻してはいるが）。この会社の創設者であるフォーブス氏は，ジャーナリズム学ではアメリカ最高の権威であるノースウェスタン大学を優秀な成績で卒業し，企業経験をまったく経ずしてハーバード・ビジネススクールに入学した逸材である。フォーブス氏は卒業後（MBA 取得後），直ちにハーバード・ビジネススクール卒業生の創業したボストンにあるマネジメント・コンサルティング会社に誘われ，マネジメント・コンサルタントの道を歩みはじめた。しかし，常にフォーブス氏の頭にあったのは，「私は人に使われる人間ではない。自分の事業がしたい」という夢であった。コンサルティング業務を数年経験した後にフォーブス氏が興した企業が，コンピューカード・インターナショナルである。

コンピューカード・インターナショナルの当初の事業は，会員制による商品価格情報の提供であった。つまり，コンピューカー

第 1 章　事業機会の選択　　27

ド・インターナショナルの会員になると，会員はたとえば29イ
ンチのパナソニック製のXXモデルを指定すれば，輸送費も含めて
その人にとって最も安い価格を提供してくれる店舗の情報が与え
られる。極端な場合，会員にとって最も安い価格はGE（ゼネラ
ル・エレクトリック社）の工場で得られる。フォーブス氏の発想
の原点は，「情報が付加価値になる」ということである。コンピ
ューカード・インターナショナルの事業は，苦難な8年間の経験
を経て，消費者や投資家に認められるところとなった。その後，
経理上の問題を起こしたが，それだからといって開業当時の事業
価値を減ずるものではない。

2 企業成長のベクトル作り
●成長目標達成のための方策

事業機会を探索し新製品を開発して大成功をおさめたとしても，
それでそのまま企業の成功が永続的に保証されるものではない。
コカ・コーラが画期的な新製品を世に出し，あの緑色の同じ瓶で
100年ものあいだ売上成長を成し遂げたのは稀有の例である。わ
が国の三大発明のひとつといわれる旨味調味料「味の素」にして
も，今日では味の素株式会社の売上の10分の1以下を占めるに
すぎない。いまや事業開発や新製品開発において多大な成功をお
さめた企業にしても，その事業やその製品のみによって引き続き
成長を遂げている企業はほとんどみられない。むしろ，カルピス
やキユーピー，ブリヂストン，キッコーマンなどのように，ひと
つの大成功をおさめた製品にこだわるがゆえに，次なる成長の糧
を十分に見出しえない企業のほうが多い。では，事業機会の探索

や新製品開発に大成功をおさめた企業は，次にどのような方途によって企業全体の成長を図っていったらよいのだろうか。

<企業成長の図式> アンゾフ（H. I. Ansoff）は，企業の成長図式として成長ベクトルという枠組みを示し，図1-1のような製品・市場マトリックスを提示した。

アンゾフは，企業が長期的な成長目標を達成するためには，図に示した製品軸と市場軸で表される4つの戦略の組み合わせが必要だとした。もちろん，4つの戦略それぞれの成長目標への貢献度は，企業の現在および将来にわたる市場地位，各市場の成長性，企業の保有資源などによって異なってくる。ここで4つの戦略それぞれのおもな内容は次のとおりである。

<市場浸透戦略> まず，市場浸透戦略は既存の製品と既存の市場で成長を果たそうとするわけだから，市場需要の成長力がいまだ衰えずという前提が必要である。

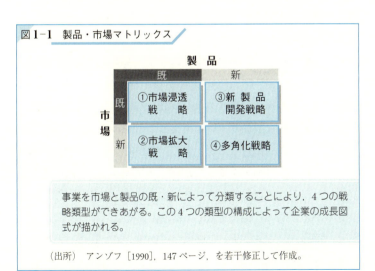

図1-1 製品・市場マトリックス

事業を市場と製品の既・新によって分類することにより，4つの戦略類型ができあがる。この4つの類型の構成によって企業の成長図式が描かれる。

（出所）アンゾフ［1990］，147ページ，を若干修正して作成。

市場需要の成長力を高める第1の方途は，市場需要の普及・拡大を図ることである。つまり，当該製品の利用者の数を増やすことであり，顧客ベースを拡大することである。栄養ドリンクの市場リーダーである大塚製薬の「オロナミンC」は市場導入以降の急激な成長のなかで，自らの売上の大半が中年男性のヘビーユーザーからのものであることに気がつき，売上のさらなる拡大のために子供から主婦に至るまでの顧客ベースの拡大を図ったのである。オロナミンCの「小さな巨人」キャンペーンはその一環である。

市場浸透の第2の方途は，拡大した顧客ベースの1人当たり使用量を拡大することである。そのためにマーケターは通常，ユース・オケージョンの開拓を行う。わが国のビール需要拡大の第2のエポックは，ビール包装の缶化である。つまり，ビールは瓶入から缶入に転換することによって，料飲店消費や家庭内消費からアウト・ドア消費へとユース・オケージョンが飛躍的に拡大したのである。

新製品開発戦略　企業の成長目標を達成する第2の方策は，新製品開発戦略である。これは，いわゆる製品ラインの拡大であり，既存製品を基軸として同一顧客ベースに対して多様な製品ラインを構築したり，新製品による製品の切り替えを積極的に行うことである。典型的な例は乗用自動車産業にみられ，トヨタ・クラウンからレクサスへなどと新製品開発が次々と行われる。同様のことは，シャンプーや化粧品などにもいえることであり，最近ではOA機器，とくにパーソナル・コンピュータのバージョンアップ戦略にも顕著にみられる。この場合の重要な点は，旧型モデルのユーザーに対する保証の問題である。

たとえば，資生堂の「スーパーマイルド」が「ニュー・スーパーマイルド」に変わろうとも，単価から考えるとユーザーにとってはそれほど問題ではないだろうが，単価10万円から20万円もするパーソナル・コンピュータともなると話が違い，あまりに急激な新製品の発売はユーザーの不満の拡大につながることになる。

市場拡大戦略 成長目標を達成する第3の方策は，市場拡大戦略であり，その典型的なものは市場の国際化である。わが国の多くの産業の国際化は，その根底に国内市場の未成熟，あるいは逆に成熟化という背景をもっている。前者の例としては，第2次大戦以前のわが国における繊維産業を中心とした積極的な海外進出があげられる。事実，明治期以降の近代日本にあっても国内繊維市場は未成熟であったし，富国強兵策や軽工業そして重工業の促進策はすべて政府の国策中心の輸出産業強化であった。また，後者の典型的な例はわが国の医薬品産業であり，国内医薬品市場の薬価低下などの理由による売上低迷にともなって，各社とも盛んに市場の国際化に挑んでいる。近年，わが国の医薬品メーカーの対売上高研究開発費比率が増大している背景にはこのような理由がある。

多角化戦略 成長目標達成のための最後の方策は，事業の多角化戦略である。アンゾフの製品・市場マトリックスによれば，多角化とは新製品をもって新市場に参入することと定義される。したがって，企業が行う多角化活動は，これまでの事業活動とはまったく異なる事業活動となり，そこには新たなリスクが発生することになる。サントリーがアルコール飲料市場から清涼飲料市場へ進出する，味の素が調味料事業から食品事業などに進出するといった例は，比較的製品や顧客

第1章　事業機会の選択　31

が旧市場と近いところにあるからそれほど多くのリスクをともなわないだろう。しかし、新日本製鐵が養鶏事業に進出したり、富士フイルムが化粧品事業に進出するなどは、かなり大胆な多角化といえるだろう。

アンゾフの成長ベクトル

アンゾフは、以上の4つの戦略を組み合わせることによって企業の長期成長目標が達成されるとして、図1-2のような成長ベクトルを提示した。

もちろん、4つの戦略それぞれのt_n時における売上目標に対する貢献度は異なる。しかし、一般には企業の主参入市場が成長期であるほど①の市場浸透戦略の貢献度が高く、成熟期であるほど④の多角化戦略の貢献度が高いだろう。ただし、わが国の自動車メーカーのように、国内市場の成熟化にともなって④の多角化戦

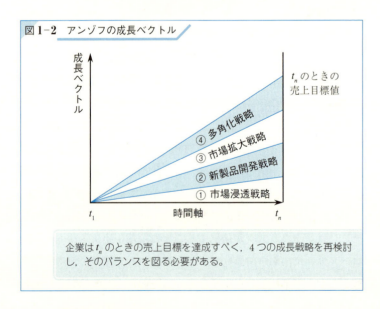

図1-2 アンゾフの成長ベクトル

企業はt_nのときの売上目標を達成すべく、4つの成長戦略を再検討し、そのバランスを図る必要がある。

略を採用するというよりは，③の市場拡大戦略つまり海外戦略を強化するという場合もある。

それでは，企業が成長ベクトルを具体的に作成するうえで，なにか参考となるフレームワークはあるのだろうか。次に，アンゾフの製品・市場マトリックスとは戦略類型が異なるものの，企業の成長戦略の使い分けという観点から事業戦略ポートフォリオのフレームワークを紹介しよう。

3 事業戦略のポートフォリオ
●成長ベクトルの具体的作成

英和辞典でポートフォリオ（portfolio）という言葉を引くと，「紙入れ」「書類入れ」と記されている。これでは何のことかよくわからないが，この「書類入れ」は一般には証券投資家がもつ，「なかに区分けのある書類鞄」を意味している。つまり，株式投資によって確実な利を企てる投資家は，けっして株式1銘柄に集中して投資するのではなく，複数の銘柄に，しかも全体のバランスを考えて個々の銘柄に対応した投資の仕方をするのである。したがって，株式投資家の鞄には銘柄別に仕分ける区分けが必要なのである。このように，ポートフォリオという言葉はもともと財務分野の言葉である。

製品・事業の分類　ポートフォリオという概念をマーケティングや企業戦略の分野に持ち込んだのは，アメリカのボストン・コンサルティング・グループ（BCG）というコンサルティング会社である。ここでは株式を製品や事業に置き換えて，それぞれの製品や事業を市場状況と対応させながら分

第1章　事業機会の選択　33

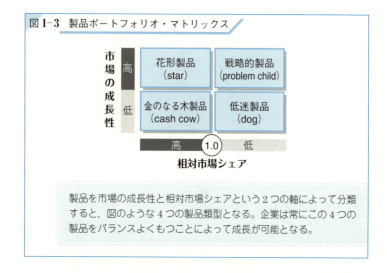

図1-3 製品ポートフォリオ・マトリックス

製品を市場の成長性と相対市場シェアという2つの軸によって分類すると，図のような4つの製品類型となる。企業は常にこの4つの製品をバランスよくもつことによって成長が可能となる。

類し，それぞれの分類にしたがって投資行動を行うことによって企業の全体成長を達成するというフレームワークが示される。ボストン・コンサルティング・グループの製品や事業の分類軸は市場の成長性と製品・事業の相対市場シェアであり，図1-3のような製品ポートフォリオ・マトリックスが導き出される。

マトリックス上のそれぞれの象限に分類される製品・事業は，たとえば，第2象限は市場の成長性もかなり高くまた市場シェアも第1位であり「花形製品」（star）と分類される。ここで相対市場シェアとは，たとえば市場リーダーである企業の市場シェアが第2位の企業の市場シェアの何倍であるかという，倍数で表示される。したがって，かつてのキリンビールの相対市場シェアは第2位のアサヒビールに対しておよそ2倍ということになる。仮に，自社の市場シェアが第2位で，市場リーダーの半分の市場シェアしか確保していない場合には，相対市場シェアは0.5と

なる。

　製品ポートフォリオ・マトリックスの市場の成長性と相対市場シェアという2つの分類軸は，前者は企業の当該製品・事業に対する必要投資量（amount of cash-out）に関連しており，後者は当該製品・事業の競合他社に対するコスト優位ポジション（amount of cash-in）を示している。当然ながら，市場の成長性が高い場合には成長に向けての必要投資量は多くなり，相対市場シェアが1.0以上である場合には競合他社に比較してコスト効果は大きい。ここで，相対市場シェアが高いと競合他社に比してコスト効果が大きいとする根拠は，規模効果と経験効果の双方によるものである。規模効果は周知のように，他社に比べ一時期により多くの生産をすれば単位当たりコストは低下するということであり，経験効果は他社に比べ多く生産経験を蓄積すれば単位当たりコストは低下するということである。ただし，ボストン・コンサルティング・グループのフレームワークでは，経験効果は生産の分野のみならず，経営管理，マーケティング，営業の分野にまで及ぶとされている。

ポートフォリオの投資配分

企業が製品・事業のそれぞれの状況に対応しつつ全体的な成長を遂げるためには，ポートフォリオ分析ではマトリックス上のそれぞれの製品・事業に対して次のような投資行動を要求している。すなわち，市場の成長性も相対シェアも高い「花形製品」については，自ら生み出した多大なキャッシュをそのまま市場の成長に見合う以上に投資して市場シェアを拡大し，また「金のなる木製品」（cash cow）は自ら生み出すキャッシュを成熟化した自らの市場に投資することは抑え，もっぱらいまだキャッシュ

第1章　事業機会の選択　35

を稼ぎえていないものの今後の成長が期待される「戦略的製品」（problem child）にそのキャッシュを投入し，少しでも早く「戦略的製品」が「花形製品」に転換することに努めるのである。一方，「低迷製品」（dog）については，市場の将来性も期待できず自らもキャッシュを生み出さないのだからいち早く撤退することを考える。

　製品・事業ポートフォリオのフレームワークは，市場の定義，規模効果・経験効果への一元的な理論的依拠などの問題，あるいは実践的応用の問題など，その有効性についてはさまざまな問題点をはらんでいる。しかし，企業全体の成長の効率的な達成のための投資配分の仕方という点ではひとつの有力なフレームワークを示しており，成長ベクトル作りのひとつの拠り所としては実践的にきわめて示唆に富んでいる。

4　む　す　び

　これまで企業の長期的な目標達成を可能ならしめるフレームワークとしてアンゾフの成長ベクトルを示し，成長を構成する製品・事業の戦略類型をアンゾフのマトリックスとボストン・コンサルティング・グループのポートフォリオによって説明してきた。ここで重要なことは，いずれのフレームワークも戦略分類のフレームとして市場や競争あるいは製品を基準としていることである。序章で示したように，マーケティングは企業の経営機能のなかでもすぐれて対市場対応の概念であり，フレームワークである。したがって，このかぎりにおいて企業成長のベクトル作りの

36　第I部　市場の選択

フレームワークとしてアンゾフやボストン・コンサルティング・グループのそれはきわめて適切なものである。問題は，企業の長期的成長という観点に立った場合に，これらの分析枠組みのような製品・事業戦略の組み合わせということだけで終始できるかどうかであろう。次章では，企業全体あるいは企業戦略の立場に立って企業のドメイン（domain〔生存領域〕）の問題，企業イメージの問題について検討を加えることにする。

本章で学んだキーワード　KEY WORD

生活文明の形成　コピー型戦略　基本価値回帰　コンセプト変換　矛盾結合　トレードオフ　取次店　POS管理　モノからコトへ　製品・市場マトリックス　成長ベクトル　ポートフォリオ　相対市場シェア　製品ポートフォリオ・マトリックス　規模効果　経験効果

演習問題

1. 事業開発・市場需要開発のポイントを整理して示してみよう。
2. ボストン・コンサルティング・グループのポートフォリオ管理にそって，自社の各製品や事業への投資行動を整理して示してみよう。
3. アンゾフの成長ベクトルにおけるそれぞれの戦略の貢献度バランスを，製品ライフサイクルの諸段階と対応させて考えてみよう。

参考文献

アンゾフ, H. I.（中村元一・黒田哲彦訳）[1990]，『最新・戦略経営』

産能大学出版部。

伊丹敬之［2003］,『経営戦略の論理』第3版, 日本経済新聞社。

エイベル, D. F. = J. S. ハモンド（片岡一郎ほか訳）［1982］,『戦略市場計画』ダイヤモンド社。

嶋口充輝・石井淳蔵［1995］,『現代マーケティング』新版, 有斐閣。

第2章 事業領域の選択

企業アイデンティティの形成

本章のサマリー

　ひとつの製品，ひとつの事業で大きな成功をおさめたとしても，それのみによって企業の成長が未来永劫に続くわけではない。企業は多事業化・多角化することによって，長期的な成長をかちとろうとする。そして，ひとつの事業を超えて多角化した企業は，それぞれの事業の定義とは別に企業全体のアイデンティティを作り上げなければならない。本章では企業全体のアイデンティティ形成の方法として，事業領域の設定，多角化の基本方針，そして企業イメージ・マネジメントのそれぞれについて説明している。

　事業領域の設定では，複数事業の全体を規定する方法として，どのような顧客のどのようなニーズに対してどのような方法・技術で対応するかということが検討され，多角化の基本方針では，企業の経営資源の活用と多角化の関係，事業間の関係が問われる。さらに企業イメージ・マネジメントでは，企業イメージが形成されるプロセス，望ましい企業像と企業イメージの管理のプロセスが検討される。

は じ め に

● 2020 年へのシナリオ作りは成功したのか

　企業の長期的な目標の代表的なもののひとつは，売上規模である。わが国の多くの企業は，1980 年代後半にバブル景気の真っ只中ということもあってか，西暦 2000 年に売上規模の 1 兆円構想を打ち出した。とくに 2000 年に至る長期 10 ヵ年計画ということもあってか，これら長期計画の基本枠組みとして，前章で示したアンゾフの製品・市場マトリックスの 4 つの戦略の積み重ねや，ポートフォリオ分析による事業投資のバランス枠組みが活用された。そして，これら長期計画の軸となるものは事業の多角化戦略であった。しかし，2016 年の今日にあって，これらの企業が事業多角化に成功したとは必ずしもいえないのである。

　かつて，1986 年にキヤノンがわが国の一眼レフ・カメラ市場でミノルタの「オートフォーカス一眼レフカメラα-7000」にトップシェアを奪われたときも，大方の見方はキヤノンの企業戦略の重点はもはや複写機，ワープロ，ファクシミリなどの OA 機器への事業多角化に移っている，キヤノンはすでに成熟期にあるカメラ事業には魅力を感じていない，もし興味があるとしたら CD などを活用してテレビ受像機やパソコンに画像を映し出すデジタル・カメラ事業にあるといった憶測が取り沙汰された。キヤノンの企業アイデンティティは，もやはカメラ事業ではなく OA 機器事業にあるとさえいわれた。

　前章で示した製品・市場マトリックスやポートフォリオ分析は，企業の長期的な成長ベクトル作りという観点からはすぐれた

基本枠組みと考えられるだろう。しかし，これらの基本枠組みは，企業成長を達成するためのアプローチがインクレメンタル（積み重ね的）な戦略作成であったり戦略のバランス化であったりして，企業戦略全体の内実や企業全体のアイデンティティを示してくれるものではない。ここに企業全体の戦略像とかアイデンティティといった，企業の将来シナリオやイメージといったものを内外に示し，企業の独自性や方向性を明らかにすることが必要となってくる。本章ではこういった観点から，企業全体の事業領域の定義，多角化の基本方針，企業イメージの役割と構造などについて検討を加えよう。

1 事業領域の定義

●企業ドメインの戦略

　一般に企業は，個々の事業それぞれの戦略を考えると同時に，企業全体の戦略（すなわち企業戦略）を作成し企業の今日および将来にわたる全体像を描こうとする。ただし，この点についてアメリカの企業は「はじめに企業戦略ありき」として，事前に設定された企業戦略の枠組みをもとにして個々の事業展開を考えることが多い。一方，日本の企業の多くはさまざまな関連のなかから個々の事業展開を行い，ある程度それぞれの事業が確立してから企業の全体像を定めていく。かつて富士フイルムが自らを「情報記録産業」と規定したのは，同社が写真フィルム事業からスタートし，カメラ，オーディオテープ，ビデオテープのそれぞれの事業を展開して以降のことである。そして，同社は今日では化粧品事業にまで進出している。企業戦略の策定を優先するのか事業展

第2章　事業領域の選択　41

Column ② 部屋干しトップが新たな需要を創造

ライオンの「部屋干しトップ」が売上を伸ばしてきた。洗濯用洗剤としてはコンパクト洗剤以来のヒット商品であり，ライオン株式会社としても久々のヒット商品として売上拡大に力を入れている。

洗濯用洗剤は典型的なコモディティ商品であり，花王の「アタック」とライオンの「トップ」が大きなシェアをもつ二大ブランドとして存在しているものの，量販店のプライベート・ブランド（PB）を中心に価格攻勢が激しく，「アタック」や「トップ」といえども熾烈な価格競争に巻き込まれ，両者ともに収益性の確保に苦慮している。そのようななかでの「部屋干しトップ」の登場である。需要の頭打ち，PBを含めた熾烈な価格競争のなかで，花王もライオンも「何とかしなければ」という思いは強烈だっただろう。しかし，典型的な成熟商品の旧来型の商品開発では需要は回復しない。

「部屋干しトップ」の開発は，綿密な市場調査に基づいている。単身世帯が増え，働く女性が増え続けるなかで，彼らはどのようにして洗濯しているのだろうか。おそらく，専業主婦のように午前中に洗濯をしてベランダで干すといった行動はとっていないだろう。ましてや，マンション住まいならば，専業主婦といえどもベランダに気がねなく干してはいないだろう。だが，乾燥機付きの洗濯機は10万円以上と高い。

ターゲット顧客は決まった。単身で働いている女性で夜に洗濯をせざるをえず，仕方なく部屋で洗濯物を干さざるをえない女性。だが，洗濯物を部屋に干すと臭いがたまらない。だから，「部屋で干しても臭わない洗剤を開発する」。このターゲティングは見事に当たった。そして「部屋干しトップ」はヒット商品となった。結果的には，部屋で洗濯物を干さざるをえない人は，主ターゲットの働く若い女性だけではなく，同じ状況の働く単身男性，マンションのベランダに干せない専業主婦と，数多くいたのである。

成熟商品の差別化軸として，「干す状況」を設定しターゲティ

ングしたにもかかわらず，同じ状況を共有する人々が多数いて，それが商品のヒットに結びついたという，近年まれな例であろう。差別化軸，状況軸を新製品開発の軸に加えることによって，当初はセグメント・マーケティングと考えて発売したものが，結果としてマスに拡大するという好例だろう。

開を優先するのかという問題は置くとしても，企業の経営活動のいずれかのプロセスにおいて企業戦略を策定し企業の全体像を描いて提示することは重要なことである。

企業ドメインの作成　さまざまな企業の全体像を描く方法のなかから，ここではまず企業ドメインの概念と作成方法について考えてみよう。ドメイン（domain）という言葉を英和辞典で引くと，「領地，版図，範囲」という言葉が示されている。これを企業経営の言葉で言い直すならば，企業ドメインとは「企業の事業の範囲や領界」ということになる。経営学の言葉でいうならば，企業の生存領域，つまり，今日および将来にわたって企業が生存していくための事業領域（事業展開の領域の境界線）ということになる。

エイベルとハモンド（D. F. Abel and J. S. Hammond）は，企業の生存領域もしくは事業領域を設定する枠組みとして，図2-1のような3次元を示している。

エイベルとハモンド（片岡一郎ほか訳［1982］，『戦略市場計画』ダイヤモンド社）によれば，企業が自らの事業領域を設定するためには，①どのような顧客集団（who）の，②どのようなニーズ（what）に対して，③どのような方法・技術（how）で対応する

第2章　事業領域の選択　43

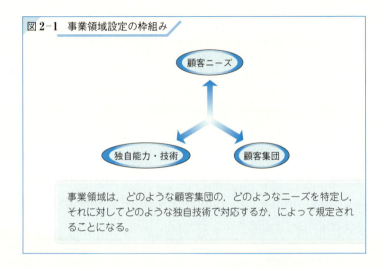

図2-1 事業領域設定の枠組み

事業領域は、どのような顧客集団の、どのようなニーズを特定し、それに対してどのような独自技術で対応するか、によって規定されることになる。

かを決めなければならない。また、事業領域を設定するためには、この3次元の枠組みについてそれぞれの次元の範囲（scope）を決めなければならない。たとえば、顧客集団については、それが日本国内の顧客全体なのか、あるいはグローバルな顧客なのかという設定が必要である。つまり、範囲を決めるということは、図2-1のそれぞれの矢印の長さを決めることである。各次元の範囲が決まれば、次の作業は長さの決定した各次元の細分（differentiation）を行うことである。先の顧客集団の例でいえば、グローバルな顧客集団は、ヨーロッパ、北米、アジアと細分されるかもしれない。このようにして先の3次元の枠組みは、各次元の長さと細分の区分を設定することとなる。

この枠組みによる最終的な事業領域の設定は、各次元の長さを長くとり、それぞれの次元の細分の区分をとらないという、全方位フルカバレージのマス・マーケティング的な設定から、各次元

のひとつひとつの細分を切り取って集中化していくニッチ・マーケティング的な設定まで，さまざまなバリエーションが考えられる。たとえば，非常に狭い生存領域の設定の仕方としては，ドイツの乗用自動車メーカー BMW の日本における戦略展開のように，①高収入・高消費の 30 歳代のヤッピィ（Yuppie）という特定の顧客集団に対して，②スポーツカー・ユースでもセダン・ユースでもないオケージョンに，③高性能エンジン，南ドイツのロマン性イメージ訴求といった独自性対応を加味した事例があげられる。

いずれにしても，企業の生存領域の設定は，企業の今日および将来にわたる事業活動の範囲や境界線を決めるものであり，それは同時に企業の独自性（アイデンティティ）を示すものとなる。

2 事業多角化の基本方針
●経営資源の活用戦略

企業が創業以来の本業事業を超えて事業の多角化を行う場合，そのひとつの基準は前節で示した事業領域（ドメイン）である。第 2 の基準は，当該事業の成長によって培われた経営資源の活用である。ここで経営資源とは，伊丹敬之［2003］の分類にしたがって「ヒト，モノ，カネ，情報」としておこう。経営資源の活用を事業多角化の判断軸とした場合，それは本業事業の成長にともなって蓄積された経営資源をどのように活用するかということになる。多角化の方法は大きく分けて，本業事業の集約的活用と連鎖的活用の 2 つに分類される。

経営資源の活用 吉原英樹・佐久間昭光・伊丹敬之・加護野忠男［1981］は，ルメルト（R. P. Rumelt

第 2 章 事業領域の選択　45

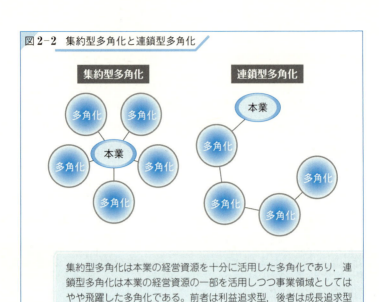

図2-2 集約型多角化と連鎖型多角化

集約型多角化は本業の経営資源を十分に活用した多角化であり、連鎖型多角化は本業の経営資源の一部を活用しつつ事業領域としてはやや飛躍した多角化である。前者は利益追求型、後者は成長追求型の多角化といえ、両者の組み合わせによって長期的な企業の成長が得られる。

[1977]）の事業多角化の分析モデルを修正拡大したモデルを用いて、企業の事業多角化について、①本業を中心とした垂直統合多角化、②本業事業の経営資源をフルに活用した集約型多角化、そして、③本業事業の経営資源の一部を活用し、多角化過程で新たな経営資源の蓄積を行う連鎖型多角化、の3つの類型を示した。ここで垂直統合を多角化と呼ぶかどうかについてはいささかの議論があるだろう。たとえば、垂直統合としては非鉄金属事業における原鉱石採掘事業への進出、一貫生産体制の確立もあるだろうし、家電メーカー各社や乗用自動車メーカーあるいは花王のような販社体制といった流通段階への前方統合もあるだろう。そして、このような本業事業の後方もしくは前方統合は、事業多角化のひ

とつの目的である経営のリスク分散といった観点からはまったく逆の効果を生み，事業のリスク分散というよりは本業事業の強化，本業事業の集中化・統合化によるリスク拡大という結果を生むこととなる。事実，ルメルトや吉原らの実証研究の結果は，垂直統合が必ずしも好業績を生み出していないことを示している。

図2-2は，集約型多角化と連鎖型多角化を簡略に図示したものである。

集約型多角化

集約型多角化は，本業事業の成長によって蓄積された経営資源を十分に活用した形での事業多角化である。味の素という企業が本業である旨味調味料「味の素」の事業展開のプロセスにおいて培った「味」に関するノウハウ，「味の素」のバイプロダクトとしての食用油の生産・品質管理における技術力，主婦を中心とする顧客ベースに根づいた「味の素」のブランド力などに基づいて，マヨネーズ事業や冷凍食品事業に多角化したことは経営の必然であろう。味の素のブランド力やチャネル力は，同社のマヨネーズ発売においてフルに活用されただろうし，商品開発を支える技術力もフルに活用されただろう。ルメルトや吉原らの日米の実証研究によれば，集約型多角化は最も高い利益を生んでいる。経営資源のフル活用ということを考えれば，集約型多角化が高収益をあげうることは当然のことであるし，ここでのキー・コンセプトは経営資源活用によるシナジー効果である。

連鎖型多角化

連鎖型多角化は，本業事業の経営資源の一部を活用して事業の多角化を行い，新たな多角化事業の展開プロセスで追加的な経営資源の蓄積を行い，それをベースとしてさらなる多角化を行い，最終的には本業事業

第2章 事業領域の選択　47

とは似て非なる多角化事業が展開されるという図式である。このような多角化の形態は，現象的にはかつてのカネボウのように国家のためなら何でもやるといった「ナベカマ」的な多角化や，旭化成のような一見事業としては何の関連性もみえないものの，どこか技術的には結びつきがあるという「いもづる」的な多角化をも含むものである。事実，カネボウの化粧品事業の展開は，経営資源の活用という点からは同社の本業事業である繊維事業とほとんど関連性をもたなかったし，旭化成のエレクトロニクス関連事業もしかりである。一般に連鎖型の多角化は，集約型多角化が経営資源の活用度が高いがゆえに収益性に貢献するのに対して，市場選択の自由度が集約型多角化に比較して高いがゆえに成長性への貢献度が高い。

企業のアイデンティティ作り

経営資源の活用度を基軸とした事業多角化は，企業の事業構成の内容という面でドメインの設定ということと深くかかわってくると同時に，経営資源の活用の仕方によって企業のアイデンティティ作りとかかわってくる。すなわち，集約型の多角化を行うということは，経営資源の技術的側面や市場的側面を重視するという点で，企業のドメインを逸脱するというよりは強化するという形でドメインを中心としたアイデンティティ作りに貢献する。一方，連鎖型の多角化は，経営資源の技術的側面か市場的側面かのいずれかの連鎖によって，「技術立脚型」もしくは「市場立脚型」の企業アイデンティティとして区分され，また，それぞれの側面における技術・市場の範囲によって企業アイデンティティが形成される。たとえば，味の素は，日本国内にあっては主婦層という顧客集団に市場アイデンティティをもち，海外ではアミ

48　第I部　市場の選択

ノ酸技術という技術アイデンティティをもっている。

3 企業アイデンティティと企業イメージ
●差別優位の企業戦略

　企業アイデンティティは企業の産業界や社会における存在証明であり，企業イメージは一般大衆，社会，顧客，取引先，投資家などが，企業が発信するさまざまな情報や事業活動などをもとにして描く企業の像である。ここで，企業の存在は独自的でなければならず，他の企業と差別的でなければならない。企業の存在が独自的であり他とは差別的である源泉は，一般に企業理念，企業コンセプト，企業ドメインなどである。そして，これらの企業の固有性によって企業アイデンティティが確立し，企業イメージが形成される。

　企業理念　企業理念は，企業が社会的な存在として自らを認識し，自社が今日および将来社会においてどのように活動し存在すべきかを規定するものであり，企業理念のもとに企業使命が確立されることが望ましい。日本企業の場合，企業理念は「企業のタテマエ」として存在している場合が多く，このかぎりにおいて企業理念が企業の存在証明となりうることはきわめて稀である。たとえば，わが国の株式市場上場企業の会社案内を鳥瞰してみるとよい。これらに示されている企業理念の多くは，「社会への貢献，社会奉仕，組織の和」などきわめて限定的であり，個別企業の独自性を明示するものはほとんどみあたらない。したがって，日本企業の場合，その企業アイデンティティを企業理念に求めることはほとんど不可能である。

第2章　事業領域の選択　49

米国ゼロックス社のように，企業目標の第1位にCS（customer satisfaction）を設定し，そのインデックス作りを真剣に行い，それによって業績評価を行うなどは稀有の例である。

企業ドメインと企業コンセプト

企業理念による企業アイデンティティの確立が困難であれば，企業アイデンティティのもうひとつの源泉は企業ドメインの設定であり，生存領域の確定である。そして，それを設定する段階にあって，企業ドメインの設定と企業コンセプトの関係という問題が発生してくる。ここで企業コンセプト＝企業ドメインとした場合には，それほど大きな問題は発生しない。たとえば，日本電気（NEC）は，今日では成長分野強化の象徴として「NEC Way」と称しているものの，これまでのNECのCI（corporate identity）は「C & C」であり，これはまさに同社の事業領域，企業ドメインを直接表現するものであった。つまり，NECのかつての企業アイデンティティ「C & C」はComputing & Communicating を意味し，同社は今日および将来にわたってcompute と communicate というはたらき（機能）をもつ製品やサービスの事業を生存領域とすることを表明したものである。同様のことは，東芝のかつての「E & E」（Energy & Electronics）にもいえることである。

レビット（T. Levitt）は *Innovation in Marketing*（土岐坤訳[2006]，『マーケティングの革新』新版，ダイヤモンド社）のなかで，企業は自らの事業を明確に規定しなければならない（need to identify what business are we in）として，アメリカのかつての鉄道が自らを輸送産業と規定せず，また映画会社が娯楽産業と規定しなかったことを「マーケティング・マイオピア」（近視眼的経営）

50　第I部　市場の選択

として強く批判した。

　企業のアイデンティティ作りは，以上のように事業領域の設定や経営資源の重点化の方向性の提示，あるいは企業理念の明確な表明などによって行われる。たとえば，かつてのカネボウの"For Beautiful Human Life"や「芸術化産業宣言」などは，同社の事業領域を表明していると同時に，企業理念的な概念を包摂していた。ここで問題となるのは，企業のアイデンティティ作りにあたって，企業の基本コンセプトと企業ドメインとが明確につながってこない場合である。この場合の企業アイデンティティは，企業理念とも企業ドメインとも企業経営資源とも直接かかわっておらず，その説明は難しい。むしろ，顧客や社会，取引先などが企業が発信するさまざまなメッセージ，さまざまな活動のなかから形成する企業イメージ，企業に対して抱く心像から考えたほうがよいだろう。次節では，このような顧客や消費者，社会などが企業に対して抱く心像，つまり企業アイデンティティの形成プロセスと構造について検討を加え，企業アイデンティティの中身について考えてみよう。

企業イメージの形成と構造
●望ましい企業像の構築に向けて

企業イメージとは　　一般に，企業イメージは個々の企業に対する顧客，消費者あるいは社会全体が抱く「企業に関する心の像」であるとされ，それは企業のコントロール可能もしくはコントロール不可能なさまざまな形態の発信

第2章　事業領域の選択　51

情報を顧客や消費者・社会が受信することによって形成される。そして，企業が発信する情報には，企業が意図的に発信する広報活動・広告販促活動などによる情報はもとより，製品や製品にかかわるマーケティング戦略の具体的な実行，さらには営業マンの行動や社員全体の行動なども含まれる。

　顧客や消費者・社会などが心に映し出す具体的な企業イメージの像は，①企業の戦略的側面や事業実行的な側面に直接結びついた企業属性的なイメージ（属性イメージ）と，②これらさまざまな企業属性を全体的に把握して（ゲシュタルト的に）描く意味構成イメージとに分かれ，③これらのイメージ像に対する「良い・悪い」の評価の側面から構成される。

属性イメージと意味構成イメージ

　企業の属性イメージは認知的イメージともいわれ，「主婦層を対象としている」「マーケティングにすぐれている」「技術開発力のある」といった，企業の事業領域や経営機能などによって描かれる企業像である。一方，意味構成イメージは感性イメージともいわれ，企業の諸活動そのものや発信する情報を一括してゲシュタルト的・感性的に解釈したものであり，企業イメージの具体的な内容は「ダイナミックな企業である」「やさしい企業である」「革新的企業である」といった言葉で表現される。日本経済新聞社が定期的に行っている「企業イメージ調査」の測定次元は，この属性イメージと意味構成イメージの両者を含んでいる。

企業のコミュニケーション活動の統合

　ここで，企業イメージが属性的にとらえられようと意味構成的にとらえられようと，重要なことは顧客や消費者・社会が描く企業イメージは，企業が意図しようとしまいと，企業が発信

52　第 I 部　市場の選択

する情報や活動のすべてに基づいて描かれるということである。近年，企業コミュニケーション分野で IMC（integrated marketing communication）という概念が注目されているのは，企業のすべての側面におけるコミュニケーション活動が顧客や社会にとってのイメージ形成のもとになるという認識に基づいてのことであり，企業が望ましいイメージを確立するためには企業全体のコミュニケーション活動を統合する必要があるからである。

望ましい企業イメージの形成と定着
企業は，自らの成長を志向し長期的に社会に存在するためには，意図的に企業イメージを管理し修正しなければならない。したがって，企業はまず第1に，自らの「望ましい企業像」を描かなければならない。それは企業理念を中心としたものなのか，事業領域あるいは経営資源を中心としたものなのかを決定しなければならない。第2に，望ましい企業像の強調点が企業理念であれ，事業領域や経営資源であれ，それぞれの具体的な内容を明らかにし行動計画や投資計画を作成しなければならない。たとえば，「社会奉仕」といった経営理念を強調するのであれば，「社会ボランティア活動参加制度」などを制定し実行しなければならないし，技術開発力を強調するのであれば，短期・長期の予算計画に大幅な研究開発投資を折り込まなければならない。

さらに第3に，できあがった望ましい企業像を吟味し，それが当社の将来にとって本当に望ましいものなのか，明確なものなのか，さらに独自性をもったものなのかをチェックしなければならない。第4に，望ましい企業像が確立したならば，それをどのようなコミュニケーション・チャネルで，どのような表現方法で伝達するかを考えなければならない。そして，最後に，具体的

に発信された情報が顧客や消費者・社会によってどのように受信され，どのような企業イメージが抱かれたのかをチェックしなければならない。つまり，定時・定点的な企業イメージ測定調査の実行が必要なのである。企業イメージ調査の結果と望ましい企業像とのズレは，その原因が解明され修正されなければならない。

　望ましい企業像を企業イメージとして定着させるのは，かなり難しい作業である。属性イメージの場合には属性イメージ側面，たとえば「技術開発力がある」を実現するためにはそこそこの研究開発投資を行い，高品質の新製品を生み出せばよいことになる。より困難なのは，意味構成イメージである。たとえば「やさしい企業」というイメージ側面は，具体的には企業のどのような活動やどのような発信情報から生まれでるのか，といったことを明らかにする作業はきわめて困難である。しかし，それでもなお企業は企業アイデンティティを明らかにし，望ましい企業像を描き，顧客や消費者・社会に意図したとおりの企業イメージを提示しなければならない。

5　企業戦略とマーケティング
●マーケティングの重要性

　本章ではこれまで，事業領域の設定，多角化事業の展開プロセス，企業イメージの形成と構造についての基本的な枠組みを紹介してきた。ここで，次章以下でマーケティング戦略諸要素（マーケティング・ミックス）の各論に入る前に，企業戦略とマーケティング戦略，マーケティングとの関係についてあらためて整理をしておこう。

54　第Ⅰ部　市場の選択

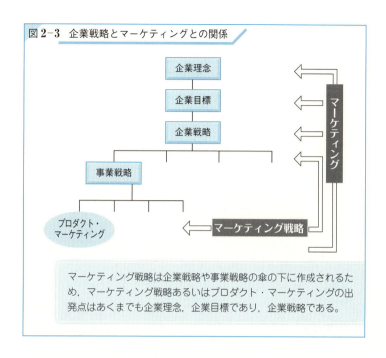

図2-3は企業戦略とマーケティング戦略，マーケティングとの関係を示したものである。ここでマーケティング戦略とは，いわゆるプロダクトを核としたマネジリアル・マーケティング体系，マーケティング戦略の体系である。

当然ながら，個別製品ごとのマーケティング戦略あるいはマーケティング・ミックス体系は，事業戦略，企業戦略の体系の下位概念である。つまり，個別製品から発するマーケティング戦略の体系は，製品ラインの構成，事業戦略への昇華，そして事業戦略のポートフォリオを組むことによってなされ，そのうえで企業戦略が構成されるということになる。

一方，マーケティングは基本的にマーケティング・コンセプト

第2章　事業領域の選択　55

に代表されるように，企業がもつべき市場に対する考え方であり技法であるから，マーケティング・コンセプトは少なくとも企業理念に包含されるべきであり，同時に企業理念，企業目標，企業戦略，事業戦略の具体的な内容について，マーケティングの考え方と技法が反映されるべきである。たとえば，企業理念や企業戦略のマーケティングを行うということは，企業理念を具体的にどう表現しどう社会に伝えるか，企業戦略という意味での事業領域の設定をどう表現しどう伝えるか，という点に大いにマーケティングがかかわってくるということである。

　本書では，マーケティングおよびマーケティング戦略と企業戦略との関係を以上のように規定したうえで，市場分析およびマーケティング・ミックスの作成という点に重点を置いている。

▶本章で学んだキーワード　KEY WORD

企業戦略　企業ドメイン　経営資源　垂直統合多角化　集約型多角化　連鎖型多角化　リスク分散　「ナベカマ」的な多角化　「いもづる」的な多角化　企業アイデンティティ　企業イメージ　CS　CI

✎　演習問題

1. 企業イメージ確立の手順を整理してみよう。
2. 経営多角化と経営資源との関係について考えてみよう。
3. 特定の上場企業を選択し，企業ドメインの枠組みをもとにして，その企業のアイデンティティを明らかにしてみよう。

56　第 I 部　市場の選択

● 参考文献 ●

伊丹敬之 [2003],『経営戦略の論理』第 3 版, 日本経済新聞社。

エイベル, D. F.(石井淳蔵訳)[1984],『事業の定義』千倉書房。

オールウェイズ研究会編, 和田充夫・青井倫一・嶋口充輝・矢作恒雄 [1989],『リーダー企業の興亡』ダイヤモンド社。

吉原英樹・佐久間昭光・伊丹敬之・加護野忠男 [1981],『日本企業の多角化戦略』日本経済新聞社。

ルメルト, R. P.(鳥羽欣一郎ほか訳)[1977],『多角化戦略と経済成果』東洋経済新報社。

和田充夫・日本マーケティング協会編 [2005],『マーケティング用語辞典』日本経済新聞社。

第**3**章 標的市場の選択

成熟市場における市場細分化戦略

本章のサマリー

　大量生産・大量流通・大量消費の時代は，大衆を相手とするマス・マーケティングが活躍する時代だった。しかし，市場が成熟し消費者も個性化・多様化すると，もはやマス・マーケティングはその効力を発揮できなくなる。そこで登場するのがセグメント・マーケティングであり，その前提となるのが市場細分化である。

　本章では，市場細分化の軸となる変数をデモグラフィック変数とサイコグラフィック変数とに分類・整理し，それぞれの特徴について紹介している。さらに，具体的な市場設定，市場細分化の手続きが示されており，マス・マーケティングから分化型マーケティング，集中型マーケティング，そしてワン−トゥ−ワン・マーケティングといった市場設定の戦略代替肢についての議論が展開されている。いずれにしても，成熟市場では標的をよく見極め，標的選択を適切に行い，標的に確実に命中するマーケティングが必要である。

1 標的市場と市場細分化
●市場空間の戦略的選択

標的ということ

標的というとき,それは洋弓にしろ和弓にしろ,的(ターゲット)ということが連想され,一定の距離に置かれた円形の的のなかに矢を射込む,あるいは的の中心に射込むというイメージである。マーケティングの状況で語るならば的は市場であり,少なくとも市場範囲のなかにマーケティング諸活動をヒットさせるということになる。したがって,標的市場(ターゲット・マーケット)は空間の全体ではなく限定された市場空間であり,ターゲット・マーケティングというときそれは,全体空間のなかから限定された市場空間を選択し,その市場空間めがけて矢を解き放つということになる。つまり,厳密な意味でいえば,ターゲット・マーケティングとは集中型マーケティング(focused marketing)のことをいうのであり,市場空間全体のなかから特定の限定された市場空間を選択し,その選択された空間に集中してマーケティング活動を行うということになる。

市場空間の選択の分類

いま,前述のような市場空間の選択ということを考えると,それは,①市場空間の全体を対象とするマス・マーケティング,②市場空間を細分化し,そのそれぞれをターゲットとする分化型マーケティング(differentiated marketing),③細分化された市場空間のなかからひとつの市場細分のみを選択する集中型マーケティング,そして,④個々の顧客に個別に対応するテイラード・マーケティン

グ（tailored marketing），もしくはワン-トゥ-ワン・マーケティング（one-to-one marketing）に分類される。そして，マス・マーケティングとワン-トゥ-ワン・マーケティングの中間線上にあって展開するマーケティングのベースとなるのが市場細分化（market segmentation）である。

> **マス・マーケティングの登場**

マーケティング以前の商取引行為は基本的にワン-トゥ-ワン（一対一）であったのかもしれない。海彦と山彦が海の幸と山の幸を交換しあうとき，それはワン-トゥ-ワンの物々交換取引であっただろう。素材産業が加工産業と取引するとき，それは互いに相手のみえる特定少数の顧客との取引となる場合が多いだろう。そういった意味でマス・マーケティングは，大量生産・大量流通・大量消費という背景を前提とした近代文明社会の到来によってもたらされた新たな取引形態ということができるだろうし，大衆消費社会の形成という状況下での消費財市場に固有な取引形態ということができるかもしれない。

味噌というわが国に伝統的な商品は，本来各家庭で生産し消費するというたぐいの商品だった。それが後に味噌製造業者が誕生するに至って市場取引対象の商品となったのである。しかし，この時期に至っても味噌の販売形態は店頭量り売りだった。今日のように味噌の販売にマス・マーケティングが発生したのは，それほど遠い昔ではない。味噌のマス・マーケティングが誕生した直接のきっかけは味噌のパッケージ化であり，このことによってパッケージ単位の味噌の品質が均一化されブランド化が行われたのである。つまり，商品の品質の均一化・ブランド化が行われるようになってはじめて，ナショナル・ブランドのマーケティング，

マス・マーケティング展開の条件が揃ったのである。このような意味からすると，生鮮食品のマス・マーケティングはきわめて難しいことになる。ちなみに，生鮮食品のブランド化，マス・マーケティングを展開した初期の例は，アメリカのカルフォルニア州で行われた柑橘類のブランド「サンキスト」（Sunkist）である。

マス・マーケティングは，商品の品質の均一化・ブランド化を前提としたナショナル・ブランドのマーケティングとして展開し，1960年代以降のわが国の消費財市場において，加工食品，日用雑貨品，家電製品，乗用自動車などの分野を中心に多大な成功をおさめてきた。この時期にはあたかもマス・マーケティングこそがマーケティングであるとの認識が定着し，大量広告・大量流通こそが鍵概念であるとされた。まさに，市場の成長期にあって品質の安定化，大量生産による単位当たりコストの削減，大量流通による流通カバレージのアップ，入手容易性の拡大こそが成功条件であるとされた。けだし，成長期にあってはマーケティング戦略の量が鍵となったのである。

マス・マーケティングから市場細分化へ

しかし，成長後期にあっては「作れば売れる」という仮説はしだいに力を失っていく。むしろ，「売る相手のことを知る」ということが重要になってくる。マス・マーケティングは基本的に不特定多数を相手にするマーケティングである。しかし，それでも「相手を知る」ということがきわめて重要になってきたのである。したがって，マス・マーケティングを行っているとしても，不特定多数の顧客は平均的にいってどんな個人特性・行動特性をもった顧客であるかということを把握することが重要になってきた。まさに，マス・マーケティングを展開したとしても顧客のプ

第3章 標的市場の選択 61

ロフィールを知るということが重要であることが認識され，盛ん
に消費者調査が行われるに至り，ターゲット顧客を知ったうえで
のマーケティングの必要性が認識されはじめたのである。すなわ
ち，コンシューマー・インサイトなどの調査から得られた結論
は，わが国の消費者はもはや一元的にとらえることはできないと
いうことであり，ここではじめてマーケット・セグメンテーショ
ン（市場細分化）の必要性が実感されたのである。

2 市場細分化の考え方と発展
●異質需要の結合体としての市場

違って同じ

市場空間を細分化してみることの前提は，
市場がひとつではない，市場需要が同質
ではないということである。したがって，ひとつの市場空間をみ
た場合，それは異質需要の結合体であると認識することが市場細
分化の始まりである。

そして，市場細分化の基本原理は，「違って同じ」ということ
になる。つまり，細分化された市場間では消費者需要，消費者特
性，行動パターンなどは明らかに違っていなければならず，同
一細分市場内ではこれらは同じでなければならないということに
なる。コトラーとアームストロング（P. Kotler and G. Armstrong）は，
細分化された市場セグメントが有効である条件として，①測定可
能性，②到達可能性，③維持可能性，そして，④実行可能性の 4
つをあげている（コトラー＝アームストロング［1995］，297 ページ）。
すなわち，測定可能性は市場セグメントの規模と購買力が容易に
測定できるかを，到達可能性は発信するマーケティング手段が市

62 第Ⅰ部 市場の選択

場セグメントに容易に到達できるかを問うものである。また，維持可能性は市場セグメント規模が十分に利益をあげるほどの規模になっているか，実行可能性は細分化された市場セグメントを引きつけるような効果的なマーケティング・プログラムを実行できるかということである。

マーケット・セグメンテーションの普及

ひとたび市場空間の全体が細分化されると，それはこれまで不特定多数・同質需要に対応していたマス・マーケティングと訣別することとなり，セグメント・マーケティングを現実に実行することになる。しかし，1960年代に至ってアメリカのマーケティング学者の多くが盛んに「セグメンテーション」と叫び，わが国のマーケティング学者がその概念と技法を紹介したにもかかわらず，わが国消費財企業の反応の多くは「概念は理解すれど実行せず」というものだった。1960年代，70年代にはまだセグメンテーション実践の気運は熟していなかったのである。

1980年代に突入すると，わが国の消費者の個性化や多様化が進行した，消費需要が同質需要から異質需要に転換したという実感が企業・産業のなかで湧き起こり，本格的にマーケット・セグメンテーションが採用されはじめた。そして，マーケット・セグメンテーションの具体的な戦略代替肢として，前述のような分化型マーケティングと集中型マーケティングが実行に移されたのである。

分化型マーケティングの典型的な例としては，乗用自動車メーカーの製品ライン戦略をあげることができる。たとえば，トヨタ自動車の乗用車ラインアップはかつて，センチュリー，マジェスタ，クラウン，マークⅡ，コロナ，カローラといった構成になっ

第**3**章　標的市場の選択　　63

ており，これはおそらく所得やライフステージをもとにして市場
を細分化し，それぞれの市場細分に対応したモデル作り・戦略作
りを行った結果だろう。このようなセグメント・マーケティング
の原型はアメリカの自動車メーカーにみられ，この場合の市場細
分化軸は社会階層だった。ここで分化型マーケティングとは，市
場細分化を前提としながらも全市場空間に対応すべく，それぞれ
の市場細分に対応したそれぞれのマーケティング・プランを作成
し，複数のマーケティング・プランの実行によって全市場空間を
とらえる戦略である。また，一方で集中型マーケティングは特定
の市場細分に集中し，市場の一部を切り取る戦略である。

3 市場細分化の基本軸
● 人口動態的特性軸と社会心理的特性軸

　市場細分化が成熟需要に対する必然的な回答だとしても，市場
細分の軸が何であるかを理解していなければ，次なる戦略実行は
おぼつかない。市場細分化の基本的な軸は，①人口動態的特性軸
（demographic traits）と②社会心理的特性軸（psychographic traits）
である。

人口動態的特性による
市場細分化軸

　人口動態的特性の典型的なものは，性別，
年齢，学歴，職業などである。人口動態
的特性は一般に，①帰属特性（as-cribed
traits）と②達成特性（achieved traits）とに分類され，前者は性別
や年齢など消費者がこの世に生を受けたときから与えられた特性
であり，後者は消費者が誕生してから自らの努力によって勝ちと
った特性，たとえば学歴とか所得のようなものを指している。な

64　第Ⅰ部　市場の選択

ぜこのような分類が必要かというと，帰属特性は消費者がどのような環境にあっても自らが変えることのできない特性であり固定的であるのに対して，達成特性は消費者の直面する環境や状況によって変化しうるという違いがあるからである。

人口動態変数を用いた概念の典型的なものは，SEC（社会経済特性〔social economic characteristics〕）であり，これはアメリカの場合，所得・学歴・職業の3つの変数によって規定される。そして，SECによって規定された市場細分化の概念が社会階層（social class）であった。社会階層という概念は，その構成変数がSECという達成特性変数であるということから，アメリカではかなり有力な市場細分化の軸となっていた。社会階層概念は，戦後のわが国にあっては所得格差が縮小している，高学歴化が進んでいる，給与所得世帯の比率が高まっている，総務省調査でも総中流意識傾向が変化していない，などの理由によってあまり有効な市場細分軸とはなっていない。

人口動態変数は，性別，年齢，ライフステージなど，それなりに市場細分化の軸として意味のあるものも多い。たとえば，性別にしても，もちろんユニセックス商品はあるものの，ランジェリー，ファンデーション，アパレルなどについては製品購買において明らかな違いがある。また，年齢についてもイチゴ族（15歳前後のミドル・ティーン）とシルバー族（65歳以上の高齢者）とでは，生活スタイルも価値観も購買品目も異なるだろう。ライフステージという概念は生活者の家族形成を中心軸とした概念であり，①未巣時代（独身期）から②巣作り時代（家族形成期），そして③巣立ち時代（子供が家族から巣立ってゆく時期）と分類することができる。明らかに消費者・生活者の購買パターンは，未巣時代と巣

Column ③ 市場セグメントの新たな発見

　ニューヨークに"The Forgotten Woman"という名の小売店チェーンがある。この店名を日本語に直訳すると，「忘れられた女」ということになる。では，忘れられた女とは誰なのだろうか。実は，この店のターゲット顧客は肥満女性なのである。通常，男性・女性に限らず肥満な人は衣料を購買するとき，まずサイズをみてから自分の好みを探す。したがって，これらの人々に対する品揃えは普通の小売店ではきわめて限定的である。この店では市場の新たなセグメントとして肥満女性を選択した。つまり，肥満女性は明らかにアメリカでは「忘れられた女」であり，個別対応の対象とはなっていなかったのである。

　"The Forgotten Woman"の対象顧客は明らかに肥満女性という限定されたセグメントであり，その消費者特性は普通の女性とは明確に異なっている。

　この小売店のさらなる特徴は，その品揃えが肥満女性のためのパーティ・ドレスなのである。つまり，この店はターゲットを肥満女性と設定したことにとどまらず，「肥満女性のパーティ・ドレス」という消費オケージョンまで特定化したのである。もしこの店がなければ，アメリカの肥満女性はパーティにも行けず，行きたければ自分でドレスを縫わなければならなかっただろう。まさに，集中型マーケティングの実行である。

　ここで"The Forgotten Woman"店の課題は，顧客集団を絞り，顧客のユース・オケージョンを絞ったわけであるから，これらの顧客に対して何を独自能力として提供できるかということであり，また，セグメント・マーケティングの限界は，ここまでセグメントを限定してしまうとそれ以上の顧客集団へのセグメント拡大が困難になるということである。ちなみに，当店の店員は全員が太めであった。

66　第Ⅰ部　市場の選択

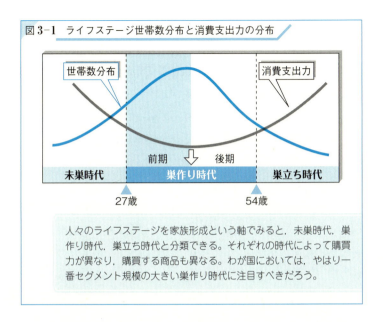

図3-1 ライフステージ世帯数分布と消費支出力の分布

人々のライフステージを家族形成という軸でみると，未巣時代，巣作り時代，巣立ち時代と分類できる。それぞれの時代によって購買力が異なり，購買する商品も異なる。わが国においては，やはり一番セグメント規模の大きい巣作り時代に注目すべきだろう。

作り時代とでは異なる。図3-1は，これら3つのライフステージ世帯の総体的な世帯数分布と消費支出力の分布を示したものである。

　図で明らかなように，世帯の数からいうと圧倒的に巣作り時代層が多い。ただし，近年にみられる結婚年齢の高齢化や高年齢者層の増加によって，わが国では単身世帯の比率が高まっていることも確かである。図3-1によれば，世帯数分布と消費支出力の分布とは逆の形を示している。これは，独身者や子供が巣立ってしまった夫婦2人世帯が巣作り時代層よりも消費支出力が高いのは当たり前のことであり，巣作り時代層は社会保険料や子供の教育などの義務支出部分が消費支出力をかなり圧迫し，また購入する財も生活財が中心となっているからである。

第3章　標的市場の選択　67

> **ライフスタイルによる市場細分化軸**

人口動態変数をベースとした市場細分化，社会階層をベースとした市場細分化に対して，1960 年代からアメリカでは大きな反省が沸き上がった。たとえば，リンカーン・コンチネンタルという乗用車にさまざまな階層の人が乗っているとか，高学歴・高所得の弁護士や医師のような人々が頻繁にディスカウント・ストアを活用しているといった現象は，社会階層による市場細分化というくくりでは説明ができなくなってきたのである。つまり，①同じ社会階層内でも異なったニーズ，異なった購買行動がみられること，②異なった社会階層を超えて似たような購買行動がみられることをどう説明するかという問題が浮上してきたのである。わが国でも戦後の社会ではほとんど社会階層という概念は意味をもたなくなってきており，日米ともに人口動態変数の市場細分化実行における有効性が急激に低下してきたのである。そこに浮上してきたのが「ライフスタイル」という市場細分化の新たな軸である。

　一般に，「ライフスタイル」とは，「生活者の生活価値観に基づいて形成される生活行動体系もしくは生活のパターンや生活の仕方」と定義される。このように生活者のライフスタイルは，生活者の価値観，心理的・社会的・行動的側面によって形成されており，生活者の人口動態的な特性とは概念的には直接関係するものではない。また，これらの側面を包摂したライフスタイルの具体的な測定尺度は「サイコグラフィックス」（psychographics）と呼ばれ，たとえば「AIO 測定尺度」（attitude, interest, opinion measure）などはその代表的なものである。ここで重要なことは，ライフスタイルは生活者特性を表す「概念」であり，サイコグラ

68　第 I 部　市場の選択

フィックスはデモグラフィックス (demographics) に対比される「測定尺度」だということである。

サイコグラフィック変数群によってライフスタイルを抽出した典型的なものは，SRI (Stanford Research Institute) による VALS (Values and Lifestyles) の分類であり（コトラー゠アームストロング[1995]），この調査はアメリカの国民のライフスタイルを以下の9つのグループ類型に分類している。すなわち，①その日暮らし，②忍耐派，③帰属派，④野心派，⑤達成者，⑥個人主義，⑦体験派，⑧社会理念派，⑨トータル・バランス派である。ここで最も分布の多い帰属派グループは，「伝統的，体制順応的かつマイホーム志向の強い人々」とされる。果たしてこれらのライフスタイル・グループは，わが国の生活者のライフスタイルにどの程度あてはまるのだろうか。明らかにわが国の生活者のなかには，アメリカと同様に帰属派グループが多いだろう。しかし，所得の低さと関連のある，その日暮らしグループや忍耐派グループは少ないかもしれない。

市場細分化軸の体系
●消費財市場の細分化軸

市場を細分する軸は，まず消費財市場と生産財市場とでは大きく異なる。なぜならば，消費財市場の顧客は消費者であり生活者であり，最終商品の最終ユーザーである。一方，生産財市場の顧客は企業もしくは団体であり，その多くは調達した商品を素材や部品として最終商品を製造したり，たとえば事務機器のようにその商品を活用してなんらかの再生産活動を行うユーザーであるか

らである。この節では，消費財市場における市場細分化の軸を整理しておこう。

デモグラフィック変数

まず，消費財市場の市場細分化軸は，前述のように大きく分けてデモグラフィック変数（人口動態変数）とサイコグラフィック変数（ライフスタイルをはじめとする価値・態度・行動変数）とに分けることができる。デモグラフィック変数の典型的なものは，性別，年齢，所得，職業，学歴，世帯規模，ライフステージ，世代，そして居住地域などである。このほかにアメリカでは，宗教，人種，国籍などが含まれるが，わが国の場合これら3変数は人口特性からいって市場細分化軸としてはほとんど意味をなさないだろう。

これらのデモグラフィック変数についての留意点の第1は，たとえば年齢，職業，学歴などの変数群，あるいは世帯規模とライフステージなどのように，変数間で高い相関がみられ，前述の社会階層のようにこれらの変数をひとつの概念でくくることができそうなことである。第2に，年齢と世代の違いである。年齢は物理的な年齢であり，明らかに消費行動も年齢によって異なっている。世代は特定の環境変動を共有した生活者群であり，わが国の場合は「団塊の世代」がこれに当たる。年齢は年とともに重ねていくものであるが，団塊の世代は何歳になっても団塊の世代であり，彼らは2021年には70歳以上，いわゆる巣立ち世代というライフステージになっている。第3は，わが国の生活者にとっても市場細分化軸として居住地域が重要だということである。わが国の生活者は一般に，デモグラフィック的には同質性が高いとされている。しかし，日本列島は稚内・旭川から沖縄まで延びており，たとえば初秋の温度差が倍あること，幕藩体制の長期化

70　第Ⅰ部　市場の選択

によって地域文化が醸成されたことなどを考えると，国土的には
アメリカの50分の1にしか当たらないわが国の国土でも地形気
象的・文化的に地域細分が存在することは明らかである。わが国
の場合，典型的な地域区分は，北海道，東北，関東，中部，関西，
中国，四国，九州，沖縄となろうが，現実にはより細分化された
地域差が存在することは確かであり，「エリア・マーケティング」
の有効性が注目される所以である。

サイコグラフィック変数の典型的なもの
は，パーソナリティ，生活価値観，ライ
フスタイル，ベネフィット集合，使用状
況，ロイヤルティ・タイプなどである。以上のような市場細分化
軸のいくつかを整理すると，表3-1のようになる。

　ここで，デモグラフィック変数とサイコグラフィック変数を比

表3-1　市場細分化の軸

デモグラフィック変数	年齢，性別，学歴，所得，職業，ライフステージ，社会階層，地域など	客観データ	刊行データ
サイコグラフィック変数	パーソナリティ，生活価値観，ライフスタイル，ブランド・ロイヤルティ，興味関心，製品関与・態度など	主観データ	消費者調査必要

市場細分化の軸は，デモグラフィックとサイコグラフィックに分けることができる。デモグラフィック・データは刊行データなどによって容易に把握できるが，サイコグラフィック・データは市場調査などによってしか入手できない。

第3章　標的市場の選択　71

較した場合，デモグラフィック変数のデータベースは国勢調査を
はじめとするさまざまな刊行データであり，客観的なものであ
る。一方，サイコグラフィック変数はいずれも心理学，社会心理
学，社会学などで規定される構成概念であり，主に消費者調査を
行わなければならないデータであって，あくまでも主観的なレス
ポンスを基本にしたものである。つまり，デモグラフィック変数
のデータは二次データで収集可能であり，サイコグラフィック変
数は一次データでしか収集できないものである。しかし，先の社
会階層概念でもみられるように，デモグラフィック変数群の市場
細分化軸の有効性は低下しており，サイコグラフィック変数群の
市場細分化における説明力のほうが高くなっている。

5 市場細分化採用の手続き
●市場設定のマーケティング手法

　前述のように，マス・マーケティングからワン−トゥ−ワン・
マーケティングへという流れのなかで，いまやセグメント・マー
ケティングこそがマーケティング展開の中心点にあるということ
は疑いのないことであるが，これはなにもマス・マーケティング
がまったく不要であるということを意味するものではない。たと
えば，わが国の消費財市場では大衆市場は崩壊したとしても大量
需要は残っているという論理にしたがえば，消費者が個性化・多
様化し大衆から分衆へ，同質的ライフスタイルからライフスタイ
ルが分化したとしても，石鹸・洗剤のたぐいの商品の需要はライ
フスタイルを超えて共通であり，需要量は依然として大量なので
ある。

72　　第Ⅰ部　市場の選択

ここでは章を閉じるにあたって，以上のような市場空間に対する考え方を前提として，市場設定という次元でのマーケティング展開の手続きを示しておきたい。

　マーケティング戦略作成の出発点としての市場設定はまず，市場空間全体における消費需要構造の把握から始まる。ここでは対象となる消費需要の内実が同質的であるか異質集合であるかの判断が必要である。仮に，消費需要の構造が異質集合であるとの感覚をもった場合，次の手続きは「消費需要を異質にしている変数は何か」という分析を行い，市場細分化軸の抽出を進めることである。このプロセスで前述のデモグラフィック変数軸，サイコグラフィック変数軸の分類が役に立つ。現実にはこの作業はかなり試行錯誤的であろう。

　ひとたび市場細分化軸が確定されると，次なる作業は市場空間をこの軸で細分化することであり，「市場が分かれている」ということを確認する作業が必要であり，それは消費者特性として「異なった市場の集まり」であることを確認することと，各種マーケティング要素への反応の仕方に違いがあることについての確認である。たとえば，細分化された市場間には製品コンセプトの認識の違いはあるのか，価格ゾーンは違うのか，メディア行動はどう違うのか，購買チャネルは違うのかといったことをすべて検証しなければならない。たとえば，20代の若者は電波媒体，印刷媒体といったコミュニケーション・メディアのなかでどのメディアに最も露出するのか，印刷媒体といった場合にこれらのターゲット顧客は具体的にどの新聞やどの雑誌をよく読むのかといったことを知らなければならない。市場設定に関する以上のような作業手続きは，図3-2 に示すとおりである。

第 **3** 章　標的市場の選択　　73

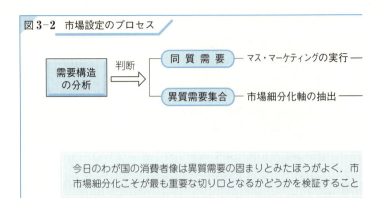

　市場細分化を行うかどうかの判断は，もちろん以上のような消費需要構造に対する認識が基礎となるわけであり，市場細分化軸の適切な抽出がきわめて重要であることは当然である。しかし，同時に重要なことは，当該企業が市場でどのようなポジションを得たいと考えるのかということである。つまり，リーダー企業をめざす企業はたとえ市場細分化を容認したとしても市場シェア獲得のためには分化型マーケティングを行わなければならないし，市場シェアよりも収益性を重んじる企業は市場を細分化したうえでひとつの市場を切り取る集中型マーケティングを採用するだろう。さらに，市場を細分化し細分内の同質的顧客のみに対応すると判断してもなお個別顧客に対応しなければならないと考える企業は，ワン-トゥ-ワン・マーケティングを行うだろう。

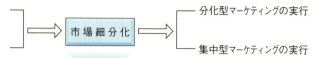

- 分化型マーケティングの実行
- 集中型マーケティングの実行

・消費者特性の把握
・マーケティング反応の把握

場需要の把握は，まず需要が同質であるか異質の集合であるかについて考え，である。

本章で学んだキーワード　KEY WORD

ターゲット・マーケティング　集中型マーケティング　マス・マーケティング　分化型マーケティング　ワン-トゥ-ワン・マーケティング　マーケット・セグメンテーション　セグメント・マーケティング　人口動態的特性軸　社会心理的特性軸　帰属特性　達成特性　SEC（社会経済特性）　社会階層　ライフステージ　ライフスタイル　AIO測定尺度

演習問題

1. マス・マーケティングよりもセグメント・マーケティングのほうが有効になりつつある理由について述べてみよう。
2. デモグラフィック変数とサイコグラフィック変数の違いをまとめてみよう。
3. 分化型マーケティングと集中型マーケティングのそれぞれについて，具体的な例を探してみよう。

●参考文献●

コトラー, P. = G. アームストロング (和田充夫・青井倫一訳) [1995], 『新版マーケティング原理』ダイヤモンド社。

第 II 部
市場の分析

- 第4章 市場データ分析
- 第5章 消費者行動分析
- 第6章 競争分析
- 第7章 流通分析

「東京モーターショー」さまざまな世代の来場者でにぎわう会場
（時事通信フォト提供）

第4章 市場データ分析

消費者に関するデータの収集と分析

本章のサマリー

　データ分析と聞くと，多くの読者はなにやら難しそうだなというイメージを抱くかもしれない。しかし，ビジネスの世界においては，多くの事柄がデータを用いて伝達され，解釈され，意思決定されている。しばしば新聞で報じられている市場シェアの変化も，データ分析のひとつである。マーケティングの実務では，データ分析を避けてとおることができない。

　本章では，マーケティングにおいて消費者に関するデータを収集し，分析するための基礎知識を理解してもらうことをねらいとしている。そこで，通常の統計書で学ぶような技術的な説明はできるだけ避け，統計手法なども利用者としての立場を考慮して解説してある。

　具体的には，まずデータはどのように収集し，測定したらよいのかについて学ぶ。そのうえで，クロス表や平均値といった単純な集計方法，t 検定や相関係数などの分析手法について，簡単な分析結果を参考にしながら理解することになる。

1 データの種類

●収集データのさまざまな分類

データ分析の実施にあたっては，分析対象となるデータを収集しなければならない。そこで，まず収集されるべきデータの種類について整理しておこう。

> 一次データと二次データ

データは，一次データと二次データとに大きく分けることができる。一次データ（primary data）とは，ある目的のために新規に収集されるデータである。たとえば，ビール会社が，自社ブランド購入者のデモグラフィック特性に関する情報を入手したいと仮定しよう。このとき消費者調査を実施し，それによって得られたデータは一次データとなる。

だが，他の目的のためにすでに存在している情報源から必要な情報を入手できることもある。この場合，そのデータは二次データとなる。二次データ（secondary data）とは，差し迫った調査上の必要性にあわせて収集されたものではなく，他の目的のために事前に収集されているデータである。

二次データの使用によって同じような調査の重複を避けることができれば，多大な資金の節約になるし，別の調査に資金を充当することもできる。したがって，データを収集するときには，まず二次データの存在の有無を確認し，そのうえで一次データの収集を検討しなければならない。

Column ④ 横浜DeNAベイスターズ──データ分析による集客

応援するチームが強ければ、ファンは喜んで球場を訪れる。来場者数を増やしたいならば、チームを強くしなければならない。読売ジャイアンツにしても阪神タイガースにしても、チームが強いことでファンを増やしてきた。しかし、横浜DeNAベイスターズの取り組みを知ると、ファン作りに対する一般的な考え方は必ずしも正しくないことに気づく。

2011年に池田純氏が球団創設に伴い代表取締役社長に就任すると、マーケティング発想に基づいた施策を次々と打ち出し、横浜スタジアムへの年間来場者数を伸ばしてきた。2015年までの来場者数の伸びは65%、12球団のなかで頭抜けた増加率だ。座席数に対する動員率では、同時期に52%から88%へ伸びている。一方、過去5年間のチームの成績は、よくても5位で、最下位を3回経験している。試合の成績に苦しむ横浜DeNAベイスターズは、いかにして来場者数増加に成功したのだろうか。

池田氏によると、出発点は顧客を知り尽くすことだという。顧客を正確に理解しなければ有効な戦略は打ち出せない。社長に就任してまず手がけたのは、それまでバラバラだったファンクラブやチケット購入などに関する顧客データの一元管理である。本拠地の神奈川県民にアンケート調査も実施し、その結果、横浜スタジアムに来ている人の属性や行動パターンがみえてきた。3年目からはドコモのビッグデータも利用しているという。

データの収集や分析が進んだことにより、狙うべきターゲットを絞れるようになった。仕事帰りに友だちと飲みに行くような20～30代のアクティブ・サラリーマンだ。そして、定めたターゲットに向けて、試合後の花火や新しいタイプのシートなど、次々と話題作りを仕掛けていった。ターゲットを明確に定め、データをしっかりと分析し、適切なSTP（セグメンテーション、ターゲティング、ポジショニング）を実践できるかがビジネスの成果を左右する。マーケティングのテキストで主張されている基本にどれだけ忠実であるかが大切なのである。

（出所：池田純［2016］，『空気のつくり方』幻冬舎，および日本経済新聞社「日経MJヒット塾」でのヒアリングに基づいている）

二次データは，さらに２つに分けること

内部データと外部デー
タ

ができる。ひとつは内部データ（internal
data）であり，リサーチを検討している

企業組織内に存在するものである。内部データの最大の長所は，
入手の容易性とコストの低さである。販売記録や配送記録などは，
最もわかりやすい内部データである。

　もうひとつは外部データ（external data）であり，組織の外部
に存在するものである。外部データは，図書館，業界団体，各種
名簿，政府や公共団体，業界誌や業界新聞，調査会社などから得
ることができる。外部データは，ややもすると過小評価されがち
であるが，適切に用いれば非常に有効な情報源となる。

2　データ収集の方法
●質問法・観察法・実験法

　一般に一次データの収集は，質問法，観察法，実験法のいずれ
かによって行われる。前２者の方法は，実態を可能なかぎりあ
りのままに把握しようとするデータ収集方法である。これに対し
て実験法は，価格，広告媒体，広告表現，セールス・プロモーシ
ョンなどの変数を意図的に操作し，それによる売上高や認知率の
変化などを明らかにする能動的なデータ収集方法である。

質　問　法

質問法は，面接調査，電話調査，郵送調
査，留置調査，ファックス調査，そして
とめおき

インターネット調査という６つに分けてとらえることができる。
これらは，表4-1のような長所と短所を有している。

〈面接調査〉　面接調査とは，インタビュアーが被験者と直接対面

82　第II部　市場の分析

表 4-1　質問法における 6 つの調査の比較

	面接調査	電話調査	郵送調査	留置調査	ファックス調査	インターネット調査
データの量	多い	少ない	中	多い	中	中
複雑な質問	可能	難しい	一部可能	一部可能	一部可能	一部可能
視覚的な用具の利用	可能	不可能	一部可能	一部可能	一部可能	一部可能
回収率	高い	中	低い	中	低い	中
データの回収時間	短い	短い	長い	長い	中	短い
回答におけるバイアス	高い	中	低い	低い	低い	低い
コスト	非常に高い	中	非常に低い	高い	低い	非常に低い

質問法における 6 つの調査方法の特徴をまとめた表である。面接調査では視覚的な用具を用いることはできてもバイアスが高く，郵送調査ではバイアスが低くても回収率も低いなど，調査方法間の特徴を比較することができる。

することによって情報を得る方法である。マーケティングでは，6 ～ 8 名の被験者が一堂に会して，あるテーマについて意見や感想をそれぞれ述べあうグループ・インタビューの形式がよく用いられる。

　面接調査には，次のような長所がある。質問に答えてもらうとき，写真や広告のような視覚的な小道具を利用したり，相手の反応を読み取り，回答者の最も関心のありそうな領域を必要に応じて追求するなど，非常に機動性のある質問ができる。また，複雑な質問のときでも，回答者に会っているので繰り返し質問するなどして答えてもらいやすい。さらに，調査員が調査の主旨や質問の意図を説明できるので，回収率を高めることができる。

　これに対して，面接法の最大の短所はコスト面である。とりわけ，地理的にみて広範なサンプルを必要とするとき，多大なコス

トを要する。調査員によるバイアスが生じやすいことも承知しておかなければならない。

〈電話調査〉　電話を用いて行う調査で，テレビの視聴率など，回答者のある時点の行動や意識を知りたい場合によく用いられる。この種の調査は，視覚的な補助器具を必要とせず，また回答者が調査内容を十分理解できるような場合に最も有効とされる。

電話調査の長所としては，次のような点が知られている。最も素早く実施でき，面接調査よりもコストがかからない。地理的に広範な区域へ到達でき，追跡調査のとき再び回答者にコンタクトをとることも容易である。さらに，回答者を無作為に選びやすい。

一方，最大の問題点は，調査にあまり時間をかけられないことである。また，面接調査ほど柔軟性もない。さらに，調査の主旨や実態を伝えにくく回答者側に不信などが生じ，回収率の低下や不十分な回答が出やすいことも銘記しておかなければならない。

〈郵送調査〉　調査票を郵便で送る調査方法である。封筒のなかには，調査の主旨や実施者などを説明した挨拶状，切手の貼られた本人宛の返信用封筒が同封されており，回収者の不信感や負担をできるだけ軽減するような工夫がされている。回答率を高めるために，わずかな謝礼が回答者に支払われることもある。

郵送調査には，比較的少ないコストでさまざまな被験者に到達することができ，遠隔地の被験者にも容易に到達できるなどの長所がある。また，被験者の匿名が保てるので本音の情報が入手しやすく，質問方法の違いによるバイアスも生じにくい。

これに対して，郵送調査における大きな問題点のひとつは，見込み回答者のリストをみつけにくいことである。各種名簿，電話帳，各種紳士録などが利用されるが，調査の主旨とリストの特徴

を十分理解したうえで回答者をピックアップしなければならない。さらに，返却された回答が，調査したいと考えている母集団を代表していないこともある。通常，調査項目に関心を有している回答者ほど，この種の調査に回答する傾向にある。

〈留置調査〉　あらかじめ調査票を回答者のところに配布しておき，後日調査員が回答者を訪問して回収する調査方法である。郵送調査と面接調査を結びつけたようなもので，両者の長所と短所を備えている。

長所としては，郵送調査に比べて回収率が高く，調査員が直接回答者に接触できるので，記入漏れや無回答が点検できることなどがあげられる。また，時間をかけて回答してもらうことができるので，調査結果の信頼性も高い。わが国の国勢調査や家計調査では，この調査方法が利用されている。

短所としては，回収時の調査員によるバイアスが生じやすいことである。さらに，世帯を調査したい場合には主婦と夫では認識が異なるし，個人を調査したい場合には配偶者の影響を受けやすいなどの問題点もある。

〈ファックス調査〉　電話調査と郵送調査の長所を兼ね備えた調査方法である。ファックスの普及によって，一般的に用いられるようになった。

テレビの視聴率など，電話調査と同様に回答者のある時点の行動や意識を知りたい場合などに有効である。しかも，調査内容を文字によって表現できるのでバイアスが低く，簡単な図や表を用いた質問も可能である。近年では固定電話に代わり，携帯電話が普及してきたために，ファックス調査は減少傾向にある。

〈インターネット調査〉　パソコンの普及とインターネット利用

者の増加によって，この数年，用いられるようになった調査手法である。具体的には，eメールを用いて質問を送ったり，ホームページ内に質問を盛り込むなどの方法がとられている。

コストがきわめて低いことやデータの回収時間が短いことなどの長所を備えており，近年ではパソコンではなく携帯電話を用いた調査も実施されるようになっている。インターネット調査は，マーケティング調査の主役ともいえる存在となっている。

| 観 察 法 |

この方法は，さまざまなマーケティングの局面で用いられている。たとえば，交通量調査を考えてみよう。新たにファミリーレストランを出店させる場合，候補となっている地点の曜日別・時間帯別の交通量を調査することが多いが，このときによく用いられるのが観察法である。観察法は，観察する主体が人か機械かによって分類することができる。

主体が人の場合には，上で述べた交通量調査のほかに，消費者が店舗内をどのように買い回るかを追跡する動線調査，競合店の客層や品揃えをみる他店調査などがある。

一方，主体が機械の場合には，アイトラッキングで消費者が広告や陳列棚などを見たときの目の動きを追跡する調査，センサーで消費者の店舗内での買い回り方をキャッチする調査，テレビに取り付けられたメーターで各家庭での視聴者数を測定する調査などがある。

| 実 験 法 |

独立変数と呼ばれるいくつかの要因を操作し，従属変数と呼ばれる別の要因への影響を測定することによって，要因間の因果関係を探る調査方法である。

もう少し具体的に説明してみよう。ブランドの管理者であれば，担当するブランドを値引きしたり特別陳列した場合，どれだけ売上高が伸びるのかを知りたいだろう。この場合には，値引きや特別陳列（独立変数）を操作して，売上高（従属変数）の変化を明らかにすればよい。

また，スプリットラン・テスト（split-run test）やベリード・オファー（buried offer）と呼ばれる実験法を用いて，広告効果を測定することもできる。前者は，一部を除いてはまったく同じ広告を打ち，相違部分によって認知率の違いなどを測定するものである。後者は，広告コピーの一部に資料請求などのアクセス項目を入れておき，それを読み照会してきた人数を調べる方法である。

実験法の最大の短所は，外部要因の影響を強く受けやすいことである。実験店において，あるブランドの値引き効果を測定しようとしても，同一エリア内にある別の店舗が平常とは異なる価格設定をすれば，実験結果は著しいバイアスを受けてしまうだろう。また，室内で行われる実験の場合には，競争状況というバイアスを回避できても，観察されているという理由で被験者が異なった行動をとる危険性がある。

なお，実験が施され影響が測定される実験群（test group）と独立変数以外の条件はすべて等しい対照群（control group）を設定し，両者を対比して違いを明らかにすることが多い。

3 母集団の設定と標本抽出
●調査対象の範囲と標本調査の方法

母集団の設定
調査を実際に行う場合，その対象の範囲を明確にしておかなければならない。一口に大学生の意識調査といっても，関東地方の大学に在籍している学生を対象とする調査もあれば，関西地方の大学に在籍している学生を対象とする調査もある。もちろん特定の大学の学生だけを対象とする調査も考えられる。対象が異なれば，当然，調査結果にも違いが生じるだろう。

調査対象とされる集団は，母集団 (population) と呼ばれる。もし母集団が特定の大学や特定エリアの住民のように非常に限定されていたならば，その母集団に所属する学生や住民すべてを対象として調査を実施することも可能である。母集団のすべてを対象とする調査を悉皆（全数）調査といい，総務省による日本に居住する全世帯を対象とした「国勢調査」がその代表である。

ところが母集団が非常に大きいと，悉皆調査のコストや時間は膨大となり，特定企業や個人による実施はきわめて困難である。そこで，母集団のなかから一定数を選び出し，それを標本 (sample) として調査を実施するのである。

標本抽出
標本を母集団から選び出す標本抽出では，何に注意したらよいのだろうか。それは，抽出された標本が母集団を代表しているかどうかという点である。標本は母集団の属性構造を変えることなく，数だけを少なくした"縮図"でなければならない。たとえば，ある大学を母集団とし

88　第 II 部　市場の分析

て，その大学の男女比率が7対3であるならば，選ばれた標本
の男女比率もこれとほぼ同じでなければならない。もちろんこの
ことは，所属する学部や自宅通学比率などについても当てはまる。
つまり標本は，あくまで原則としてではあるが，母集団から何の
偏りもなく選び出されている必要がある。

　上で述べた条件を満たす標本を抽出するために，いくつかの方
法が提案されている。

　〈単純無作為抽出法（simple random sampling）〉　　これは，母集団と
なっている全調査対象から，文字どおり無作為に標本を選び出す
方法である。具体的には，乱数表やサイコロを用いることで無作
為性を得ることができる。もちろんコンピュータ・ソフトを用い
てもよい。この標本抽出を行うためには，大学であれば学生名簿，
会社であれば社員名簿などのように，あらかじめ母集団のリスト
が用意されていなければならない。

　〈系統的抽出法（systematic sampling）〉　　無作為性を保持するとい
う点で単純無作為抽出法はすぐれているが，やや労力を要すると
いう点では劣っている。そこでよく用いられるのが系統的抽出法
である。まず，サイコロやカードなどを利用して，最初の対象者
を名簿より選び出す。続いて標本の縮小比率にあわせて，一定間
隔で機械的に標本を選び出していく。たとえば，6000人の学生
を抱える学部から600人を標本として抽出する場合には，比率
が10分の1であることより，10人おきに抽出すればよい。この
方法は「等間隔法」とも呼ばれている。

　〈層化抽出法（stratified sampling）〉　　母集団におけるある属性の構
成比が事前に明らかになっている場合，その構成比にしたがって，
各層より標本を按分して抽出することができる。たとえば，母集

団と規定された大学の男女比率が7対3であるならば，この比率に応じて男女のそれぞれの標本を無作為に選び出せばよい。

〈**集落化法（cluster sampling）**〉　母集団をいくつかの集団に分割し，そのうちのいくつかの集団を標本として抽出する方法である。一見すると層化抽出法に似ていると思うかもしれない。だが，層化抽出法では各層のいずれからも標本が選ばれるという特徴があるのに対して，集落化法では集団に分割された段階で標本となる集団と標本から外れる集団とに分かれる。たとえば，わが国の大学生を母集団としたならば，まず各大学に分割し，そこから標本となる大学を選び出すといった場合がこれに当たる。

〈**割当抽出法（quota sampling）**〉　2つの集団の比較を目的とした調査で，よく用いられる手法である。たとえば，3万人の総合大学に在籍する学生の意識と3000人の単科大学に在籍する学生の意識を比較したいと仮定しよう。この場合には，後者の母集団が10分の1であるから，標本も10分の1でよいというわけにはいかない。分析の精度を考慮して，両方に同数もしくはそれに準じた標本数を割り当てるのである。

〈**スノーボール式抽出法（snow-ball sampling）**〉　標本が雪だるま式に増えていくことから，この名で呼ばれている。最初に，何人かの回答者を母集団より無作為に選び，次に，この回答者が指名した人物を新たな回答者とする。これを繰り返すことにより，必要数に達するまで標本を抽出していく方法である。最終的な標本は，なんらかの属性で偏ったものとなりやすいが，特定の集団や階層を対象とする調査には有効である。

測定尺度の性質
● 名義尺度・序数尺度・間隔尺度・比例尺度

　実際にデータを収集するためには，各サンプルの状態をなんらかの方法で測定しなければならない。そのために用いられるのが測定尺度で，名義尺度，序数尺度，間隔尺度，比例尺度の4つに識別することができる。このうち，名義尺度と序数尺度によるデータは質的データ，間隔尺度と比例尺度によるデータは量的データと呼ばれる。さらに，量的データは長さや重さのように計って得られる計量値（連続値）と人数のように数えて得られる計

表4-2　測定尺度の特性

	比較の次元	例	代表値（average）の考え方
名義尺度	独自性	性別，職業，ブランド名など	最頻値
序数尺度	順番	ブランドの選好度，鉱物の硬度など	中央値
間隔尺度	間隔	温度，ブランドに対する態度など	相加平均値
比例尺度	絶対的な大きさ	購買者数，購買確率，重量など	幾何平均値 調和平均値

4つの測定尺度について整理した表である。代表値については，その尺度よりも下に位置する尺度であれば，当該代表値を利用することができる。たとえば，間隔尺度において記されている相加平均値は，その下の比例尺度においても利用できる。

第4章　市場データ分析

数値（離散値）に分けられる。4つの尺度の特性は，表4-2にまとめられている。

> **名義尺度**

対象を排他的なカテゴリーに識別するときの尺度である。ここで用いられる尺度としての数値には，順序や間隔などの意味はなく，符号としての意味だけがある。この尺度から得られる情報は，同じ数値が与えられていたならばその変数において等しく，異なる数値が与えられていたならば異なっているということしかない。実施可能な演算は，各カテゴリーについての集計だけである。

男性を1，女性を2とコード化した場合が名義尺度のよい例である。女性には男性よりも大きな数値が与えられているが，男女を識別すること以外に，この数値の違いには何の意味もない。

> **序数尺度**

単なるカテゴリーの識別ではなく，数値の大小関係を示す尺度である。対象を共通の変数による順序づけはできるが，順位間の違いの程度についての情報はともなっていない。演算としては，中央値（median）と最頻値（mode）を算出することができる。

序数尺度による質問の例としては，缶コーヒーのブランドを5つ提示して，「好きな順番にあげてください」などと尋ねる場合である。この質問の答えより，数値（順番）が少ないほど回答者にとって好ましいブランドであると理解できるが，第1位のブランドと第2位のブランドの選好の違いの程度はわからない。

> **間隔尺度**

数値の違いに，数値間の間隔といった量的な情報が備わっている尺度である。したがって，1と3の違いは5と7の違いに等しいといった具合に，数値によって対象間の違いの程度を理解することができる。この

92　第II部　市場の分析

尺度では，中央値と最頻値に加えて相加平均値（mean）を算出することができる。

　間隔尺度の最もよい例が温度である。20度と30度の中間が25度だとか，20度より5度高くなると25度であるといった解釈ができる。ただし，20度は10度の2倍温かいということはできない。これは，間隔尺度の特性として原点が任意であるため，比率を求めることができないからである。

　0度という温度は，数字のゼロのように温度がないわけではない。水が凍ったり氷が融けたりする温度を便宜的に0度と設定しているだけである。セ氏0度はカ氏で測定すると32度であることを思い浮かべるとわかりやすい。また，セ氏で10度の上昇はカ氏で18度の上昇に当たる。

比 例 尺 度　　間隔尺度の特性に，絶対的なゼロをともなった尺度と考えてよい。したがって，加減だけではなく乗除も意味をもつようになる。平均を求めたい数値がいずれも正の値の場合には数値の逆数を求め，その相加（算術）平均の逆数からなる調和平均値（harmonic mean）や数値を掛けて累乗根からなる幾何（相乗）平均値（geometric mean）の演算も可能となる。

　この尺度を用いると，絶対的な数値の比較ができる。たとえば，60キロの人は20キロの人に比べて40キロの違いがあり，同時に3倍の重さであると表現することが可能である。体重のほかにも，身長，売上高，広告費などを比例尺度の例としてあげることができる。

第4章　市場データ分析　93

5 分 析 事 例

●若干のデータ分析の実例

単純集計と平均値　単純集計は，データ分析の第1ステップである。単純集計を行うことによって，質問に対する回答の傾向を把握することができる。

　表4-3は，消費者の意識と行動に関する調査結果である。調査では，各質問項目に対して，それぞれの回答の表現は異なるが，4ポイントによる一種の間隔尺度で尋ねている。単純集計の結果は，棒グラフや円グラフで示すことができる。

　比例尺度で回答されている質問の場合には，単純集計をしてもあまり意味のないことが多い。たとえば，男子学生100人の体重を考えてみよう。測定結果を集計しても，体重が同一である学生は少なくバラけてしまう。このような場合には，単純集計ではなく平均値をとることが多い。

　度数の分布状況を把握するにしても，50キロ未満，50〜60キロ未満，60〜70キロ未満，70キロ以上のように一定の幅を規定して，そこでの度数を集計するほうが有効である。また，観測値を小さいものから大きいものへと配列し直し，その大きさにしたがってサンプルを4つとか5つの集団へと分けることもできる。これは「分位」と呼ばれる。

クロス表とカイ2乗検定　名義尺度や間隔尺度によって測定された質問間の関連をみるためには，クロス表を作成するとよい。たとえば表4-4のクロス表は，ある大学の学生200人を抽出し出身地を調べたと

94　第II部　市場の分析

表 4-3 生活に関する調査結果

Q1 あなたは花粉症の症状がありますか。

1. 重い症状がある
2. 中程度の症状がある
3. 軽度の症状がある
4. 症状はない
5. わからない

	度数	パーセント	累積度数	累積パーセント
.	0	.	.	.
1	47	4.7	47	4.7
2	157	15.7	204	20.4
3	259	25.9	463	46.3
4	480	48.0	943	94.3
5	57	5.7	1,000	100.0

Q2 今春,実施したい花粉症対策は何ですか(複数回答)。

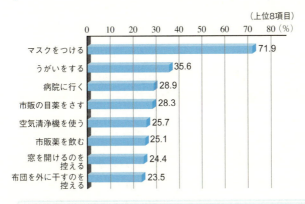

コンピュータで集計することによって,度数,パーセント,累積度数,累積パーセントが得られる。

(出所) 日経産業地域研究所が2015年12月に実施したインターネットによる「花粉症に関する調査」の結果より。全国の20〜69歳の男女1000人を対象にしている。

表4-4　男女別にみた出身地の違い

	東　　京	神奈川	千　葉	その他	計
男性	32　(26.7)	32　(26.7)	23　(19.2)	33　(27.5)	120
女性	28　(35.0)	18　(22.5)	17　(21.3)	17　(21.3)	80
計	60　(30.0)	50　(25.0)	40　(20.0)	50　(25.0)	200

学生200人の出身地を男女別に集計し，クロス表を作成した結果である。クロス表には，各回答パターンに回答した人数（度数）が記入される。カッコ内の数値は，右端の合計値に対する割合を示している。

仮定し，それが男女によってどのように違うのかを架空の数値を用いてまとめたものである。出身地が示されている表の最上段を「表頭」，男女が示されている表の左端の欄を「表側」と呼ぶ。表頭と表側が交差し，数値が示されている箇所を「セル」という。

　この表から，男性に比べると女性に東京出身者の割合が多いことがわかる。クロス表の結果を報告書などでまとめる場合には，パーセントを用いて帯グラフを描くとよい。

　ところで，表の結果をみて，学生の出身地は男女によって意味のある違いがあるといえるだろうか。分析者の感じ方によって，答えは分かれるだろう。クロス表で取り上げられている2つの質問項目間に，統計的に意味のある関係があるか否かを客観的に判断する有力な分析手法がカイ2乗検定である。

　もし，男女による出身地の差がまったくなければ，東京30％，神奈川25％，千葉20％，その他25％の比率は，男性でも女性でも変わらないはずである。この計算によれば，男性で東京出身者は36人になり，これを「理論度数」と呼ぶ。だが，実際には

96　第II部　市場の分析

32人しかおらず，これを「発現度数」と呼ぶ。カイ2乗値とは，各セルごとの発現度数と理論度数との差を2乗した値を理論度数で割り，その数値を合計したものである。

カイ2乗値は0以上の値をとるが，0に近いほど2つの項目間の関係は弱く，大きくなればなるほど2つの項目間の関係は強いことを示す。ただし，カイ2乗値は，セルの数がいくつであるかによって左右されるので，統計的な検定を行う際には，「自由度」と呼ばれる視点を導入しなければならない。自由度は，表頭の選択肢数をn，表側の選択肢数をmとするならば，$(n-1) \times (m-1)$で計算できる。

カイ2乗値と自由度が得られたならば，カイ2乗分布表を用いて有意水準を判断しなければならない。これによって，対象となっている2つの項目間に関係があるかどうかを一種の確率をもって把握できる。有意水準は1未満の正の数値で示され，数値が0に近いほど項目間に関係が「ない」ことの確率が小さいことを意味する。したがって，有意水準は小さいほど，項目間に強い結びつきがあると判断できる。一般には，5％水準で有意，1％水準で有意などと表現される。

| t 検 定 |

t検定とは，平均値の差に意味があるか否かを判断する場合に用いられる分析手法である。ある学部でフランス語の試験を行い，男女100人ずつを抽出し平均点を求めたところ，男性の平均点が78点，女性の平均点が83点であったとしよう。このとき，男性と女性の間には，フランス語の試験において意味のある違いがあるのだろうか。ある人は5点も違うというだろうし，5点しか違わないと主張する人もいるかもしれない。

第4章　市場データ分析　97

表4-5 男女別にみたフランス語試験の平均点

	人　数	平均値	標準偏差	最小値	最大値
男性	100	78.0	4.32	52.0	96.0
女性	100	83.0	3.61	57.0	98.0

（注）　母分散が等しいかどうかの検定：F値 = 1.85，F値の有意水準 = 0.00

母　分　散	t値	t値の有意水準
アンイコール	2.143	0.041
イコール	2.139	0.042

架空の数値を用いて，t検定を行った結果である。F値の有意水準をみると5％水準をクリアしているので，アンイコールのt値を採用することになる。その結果，平均値における男女の違いは5％水準で有意であるといえる。

　点数の違いに意味があるかどうかは，単に平均値だけをみていても判断できない。男性全員が78点で女性全員が80点ならば，平均で2点の違いでも意味があるだろう。だが，男女ともに点数が大きくバラついていれば，5点の違いでも統計的には意味があるとはいえないかもしれない。つまり，「分散」と呼ばれるバラつきの度合いを加味して判断しなければならない。

　表4-5は，t検定の分析事例である。男女の違いによって，フランス語の試験に違いがあるといえるかどうかが分析されている。結果をみると，母分散をアンイコールとイコールの場合とに分けてt値が示されている。これは，母分散が未知であり，男女2つのグループの母分散が等しいかどうかも未知なので，それを考慮してt検定しなければならないことを示している。

98　　第II部　市場の分析

2つのグループの分散はF値で判断される。F値が仮に5%をクリアしていれば，2つのグループの母分散は等しくないと判断される。この場合には，アンイコールのt値を採用すればよい。また，F値が5%をクリアしていなければ，イコールのt値を採用することになる。なお，t検定の計算過程は省略した。

| 相 関 係 数 | 相関係数とは，間隔尺度や比例尺度によって測定されている2つの項目間の関連 |

の強さを示す係数である。

相関係数を用いることによって，項目間の結びつきの度合いを分析できる。最もよく用いられるのがピアソンの積率相関係数であり，この相関係数は次の式によって求めることができる。

$$変数Xと変数Yの相関係数 = \frac{XとYの共分散}{(Xの標準偏差)(Yの標準偏差)}$$

共分散とは，XとYそれぞれの平均値との偏差（違い）を掛けあわせ，その平均を求めたものであり，

$$\frac{\sum_{i=1}^{n}(X_i - \overline{X})(Y_i - \overline{Y})}{n-1}$$

と表すことができる。また，標準偏差とはデータのバラつき度であり，偏差を2乗し平均した値の平方根であり，

$$\sqrt{\frac{\sum_{i=1}^{n}(X_i - \overline{X})^2}{n-1}}$$

となる。このとき，n は測定値の個数で，X_i と Y_i は測定値，$\overline{X}$ と $\overline{Y}$ は平均値である。

相関係数の値は -1 から $+1$ までの間をとるが，絶対値が1に

第4章　市場データ分析　　99

近づくほど，項目間の関連の度合いが強いことを意味する。逆に，0に近づくほど項目間の関連の度合いが弱いことを意味する。また，相関係数の値がプラスならば「正の相関関係」，マイナスならば「負の相関関係」にあると呼ぶ。正の相関関係の場合には，一方の項目が大きくなれば他方の項目も大きくなり，負の相関関係の場合には，一方の項目が大きくなれば他方の項目は小さくなる，という関係にある。

　相関係数を求めても，それが意味のある結びつきを示しているかどうかの判断に悩むかもしれない。この場合，一般的な統計ソフトで相関係数を求めれば，同時に各係数の有意性も算出してくれるので，その有意性を考慮しながら項目間の関連を判断すればよい。なお相関係数は，間隔尺度や比例尺度だけではなく，序数尺度においても算出することができる。

> **多変量解析**　　　　　　t検定や相関分析だけではなく，マーケティングにおける市場データ分析では，

多変量解析と呼ばれる高度な分析手法を用いることがある。代表的な手法として，分散分析や回帰分析などが知られている。

　分散分析とは，すでに述べたt検定を発展させた手法である。t検定は2つの平均値の差を検討するときに用いるが，分散分析は3つ以上の平均値の差を検討することができる。たとえば，テストの平均値について考えるとき，学生の出身地別に東京，名古屋，大阪などの平均値の違いを検討できる。さらに，出身地による平均値の違いだけではなく，男女による平均値の違いも同時に検討できる。その際，東京出身の男性とか大阪出身の女性のように，出身地別の効果と性別の効果が合わさると，効果が大きく伸びたり，逆に効果が打ち消されたりすることがある。これは，

100　　第Ⅱ部　市場の分析

交互作用効果（相乗効果ともいう）と呼ばれるが，分散分析を用いることで明らかになる。

　回帰分析とは，相関分析を発展させた手法である。相関分析は2つの項目（変数ともいう）間の単なる共変関係を扱った分析であるが，回帰分析は項目間の因果関係を前提とした分析である。たとえば，気温が上昇するとアイスクリームの売上は高まるものと思われるが，その際，気温の上昇は原因であり，アイスクリームの売上は結果といえる。回帰分析では，原因に相当する項目を説明変数と呼び，結果に相当する項目を被説明変数と呼び，因果関係の強さを回帰係数という値で算出することができる。

　ほかにも，因子分析，コンジョイント分析，構造方程式モデル，クラスター分析などの手法があるが，これらについてはマーケティング分析やマーケティング・リサーチなどの講義で学んでほしい。

　データ分析は自動車の運転のようなものである。いくら理屈を学んでも自分で動かしてみなければ上手なドライバーにはなれないように，理論ばかりを学んでもデータ分析は身につかない。自分たちで調査票を作成し，データを収集し，データの分析を試みることをお勧めする。

第4章　市場データ分析　　101

本章で学んだキーワード　KEY WORD

一次データ　二次データ　内部データ　外部データ　質問法（面接調査，電話調査，郵送調査，留置調査，ファックス調査，インターネット調査）　観察法　実験法　独立変数　従属変数　実験群　対照群　母集団　標本　標本抽出　測定尺度（名義尺度，序数尺度，間隔尺度，比例尺度）　クロス表　カイ2乗検定　有意水準　t 検定　相関係数　標準偏差　多変量解析　分散分析　回帰分析

演習問題

1　消費財と生産財とでは，研究開発への支出に違いがあると予想される。これを確認するための統計手法をあげてみよう。売上高に占める研究開発費の比率をパーセントで測定した場合と，「20％以上」「15～20％未満」「10～15％未満」「5～10％未満」「5％未満」のような尺度で測定した場合とに分けて考えてみよう。

2　わが国における大学生の意識調査を実施したい。標本抽出ではどのような方法が考えられるだろうか。また，その長所と短所についても検討してみよう。

3　大学生 500 人に就職先に対する意識調査を実施したい。回答者の基本属性に関する質問（フェースシート）も含めて，ノートで3枚程度の調査票を作成してみよう。

参考文献

アーカー，D. A.＝G. S. デイ（石井淳蔵・野中郁次郎訳）[1981]，『マーケティング・リサーチ』白桃書房。

恩藏直人・冨田健司編著 [2011]，『1 からのマーケティング分析』

碩学舎。

コトラー，P. = K. L. ケラー（恩藏直人監修・月谷真紀訳）[2008]，
『コトラー＆ケラーのマーケティング・マネジメント（第 12
版)』ピアソン・エデュケーション。

髙田博和・上田隆穂・奥瀬喜之・内田学 [2008]，『マーケティン
グリサーチ入門』PHP 研究所。

原田俊夫・原田一郎 [1984]，『マーケティング』同文舘出版。

第5章 消費者行動分析

消費者の行動を理解する

本章のサマリー

マーケティングというと，すぐに連想されるのが，市場対応や消費者志向，また顧客満足（CS）という言葉ではないだろうか。市場ニーズに対応した消費者志向の製品・サービスを開発し，顧客の満足を勝ち得ていくことは，マーケティングの永遠のテーマである。しかし，そのためには，まず彼ら消費者の行動を理解しなければならない。

本章では，さまざまな分野からの多くの分析法が存在する消費者行動分析のなかから，今日とくに有用と考えられる分析法に絞ってその有効性をみていく。まず個別消費者を理解する3つの分析法，次に彼ら消費者のインタラクション（相互作用）を理解する2つの分析法，そして最後に近年話題となっている新しい分析法について考察する。

消費者行動分析は，いわゆる4Pのマーケティングの土台をなすものであり，誤った消費者行動分析はその後の4P戦略を失敗に導く。その意味で，本章で消費者行動分析の基礎を学んでほしい。

1 消費者行動とマーケティング
●消費者行動分析の重要性

マーケティングの基本は市場適応

経営学と比べてのマーケティングのひとつの特徴は，マーケティングにおいては消費者が非常に重視されるという点である。このことは，経営学が19世紀後半に出現した近代工場の巨大な生産力，人員，財務などをいかに管理するかという内部管理の発想から生まれたのに対し，マーケティングは同じ近代工場の巨大な生産物をいかに市場に販売するかという外部適応の発想から生まれたという違いによるものと考えられる。

マーケティングの4Pを示したマッカーシー（E. J. McCarthy）がその図の中心に顧客を置いたように，顧客や消費者・市場への適応こそがマーケティングの最重要の課題であり，したがって消費者行動分析が重要となるわけである。

消費者行動分析の2つの局面

消費者行動分析の歴史は古く，19世紀末から20世紀初頭の広告研究にまで遡ることができる。たとえば，ゲイル（H. Gale）はすでに1896年から消費者の広告注目度の実験を行い，雑誌のなかの広告の位置によって，消費者の反応がどのように異なるかなどを実験調査している。その後，1920年代には，消費者の購買動機の研究が盛んに行われ，コープランド（M. T. Copeland）は購買動機を合理的動機と情緒的動機に分けて分析している。

これら広告研究・購買動機研究にみられるように，消費者行動

第5章 消費者行動分析 105

分析は，まず個別消費者の行動や意識を理解しようとするところ
から始まった。個別消費者の動機や欲求がわかれば，それを充足
させる製品を開発することができるわけであるし，個別消費者の
広告に対する反応がわかれば，それにあわせて最も効果的な広告
戦略を構築することができるわけである。

　このような個別消費者の分析をひとつの局面とすると，消費者
行動分析のもうひとつの局面は消費者のインタラクション（相互
作用）の理解である。1930 年代に行われた社会階層に関するヤ
ンキーシティ研究や，40 年代に展開されたマス・コミュニケー
ション研究などは，消費者行動への社会学的・社会心理学的分析
ととらえることができるが，そこでは，個別消費者の理解という
よりは，集団としての消費者や消費者間のインタラクションが分
析の中心課題となっていた。消費者のインタラクションを分析す
ることによって，消費者間の流行伝播のしくみが理解され，また
他人に影響されたり他人の目を気にする消費者行動が解明できれ
ば，より効果的なマーケティング戦略の展開が可能になるはずで
ある。

　以下では，これら消費者行動分析の2つの局面ごとに，今日，
最も有用と考えられるアプローチを取り上げて検討する。

2　消費者を理解する
●主要な３つの分析方法

　消費者行動分析は非常に学際的（interdisciplinary）な分野であり，
消費者を理解するために，心理学，社会学，経済学，文化人類学
等々，さまざまな学問領域から多様な研究が展開されてきている。

そのうち，本節では，今日多くの研究成果が積み重ねられ，消費者を理解するうえで非常に有用であると考えられる，①S−O−Rモデル研究，②消費者情報処理研究，③ライフスタイル研究，について考察する。

S−O−Rモデル研究

消費者行動分析が今日のような隆盛をみるきっかけを作ったのは，1960年代以降に精力的に提案された消費者行動モデルの諸研究であり，そこで中心的な位置を占めたのがS−O−Rモデルの考え方である。この研究を一言でいうなら，消費者を「S−O−R系」ととらえるということになる（ここでSは刺激〔stimulus〕，Oは生活体〔organism〕，Rは反応〔response〕を表している）。

従来のS−Rモデル研究が，消費者をブラック・ボックスとしてその内面に触れなかったのに対し，このS−O−Rモデル研究は，ブラック・ボックスのまま残されていた消費者（生活体）の中身を解明しようとしたのが特徴である。図5−1は，最も代表的な研究であるハワード゠シェス（Howard–Sheth）・モデルである。

図にみられるように，消費者は実際の製品（実体的刺激），広告（象徴的刺激），口コミ（社会的刺激）などの刺激を知覚（注意）し，時には自ら進んでこれらの刺激を探索（外的探索）しながら，製品に対する態度を形成する。好意的な態度が形成されたなら，それは購入意図を形作り，結果として購買行動を起こすことになる。そして，購買した製品の満足・不満足の結果はフィードバックされ，ブランドに関する知識（ブランド理解）が強化・修正される。

このモデルは，消費者の内面における反応過程を説明したものととらえられるが，このモデルを用いることによって，現状のマーケティング活動の問題点を明らかにすることができる。

図 5-1 ハワード=シェス・モデル

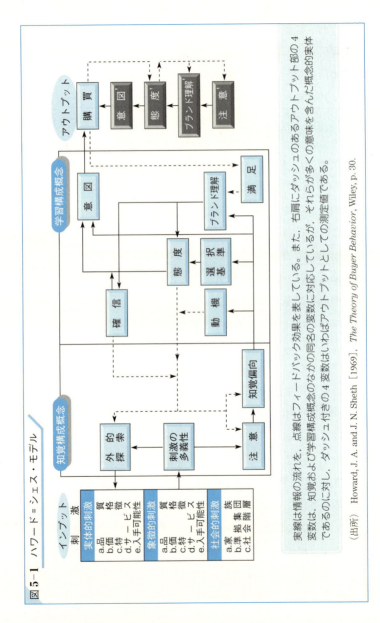

実線は情報の流れを、点線はフィードバック効果を表している。また、右肩にダッシュのあるアウトプット部の4変数は、知覚および学習構成概念のなかの同名の変数に対応しているが、それらが多くの意味を含んだ概念的実体であるのに対し、ダッシュ付きの4変数はいわばアウトプットとしての測定値である。

(出所) Howard, J. A. and J. N. Sheth [1969], *The Theory of Buyer Behavior*, Wiley, p. 30.

108 第Ⅱ部 市場の分析

たとえば，ビール業界では1980年代中頃から新製品開発競争が活発になり，90年代に入って毎年大手4社から多くの新製品が市場に現れては消えていった。そのなかで，たとえば1992年は多くの新製品が不調で，なかには年内や翌年に生産中止になった製品なども出た。

S-Rモデルで考えたなら，どの製品にも多くの広告投入（S）があるにもかかわらず，売上（R）が上がらないという同様の説明しかできないが，ハワード=シェス・モデルなどのS-O-Rモデルを用いれば，次のように説明することができる。すなわち，X社の新製品は製品コンセプトが明快でブランド理解までは反応過程を進めることができたが，広告に起用したタレントとターゲットの相性が悪く，好意的な態度を形成させるところまではいかなかった。一方，Y社の新製品は，製品にセールス・ポイントが2つあったため，製品コンセプトを絞り込めず，名前連呼型の広告に終始したため，ブランド理解までさえ進めることができなかった。したがって，X社については，消費者に好意的態度を形成させることによって，またY社については，まずブランド理解をさせることによって反応段階を進めるべきことが，戦略的示唆として出てくる。

このように，刺激に対する消費者の反応段階を包括的モデルのなかに示したS-O-Rモデル研究は，企業にとっては，自社の製品の市場への浸透度合いを把握することを，また消費者を購買行動へと向かわせるための戦略ポイントを理解することを可能にさせるものであり，今日なお非常に実用的な分析法である。

消費者情報処理研究　消費者情報処理研究は，今日の消費者行動研究の中心的パラダイムと考えられる

第5章　消費者行動分析　109

ものであり，その理論的基礎を認知心理学や人工知能研究に置いている。この研究を一言でいうなら，消費者を「情報処理者」ととらえるということになる（図5-2）。

　図にあるように，消費者は感覚レジスター（目，耳など）をとおしてさまざまな情報（広告，口コミなど）を取得し，それら外部情報と，長期記憶内に蓄えていた内部情報（過去の購買経験など）を短期記憶内において統合し，その結果をもとに購買などの行動を起こす。これらの結果としての情報は長期記憶内に保持される。

　〈情報統合の方略〉　まず，消費者の情報統合の方略（選択ヒューリスティックス）については，線形代償型（重み付き総合得点［Σ（属性重要度 × 属性評価点）］の一番高い製品を選択），連結型（すべての属性の最低要求水準を満たしている製品を選択），辞書編纂型（最重要の属性で最高点の製品を選択）など，さまざまなものが考えられている。すなわち，多くの属性情報を総合して意思決定する消費者（線形代償型）もいれば，たとえば価格だけで決めてしまう消費者（辞書編纂型）もいるわけである。

　一般に，当該製品についての知識が豊富なマニアや経験者は線形代償型など複雑な方略をとりやすく，反対に知識の少ない初心者（はじめてパソコンを買う人など）は辞書編纂型など単純なものをとりやすい。パソコンの入門機のマーケティングにおいては，低価格を前面に出したものが多くみられるが，これは初心者の選択方略を見据えた戦略と考えられる。なぜなら，初心者にとって価格以外の属性を正確に評価することは難しく，価格だけが自信をもって評価できる属性のため，結果的に価格だけで決めているような選択方略をとることになるからである。

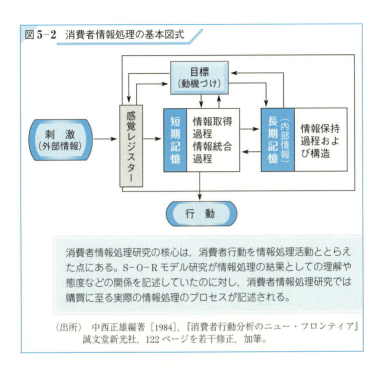

図 5-2 消費者情報処理の基本図式

消費者情報処理研究の核心は，消費者行動を情報処理活動ととらえた点にある。S-O-R モデル研究が情報処理の結果としての理解や態度などの関係を記述していたのに対し，消費者情報処理研究では購買に至る実際の情報処理のプロセスが記述される。

(出所) 中西正雄編著［1984］,『消費者行動分析のニュー・フロンティア』誠文堂新光社，122 ページを若干修正，加筆。

　もちろん，上級機種の消費者はより複雑な方略をとっていると考えられるわけであり，企業としてはターゲットとする消費者の選択方略を見極め，それぞれに適合する情報提供の戦略を策定することが必要となる。

　〈ブランド・カテゴライゼーション〉　次に，情報が消費者の長期記憶のなかでどのように構造化されて保持されているかに関しては，たとえばブランド・カテゴライゼーションの研究がある。消費者は購買経験を積み重ねるなかで，市場の諸ブランドを想起集合（買ってもよいブランド群）や拒否集合（買いたくないブランド群）などにカテゴライズしていく。実際，消費者は購買のたびに，知

っているブランド（知名集合）のすべてを検討するわけではない。購買対象として検討されるのは，そのうち想起集合内のブランドだけである。たとえ知名集合に入っていたとしても，拒否集合にカテゴライズされていたら，けっして購買されることがない。

　一般に，当該製品に関与（思い入れ，こだわり）の高い消費者は想起集合や拒否集合内のブランド数が多く，関与の低い消費者はともに少ないと考えられる。たとえば，2500cc クラスの乗用車（セダン）の購買を考えた場合，低関与の消費者の想起集合にはマークＸとスカイラインの２ブランドしかないのに対し，高関与の消費者にはそれ以外にアコード，レガシィ，アテンザなどと多くのブランドがあることが予想される。また，低関与の消費者は車にこだわりが少ないわけだから，乗りたくないという拒否集合のブランドがほとんどないと思われるのに対し，こだわりのある高関与の消費者は乗りたくない嫌いなブランドがいくつかある可能性が高いと考えられる。

　したがって，ターゲットとする消費者のカテゴライゼーションの様式や状況を考慮しながら，自社ブランドを想起集合に入れていく戦略が必要となる。

　〈関与と知識〉　上で示したように，消費者は多様な情報処理活動を行うわけであるが，これらの活動を規定する代表的な要因としては，先にもみたように，関与と知識があげられる。たとえば，消費者情報処理研究の第一人者であるベットマン（J. R. Bettman）らは，消費者の情報処理（情報取得，情報統合，情報保持）への動機づけを規定するものとして関与を，情報処理の能力を規定するものとして知識をあげている。

　たとえば，家電業界の多機能化競争が，使わないボタンの多く

ついたビデオデッキなどを生み出した状況は，関与概念で考えることができる。すなわち，AV（Audio Visual）マニアや製品を開発した技術者自身など高関与の消費者にとっては，いろいろなことができる多機能製品のほうが面白い。しかし，テレビ録画さえできれば十分という，それほど関与の高くない消費者にとっては，それら多機能を情報処理する動機づけが低いために情報処理負荷を感じてしまい，顧客満足も低くなる。その点，かつてのソニーの「ゴク楽ビデオ」などのように機能を絞り込んだ製品は，低関与の消費者にとっても情報処理負荷を感じずに簡単に操作できるわけであり，それが成功のひとつの要因と考えられる。1980年代の多品種戦略を経ての90年代における商品数の絞り込みの話題も，同様に関与概念で説明することができる（商品数の絞り込みは効率向上の目的ももっており，いわゆる「失われた20年」のなか，2000年代以降も多くの事例がみられる）。

　一方，化粧品業界において，近年，セルフ販売やネット販売の比重が高まってきている状況は，知識概念で考えることができる。日本の化粧品業界は，資生堂，カネボウなどの制度品メーカーが自らのチャネルをもち，対面販売・美容部員のシステムで顧客にコンサルティングを行いながら販売するというのが，これまでの主流であった。消費者に化粧品の知識がそれほどない時代には，このような販売方法は非常に効果的であったが，今日のように消費者に製品知識が高まってくると，それら自ら判断できる高知識の消費者にとっては，化粧品チェーン店で話を聞きながら買うのは億劫になる。GMS（総合スーパー）やCVS（コンビニエンス・ストア）の店頭でのセルフ販売のほうが，より適合するわけであり，近年は，さらにネット販売もある。たとえば，1994年には，

これまでヘアケア製品や男性化粧品が大半であったセルフ市場に，カネボウが「テスティモ」の落ちない口紅のセルフ版を発売するなど，化粧品大手が機能を落とさず低価格の口紅を市場導入した。また，ロレアルは，2002 年以来，百貨店で取り扱う「ランコム」全商品を，ネットでも百貨店と同価格で販売している。このように，近年，化粧品におけるセルフ市場やネット市場が拡大しているが，消費者の高知織化もひとつの要因と考えられる。

　以上からも明らかなように，関与や知識は消費者の情報処理を規定する重要な要因であり，それらに基づく消費者類型は，市場細分化の軸としても非常に有効なものと考えられる。

ライフスタイル研究　　情報処理研究が消費者をコンピュータのアナロジー（類推）としてとらえる面が若干あるのに対し，消費者をより全体的視点からとらえようとするのがライフスタイル研究である。ここでは，消費者は「生活者」ととらえられている。

　ここでライフスタイルとは，文字どおり，生活のスタイルのことである。たとえば，大学の同級生や会社の同僚を思い浮かべてみると，ある友達は非常に遊び好きでよく六本木や青山に仲間と飲みにいくのに，別の友達は非常にまじめで休みの日には一人で釣りやインターネットを楽しんでいる，というまったく違った行動様式を示すことがあるだろう。性別も年齢も所得水準もほとんど同じ彼らの行動を，このように違ったものにしているものは何か。それがライフスタイルである。

　〈VALS プロジェクト〉　ライフスタイルに関する代表的研究としては，アメリカ人の 9 つのライフスタイル類型を提示した SRI（Stanford Research Institute）による VALS（Values and Lifestyles）

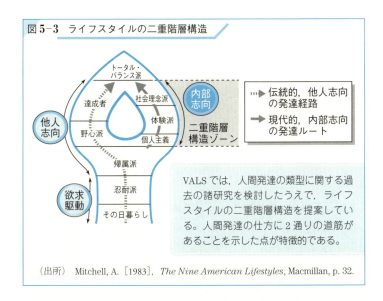

図5-3 ライフスタイルの二重階層構造

(出所) Mitchell, A. [1983], *The Nine American Lifestyles*, Macmillan, p. 32.

プロジェクトがある(第3章参照)。多くの企業が参加したこのプロジェクトでは,膨大な費用をかけ大規模な消費者調査を行い,その結果を分析することにより,①その日暮らし,②忍耐派,③帰属派,④野心派,⑤達成者,⑥個人主義,⑦体験派,⑧社会理念派,⑨トータル・バランス派,という9つのライフスタイルを析出している(その後,VALSの考え方を日本に応用したJapan-VALSでは,10類型を折出している)。

この VALS プロジェクトの特徴は,上で得られた9つのライフスタイルをひとつのシステムに構造化した点にある。彼らはマズロー (A. Maslow) の欲求5段階説とリースマン (D. Riesman) の同調様式の類型などをもとに,9つのライフスタイルを図5-3のように二重階層構造のなかにまとめあげている。

図にみられるように,9つの類型は「その日暮らし」から

「トータル・バランス派」に至る垂直的な階層構造をなしているが，この点は「生理的欲求→安全の欲求→愛情と所属の欲求→承認の欲求→自己実現の欲求」というマズローの欲求5段階説に対応している。また，図の階層構造には他人志向と内部志向という二重の道筋があるが，これは行動の基準を他人におくか自己におくかというリースマンの内部志向・他人志向の考え方を，彼の時代区分とは異なるかたちではあるが，取り入れたものと考えられる。

　VALSでは，9つのライフスタイルごとに，その人口統計学的特徴，態度，財政状況，行動パターン，消費パターンなどを詳細に描き出している。もちろん，これはアメリカでの調査なので，それをそのまま日本に当てはめることはできないが，参考になる点は多い。たとえば，VALSでは，従来のアメリカ人が帰属派から野心派・達成者へという他人志向の道筋をとって階層を昇っていたのに対し，近年のアメリカ人はより自分自身を大事にするようになり，個人主義から体験派・社会理念派へという内部志向の道筋をとるようになってきたと説明しているが，これなどは日本でも当てはまりそうである。すなわち，高度成長期の他人（からの評価）志向の仕事人間から，現代の成熟社会における自分を大事にする内部志向の新入社員たちへという流れと同型である。

　このようにVALSは，生活者の日々の消費行動を背景から支える価値観やライフスタイルの大きな流れを把握するうえで非常に重要な研究である。ただ，この研究をそのまま個別企業の個別的な市場分析に適用するには無理がある。そのような個別的・実践的目的のためには，井関利明らの生活体系アプローチに基づくライフスタイル分析がある。

〈ライフスタイル分析の方法〉　　生活体系アプローチでは，生活構造・生活意識・生活行動の3次元からなる生活システム・モデルに基づいて生活者（消費者）を分析しており，それに基づくライフスタイル分析は，生活者のライフスタイルを明らかにすることによって，市場細分化の基礎資料を提供するという実践的色彩をもっている。

　ライフスタイル分析の手順を簡単に示すと，①ライフスタイル変数など調査項目の設定→②実査→③因子分析などによる次元の縮小→④クラスター分析などによるライフスタイルの析出→⑤ライフスタイル別プロフィール描写→⑥ライフスタイル別マーケティング戦略立案となる。その内容を順にみていこう。

　ライフスタイルという多次元的で，しかし全体としてひとつのシステムを構成している概念を析出するために，ライフスタイル分析ではまず，生活に関する多様で多数の質問項目（ライフスタイル変数）を設定する。食品メーカーが新しいインスタント食品を研究開発する際の基礎資料として行う調査なら，たとえば「週末には家族でレストランに出かけることが多い」「料理を作るのは楽しい」「食事はいつも決まった時間に食べる」などといった食に関するライフスタイル変数を多数（たとえば20問）作り，質問する。実査で得たこれら質問項目に対する回答に対し，因子分析などの統計処理を行い，多数の変数を少数の次元（たとえば，外食志向←→内製志向，料理への関与大←→関与小など）にまとめあげる。そして，それら次元の傾向を各回答者がどの程度もっているかに基づいて，クラスター分析などを行って彼らをグループ分けし，複数のライフスタイルを析出する。たとえば，料理への関与大かつ内製志向の「手作り重視派」や，関与大かつ外食志向の

Column ⑤ 貝印「ちゅーぼーず」の現場調査

2007年，貝印は，"親子でクッキング"をひとつのコンセプトにした家庭調理道具「ちゅーぼーず」(chuboos!) を市場導入し，市場での好感触の評価を得て，すぐさま翌年の第2シリーズに向けて，お弁当グッズの開発を考えた。当時，子供のお弁当をカラフルに飾り付けるデコ弁がはやり出しており，デコ弁を簡単に作れる調理道具には大いなるニーズがあると考えられた。

そこで携帯電話による現場調査（モバイル調査）が行われた。消費者ニーズを探る際，質問票に○×をつける従来型調査だとなかなか消費者のインサイトに迫れないため，実際に消費者の自宅（現場）に行き調査する現場調査が，近年重視されている。ただ，現場調査には調査員の人件費など多額の費用がかかり，また，今回のように，早朝にお弁当を作るご家庭に訪問調査するには無理がある。こうして，江戸克栄（県立広島大学ビジネススクール）と株式会社サーベイリサーチセンターが共同で開発したモバイル調査が行われた。

同調査では，お弁当グッズのメイン・ターゲットである，幼稚園児をもつ母親に対し，彼女らが早朝，子供のお弁当を作った際に，①お弁当と調理用具の携帯写真，②簡単なコメント，をメール送信してもらったのである。色とりどりの，かわいらしい多くのお弁当写真に加え，「ポイントはミッキーづくし！おにぎりと，ナゲットと，ソーセージで作りました！」や，「星型に抜けるパンチは簡単に可愛くできます」といった，生き生きとしたまさに現場調査で聞かれるようなメッセージが拾い上げられたのである。

これら貴重なデータを分類・整理し，あわせて聞いた簡単な質問（回数，道具，調理法など）とクロスすることによって，お母さんたちのお弁当作りの現場が再現された。こうした分析に基づいて，貝印は，翌2008年，スマイル・マークのような細かい表情のパーツまで抜ける「のりパンチ」や，タコやチューリップからひまわりやうさぎまで作れる「ウィンナーカッター」など多くのお弁当グッズを市場導入し，大成功をおさめた。

「グルメ派」などが析出される。

　ここで得られたグループごとに，あわせて質問している人口統計学的特性や他の生活行動のプロフィールを描写し，それらライフスタイル・セグメントにあわせたマーケティング戦略を立案する。たとえば，共働きでお金があり料理への関心も高いが，作る時間がなく外食をすることの多い「グルメ派」に対して，高級素材を使ったインスタント食品や，作る人が少し工夫を加えられる半インスタント食品の開発などを考えることができるだろう。

　このように，ライフスタイル概念は，社会学的・心理学的実体としての消費者に接近する最も効果的な方法のひとつであり，ライフスタイルに基づく市場細分化は，とくに消費財マーケティングにとっては非常に有用な研究と考えられる。

3　消費者のインタラクションを理解する
●新製品の普及過程と準拠集団

　消費者を「情報処理者」や「生活者」ととらえることによって，個別消費者の意識や行動を理解し予測することがある程度可能になるが，次の課題は，それら消費者の間のインタラクション（相互作用）を理解することである。本節では，消費者のインタラクションを扱った研究のうち，①新製品の普及過程研究と，②準拠集団の研究，について考察する。

　　新製品の普及過程研究　消費者のインタラクションの典型的なものは，購買時における他人の影響である。消費者は製品を購買する際に，常に自分一人で意思決定しているわけではなく，友だちや家族など他人の影響を受けるものである。

第5章　消費者行動分析　119

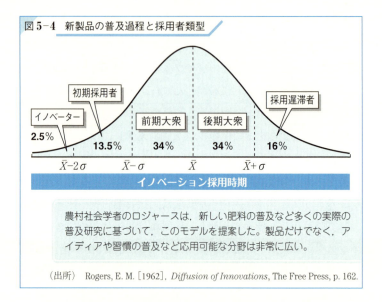

(出所) Rogers, E. M. [1962], *Diffusion of Innovations*, The Free Press, p. 162.

この他人の影響を，新製品が購買され普及していく過程のなかでとらえ説明しているのが，ロジャース（E. M. Rogers）に代表される新製品の普及過程研究である。

この普及過程研究においては，新製品など新しい物やサービス，アイディアなどをすべてイノベーションととらえ，それらがいかに消費者に購買・採用され，市場全体に普及していくかを，図5-4のようにモデル化している。

図に示されるように，消費者はその購買時期によって，5つのグループに分類される。新製品は，まず情報感度の高い「イノベーター」に購買され，その後，社会のなかで尊敬を受けている「初期採用者」，社会の平均値の「前期大衆」，慎重な「後期大衆」と続き，最後に，変化を好まない「採用遅滞者」が購買して，普及過程が終了する。

ここで，他人の購買に影響を与えるオピニオン・リーダー的性格は，最も早い時期に購買するイノベーターよりも，むしろその次に購買する初期採用者が最も強くもっているといわれている。イノベーターは革新性が強すぎるために，いわゆる大衆（前期および後期）からみれば，自分の生活のモデルには若干しにくい。その点，初期採用者は，ほどほどに革新的なために，一歩前に踏み出したい大衆からみれば，生活のモデルとして最適なのである。

　このオピニオン・リーダーは必ずしも友人・知人に限られるわけではなく，たとえば児童書のマーケティングにおいては，推薦図書を選定する学校の先生，作家，有識者などがオピニオン・リーダー的役割を果たしている。また，スポーツ用品や楽器のマーケティングにおいては，それらの製品を使うスター選手や人気プレイヤーがオピニオン・リーダー的役割を担わされている。

　次に分布の形状については，常に正規分布をするわけではなく，製品によってその普及曲線は大きく異なってくる。その理由としては，製品によって市場のイノベーター度（革新度）やイミテーション度（模倣度）が異なってくるためと考えられる。音楽の消費を例にとると，ジャズ市場では消費者のイノベーター度が高く，他人からの影響が小さいために，形状は山のほとんどない単純な右下がりになりやすい。一方，ポップス市場では，消費者のイミテーション度が高く，他人からの影響を大きく受けるために，普及の速度は早く急勾配で上昇する形をとると考えられる。

　企業のマーケターにとって重要なことは，自社の製品市場のイノベーター度合いやイミテーション度合いがどの程度のものであるのか，またその結果，製品普及のプロセスがどのように進行すると予想されるのかを，まずおさえる必要がある。そして，他人

第 5 章　消費者行動分析　　121

の購買に影響を与え，製品普及の歯車を回す役割を果たすオピニオン・リーダーを把握し，時にはそれを演出していくことも重要である。また，この普及過程は，基本的に製品ライフサイクル（第8章，第12章参照）に対応しており，それぞれの段階におけるメイン・ターゲットの特性を理解するうえでも非常に参考になる。

準拠集団の研究　新製品の普及過程研究がオピニオン・リーダーなど個人からの影響を説明していたのに対し，準拠集団（reference group）の研究は集団からの影響を説明しようとするものである。ここで準拠集団とは，個人の意識や行動に影響を与える集団のことであり，家族や学校・職場・地域の友人グループなどが代表的である。ただ，個人が過去に所属していた集団や，これから所属したいと思っている集団も，準拠集団として個人の意識や行動に影響を与えることがある。

　ここでは，製品およびブランド選択に関して，準拠集団がどのような影響を与えるかをみてみよう（表5-1）。

　表では，必需性（必需品↔贅沢品）と使用場面（パブリック↔プライベート）に応じて製品を4つに分類し，それぞれの製品類型において，準拠集団の影響が異なってくることが示されている。

　まず，必需性の軸についてみれば，贅沢品の場合にはその購買にあたって準拠集団の影響が強く，必需品の場合には影響が弱い。たとえば，ミンクのコートを買うかどうかに際してはまわりの友人・知人の目が気になるが，下着を買うかどうかに関してはまったく気にならないということである。

　次に，使用場面の軸についてみれば，人の目に触れるパブリックな製品の場合には，ブランド選択にあたって準拠集団の影響が強く，家のなかで使うプライベートな製品の場合には影響が弱い。

表5-1　製品・ブランド選択への準拠集団の影響

必需性 使用場面	必需品 （製品選択への 準拠集団影響・弱）	贅沢品 （製品選択への 準拠集団影響・強）
パブリック （ブランド 選択への 準拠集団 影響・強）	**2.** 必需品・パブリック ①影響：　製　品＝弱 　　　　　ブランド＝強 ②例　　：　腕時計，車， 　　　　　紳士服	**1.** 贅沢品・パブリック ①影響：　製　品＝強 　　　　　ブランド＝強 ②例　　：　ゴルフクラブ， 　　　　　スキー，帆船
プライベート （ブランド 選択への 準拠集団 影響・弱）	**3.** 必需品・プライベート ①影響：　製　品＝弱 　　　　　ブランド＝弱 ②例　　：　マットレス， 　　　　　冷蔵庫， 　　　　　フロアランプ	**4.** 贅沢品・プライベート ①影響：　製　品＝強 　　　　　ブランド＝弱 ②例　　：　TV ゲーム， 　　　　　ゴミ圧縮機， 　　　　　製氷機

製品選択やブランド選択に対する準拠集団の影響は，製品によって
大いに異なる。必需性と使用場面の2軸によるこの製品類型は，製
品ごとのマーケティング戦略を考えるうえで非常に参考になる。

（出所）　Bearden, W. O. and M. J. Etzel ［1982］, "Reference Group Influence
on Product and Brand Purchase Decision," *Journal of Consumer Re-
search*, 9 （September）, p. 185.

たとえば，腕時計を買う場合，どのブランドにするかについてま
わりの友人・知人の目が気になるが，寝室の目覚し時計を買う場
合には，どのブランドにするかについて他人の目はほとんど気に
ならないということである。

　このように，贅沢品か必需品か，使用場面がパブリックかプラ
イベートかという2軸によって，製品が4分類されることにな
る。たとえば，類型2に分類される乗用車は必需的性格が強い

第5章　消費者行動分析　　**123**

ので，車を買うかどうか自体には他人の影響はそれほどないが，使用場面がパブリックなので，どのブランド（メーカー）を買うかについては他人の影響を強く受けるのである。

〈消費社会の記号論〉　　　フランスの社会学者ボードリヤール（J. Baudrillard）が消費社会の記号論を展開して以来，製品の機能ではなく，製品の意味の消費ということがいわれるようになったが，この記号消費の状況は上記の枠組みでいうと，使用場面がパブリックな製品に顕著にみられるものである。

表5-1の製品例にみられるように，パブリックに使用される製品（**1**および**2**）は，どのブランドを購入するかについて，ブランドのもつ意味やイメージが非常に重視される。たとえば，紳士服を買う場合，イタリアのヴェルサーチなのかトラッドのブルックス・ブラザースなのかは大きな意思決定課題となる。それに対して，プライベートに使用される製品（**3**および**4**）は，意味の違いよりもむしろ機能が重視される。たとえば，冷蔵庫を買う場合，パナソニックなのか東芝なのかはほとんど意味をもたないだろう。ボードリヤールが現代の消費を意味づけとコミュニケーションの過程と指摘したように，意味の消費はその意味づけを共有する他人や社会があってこそ大きく機能するわけであり，したがってパブリックに使用される製品は，ブランドのもつ意味やイメージが重要性をもつのである。

このように，使用場面がパブリックかプライベートかという違いは，製品の意味やイメージの重要性を大きく規定する要因であり，製品戦略構築の際には常に留意しなければならない。

4 ポストモダン消費者行動分析
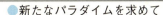
●新たなパラダイムを求めて

　近年の消費者行動分析の大きな話題のひとつに,ホルブルック(M. B. Holbrook)やハーシュマン(E. Hirschman)に代表されるポストモダン消費者行動分析がある。消費者情報処理研究に代表される,従来のモダンの消費者行動分析が,あまりに認知的・分析的であったという反省に立って,(そこで抜け落ちていた)より情緒的・経験的な視点から消費者行動を理解していこうとするものである。

　その理論的背景には,構造主義やポスト構造主義などの現代思想に見出されるポストモダンの考え方がある。ホルブルックによると,その考え方の特徴は,解釈主義,主観主義,相対主義,多文化性などのキーワードで表せるという。すなわち,それ以前のモダンの考え方が,論理実証主義や批判的合理主義に代表されるように,実証主義的・客観主義的性格をもち,また西欧中心主義が見え隠れしていたのに対し,そのなかで排除されていた主観的な経験や感情,多義的な概念にも光を当てたのがポストモダンの特徴なのである。研究の方法としても,モダンが仮説-検証型の演繹的手法を用いるのに対し,ポストモダンでは参与観察などのより現場に密着した実践的方法を用いることが多い。

　ハーシュマンとホルブルックは,1982年の論文「快楽的消費」のなかでポストモダン消費者行動分析の方向性を示している(Hirschman, E. and M. B. Holbrook [1982], "Hedonic Consumption," *Journal of Marketing*, 46 (Summer))。ここで,快楽的消費とは,

消費それ自身が目的であり，消費すること自体が快楽であるような音楽や絵画・ファッションなどに特徴的な消費（コンサマトリーな消費と呼ばれる；対語は道具的消費）のことであり，従来の消費者行動分析が，意識的に，もしくは無意識的に分析対象から除外していた消費活動である。これら快楽的消費の分析をするなかから，彼らは，従来のモダンの消費者行動分析を乗り越える，より包括的な消費者理解に基づく分析枠組み（ポストモダン消費者行動分析と呼ぶべきもの）の必要性を述べている。そこでの議論のポイントは，①分析対象の製品カテゴリー，②消費者行動の局面，の2点に沿って展開される。

まず，分析対象の製品カテゴリーについてみれば，従来の研究の多くは乗用車や家電製品，また食品や日用雑貨品などを対象に行われることが多かった。たしかに，このような実用性が重視される製品群においては，消費者情報処理研究などの分析的なアプローチが有効性を発揮する。しかし，ファッション性の高い衣服やアクセサリー，映画や音楽，アニメや絵画の消費者行動を分析しようとする際には，それら従来の研究方法では不十分であり，主観的経験や感情・イメージを分析する新たな枠組みが必要なのである。

次に，消費者行動の局面でいえば，従来の研究は消費者の購買意思決定過程に焦点をあわせていたものが多かった。しかし，消費者行動を真に理解するためには，購買後の使用行動や廃棄行動まで理解する必要がある。たとえば，アンティークや宝石・切手の消費者行動を考えてみると，購買行動よりも，むしろその後の使用行動・鑑賞行動がより重要なのはいうまでもない。したがって，それらを分析する新たな方法論が必要なのである。

こうして，従来のモダンの消費者行動分析へのアンチテーゼを突きつけた彼らの研究以降，包括的な消費者理解をめざすポストモダン消費者行動研究が徐々に表れてきている。代表的なものとしては，シュミット（B. H. Schmitt）の『経験価値マーケティング』（シュミット［2000]）がある。彼は，そこで，消費者が商品・サービスに求めるのは，機能的価値を超えた経験価値だとして，Sense（五感），Feel（喜怒哀楽），Think（考える），Act（行動する），Relate（他人と交流する）という5つの経験価値を提示した。

たとえば，パテック・フィリップの超高級腕時計は，正確さや耐久性などの機能的価値で購買されるのではなく，むしろ，親子何代にもわたり持ち継がれ，語り継がれていく家族の想い出といったFeel の経験価値から購買されるという。また，ハーレー・ダビッドソンの大型バイクは，馬力や走りなどの機能的価値から求められるのではなく，むしろハーレー・オーナーズ・グループ（H. O. G.）というユーザーの会によるツーリングやイベントでバイク好き同士が楽しく交流できるRelate の経験価値があるからこそ求められるのである。

ただ，ポストモダンの現代思想が，それまでの批判的合理主義にかわるような新たな科学方法論の提示がいまだできないように，シュミットをはじめとするポストモダン消費者行動分析も，仮説−検証にかわる，新たな方法論（説明を納得させるしくみ）を模索する時代がいましばらくは続くものと考えられる。

しかし，彼らが提起した，より包括的な消費者行動分析の必要性は依然として大きく，とくに他人志向の意味の消費が日常化し，消費活動が手段よりも目的として現出することの多い現在の高度消費社会においては，その重要性は増すばかりである。今後，消

費者情報処理研究を補完する，もしくは乗り越えるポストモダン消費者行動分析の展開が期待される（一方で，スーパーモダンともいうべき，脳科学を援用したニューロ・マーケティングも最近の話題である；田邊［2013］）。

本章で学んだキーワード　　　KEY WORD

S-O-Rモデル　　消費者情報処理　　ブランド・カテゴライゼーション　　関与　　知識　　ライフスタイル　　VALS　　マズローの欲求5段階説　　リースマンの同調様式　　新製品の普及過程　　オピニオン・リーダー　　準拠集団　　消費社会の記号論　　ポストモダン　　快楽的消費　　経験価値

演習問題

1. ひとつの製品市場を取り上げ，関与の高低や知識の高低によって，消費者の情報処理活動がどのように異なるかを，実例をあげて説明してみよう。
2. 性別・年齢・所得といったフェースシート項目と，ライフスタイルを比べた場合，どちらが市場細分化の軸として適切だろうか。理由を明確に説明してみよう。
3. 企業が流行を作り出していくことは可能だろうか。もし可能なら，そのための戦略を考えてみよう。

参考文献

青木幸弘・新倉貴士・佐々木壮太郎・松下光司［2012］，『消費者行動論』有斐閣。

杉本徹雄編著［2012］，『新・消費者理解のための心理学』福村出

版。

田邊学司「2013」,『なぜ脳は「なんとなく」で買ってしまうのか?』ダイヤモンド社。

三浦俊彦「2013」,『日本の消費者はなぜタフなのか』有斐閣。

シュミット, B. H. (嶋村和恵・広瀬盛一訳) [2000]『経験価値マーケティング』ダイヤモンド社。

パイン II, B. J. ＝ J. H. ギルモア (岡本慶一・小高尚子訳) [2005],『[新訳] 経験経済』ダイヤモンド社。

第**6**章 競争分析

競争環境と競争相手の分析

本章のサマリー

　企業にとって，競争環境の分析はますます重要になっている。高度成長期のように，業界の各社が揃って対前年比をクリアしていた時代と異なり，現代の低成長期は，レスター・サローのいういわゆる「ゼロサム社会」になっており，ある企業が売上を伸ばすと別の企業がその分の売上を減らすという，熾烈な競争の時代になっている。

　このような競争環境を把握するためには，まず業界の競争構造の分析によって，業界の競争の基本的性質を明らかにし，続いて競争戦略の分析によって，業界の具体的な競争行動を把握することが必要になる。そこで，本章では，業界の構造分析については，産業組織論の分析概念である「集中度」と「参入障壁」に沿って，また業界の競争戦略分析については，マイケル・ポーターによって定式化された「戦略グループ」および「移動障壁」概念を用いて，競争分析の方策を検討する。

　そして，最後に，経済のグローバル化，ボーダレス化が進展するなかで，大いに変転する現在の競争環境について，その変化の方向性を示して結びとする。

1 競争構造の諸側面
●企業を取り巻く競争要因

ポーターの5つの競争要因

経営戦略の第一人者ポーター(M. E. Porter)によると、業界の収益性を決める競争要因には、図6-1のように5つのものがあるという。

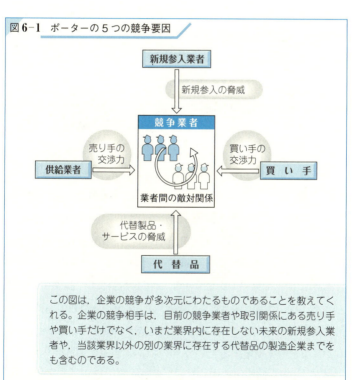

図6-1 ポーターの5つの競争要因

この図は、企業の競争が多次元にわたるものであることを教えてくれる。企業の競争相手は、目前の競争業者や取引関係にある売り手や買い手だけでなく、いまだ業界内に存在しない未来の新規参入業者や、当該業界以外の別の業界に存在する代替品の製造企業までをも含むのである。

(出所) ポーター[1982]、18ページ。

すなわち，垂直的競争要因には，売り手（供給業者）と買い手（消費財の場合は流通業者・消費者，産業財の場合は企業）の2要因，水平的競争要因には，新規参入業者，競争業者，代替品という3要因がある。企業は，これら多くの競争要因に的確に対処しながら，収益をあげていかねばならない。

5つの競争要因のうち，垂直的な売り手および買い手については第5章および第7章で論じられているので，本章では水平的な競争に焦点を絞り，それらの競争要因を分析する枠組みを提示する。まず，業界の全般的な競争構造を分析する枠組みを，続いて業界の具体的な競争戦略を把握する枠組みを，そして最後に，今後の競争の方向性について議論する。

2 業界の競争構造の分析
●業界全体の競争の枠組みを知る

産業組織論とSCPパラダイム

業界の構造を分析する枠組みとしては，ミクロ経済学の応用分野としての産業組織論がある。ベイン（J. S. Bain）によって体系化された伝統的な産業組織論では，「構造（structure）→行動（conduct）→成果（performance）」という，いわゆるSCPパラダイムによって業界の特徴が分析される。すなわち，業界の構造（集中度，参入障壁，製品差別化など）が，行動（価格政策，製品政策，広告政策など）を規定し，それがまた成果（効率性の指標としての利潤率など）を規定するというものである。もちろん，SCPパラダイムの因果連鎖がすべて実証されたわけではなく，「構造→成果」に関する集中度－利潤率仮説（寡占的産業の平均利潤率が競争

132　第II部　市場の分析

的産業のそれよりも高くなるという仮説）など，一部の実証結果が出ているにとどまっているが，そこで蓄積された研究は業界の分析を試みるうえで非常に有用なものである（SCPパラダイム以降の産業組織論の展開については，たとえば泉田・柳川［2008］などを参照のこと）。

以下では，業界の全体的な競争構造を分析するうえで重要と考えられる，集中度と参入障壁について検討する。

集中度　ある業界（産業）の**集中度**とは，当該業界の売上が上位企業に集中している度合いのことであり，メーカーによる独占度の指標である。

ある業界が経済学でいう完全競争の状態で，小規模な企業が無数にあるなら，激しい競争の結果，超過利潤はゼロになる。反対に，ある業界が独占の状態で，業界内に1社しかないならば，競争は存在せず，その企業は独占による大きな利潤を得られるだろう。このように，業界を構成する企業の多寡や大小は企業の競争状態を規定する最も基本的な要因であり，それを測定するのが集中度である。

この集中度の代表的な測定指標としては，上位k社集中度がある。たとえば，代表的な消費財における上位3社集中度（2015年）は，自動車総販売55.7％，冷蔵庫61.0％，携帯電話端末65.8％，ビール系飲料87.3％，アイスクリーム41.2％，総合感冒薬60.9％，化粧品50.0％，衣料用合成洗剤94.3％，婦人服9.8％，スーパー23.3％，ホテル20.0％などとなっている（『日経業界地図2017年版』日本経済新聞出版社，参照）。このように業界ごとの集中度が異なるために，同じトップ企業，同じ2番手といっても，その置かれた競争的状況は大いに異なるわけであり，したが

表6-1 高集中度業界と低集中度業界における戦略の違い

質問項目	高集中度* N=52社	低集中度 N=52社
NBとの競争がPBとの競争より激しい	>	
自社NBへのPBの影響がある	<	
NBに加え，PBも念頭に製品戦略を策定	<	
現在PBを生産している	27.5%	51.0%
今後PBを受託する意向がある	48.8	74.5
チャネル別に異なるブランドを提供	1.9	17.3
特定チャネルと共同開発を実施中	21.6	53.9

1994年11月に消費財40製品の1～5位メーカーの191事業部に対して行った調査（回収数104，回収率54.5％）の結果の一部である。高集中度業界と低集中度業界とで，PBに対する戦略が非常に異なることがみてとれる。

(注) *上位3社集中度が70％以上を高集中度，70％未満を低集中度とした。
(出所) 三浦俊彦［1995］，「NB vs. PB」『マーケティングジャーナル』第57号，日本マーケティング協会，24ページから作成。

って業界の集中度をまずおさえる必要があるのである。

産業組織論では，この集中度を扱った研究としては，先にみた集中度－利潤率仮説に関する研究が非常に精力的に行われている。そのほかでは，集中度と広告の関係を分析した研究などがあるが，マーケティングにそのまま応用できるものは少ない。一方，マーケティング分野では，集中度とPB（プライベート・ブランド）シェアとの関係を扱った研究などがあり，そこでは集中度が高いほどPBシェアが低いという実証結果が出ている。

表6-1は，集中度の高い業界と低い業界で，NB（ナショナル・ブランド）メーカーの競争状況がどのように異なっているかを調

134 第II部 市場の分析

査した結果の一部である。

表から明らかなように，高集中度業界では競合 NB を念頭においた戦略が多く行われているのに対し，低集中度業界では PB を念頭においた戦略がより多くとられている。低集中度業界ということは，そこに属する NB メーカーの規模やパワーが小さく，流通業のパワーが相対的に大きいということであり，したがってブランド間競争を考える際に，高集中度業界のように対 NB を基本とするだけでは不十分であり，PB をも含めた競争を考えていかなければならないのである（ただ，NB メーカーが強い高集中度業界においても，近年，NB と PB のデュアル・ブランド戦略を NB メーカーが展開する必要性が議論されており，高集中度業界と低集中度業界の PB 比率の差が数値として縮まっている；矢作［2014］）。

このように，業界の集中度の違いによって競争状況は大いに異なるわけであり，業界の競争分析をする際に，また市場地位別の競争対抗戦略を構築する際にも，集中度はまずおさえておかねばならない重要な要因といえる。

参入障壁　集中度が当該業界の現在の競争状況を記述するのに対し，参入障壁は現在および未来の競争状況を規定するものである。ある業界が利潤率や成長率で魅力があると，他の企業はその業界に参入したいと考えるものである。しかし，すべての企業が当該業界に入れるわけではない。この業界への参入を決めているのが参入障壁である。

代表的な参入障壁としては，規模の経済性，必要投資額およびサンク・コスト，製品差別化，チャネルの確保，特許，法的・行政的規制などがある。

〈規模の経済性〉　規模の経済性とは，生産規模の拡大がそれ以上

第**6**章　競争分析　135

の割合で産出量の増大をもたらすことをいうが，このような規模の経済性がある業界では，当然，大規模生産が一般化しているので，新規参入をしようとする企業にとっては大きな参入障壁となる。多くの生産財や耐久消費財の業界でみられる。

〈必要投資額およびサンク・コスト〉　新規参入にあたって生産・販売に必要とされる投資額が大きな業界では，新規参入は難しい。とくに業界から退出しようとしたときに，初期投資を転売や他の生産活動への転用・レンタルなどによって回収することができず，多くがサンク・コスト（埋没費用）になると予想される場合にはさらに難しくなる。

　ここでサンク・コストとは，新しい産業組織論の一分野であるコンテスタブル理論におけるキー概念のひとつであり，参入時に投資した費用のうち，退出時に回収されない固定費用のことをいう。たとえば，航空業界に参入しようとしたとき，航空機は固定費であり，多額の投資を必要とする。しかし，航空機は中古市場が発達しており，その転売の容易さを考えるとサンク・コストは小さくなり，新規参入のリスクは低くなる。

　このように，参入の際の投資額とともに退出の際のサンク・コストは，新規参入を考える際の重要な要因である。

〈製品差別化〉　業界内の製品が品質，イメージ，付加的サービスなどで差別化されている場合，それは新規参入企業にとっての参入障壁となる。とくに，それら差別化製品が強力なブランド・イメージを核とするブランド・エクイティ（ブランド資産）を確立している場合，新規参入は容易ではない。

　アーカー（D. A. Aaker）によると，ブランド・エクイティ（ブランド資産）とはブランド・ロイヤルティ，ブランド知名，知覚品

質，ブランド連想などから構成されるものであり，ブランドの総合力を表す概念である。たとえば，コカ・コーラやリーバイスは強力なブランド・エクイティをもち，他ブランドから差別化されているので，コーラやジーンズの業界へ参入し，彼らと競争していくことは非常に困難である。

〈チャネルの確保〉 1995 年の日米自動車協議で日本の自動車メーカーの専属的販売チャネルが，GM（ゼネラル・モーターズ）などビッグ・スリーの日本市場への参入を阻止する非関税障壁だとしてやり玉にあがったことがあったが，販売チャネルの確保はとくに消費財産業にとっては大きな参入障壁となるものである。

化粧品業界や家電業界でも，大手メーカーが独自の系列店によるチャネルを構築していたため，新規の参入は非常に困難であった。ただ，既存企業によるこのようなチャネルの支配が新規参入企業に新たなチャネルを模索させ，それがかえってよい結果をもたらすという事例も存在する。たとえば，化粧品業界で後発のマンダムは，制度品メーカーに支配されていた中小小売店の開拓をあきらめ，当時伸びつつあった CVS（コンビニエンス・ストア）に集中することによって，CVS の成長とともに売上を拡大した。また，アイスクリーム業界で後発のグリコは，自販機チャネルを重視し，「セブンティーンアイス」などの自販機を全国に 1 万台以上展開することによって，1992 年 3 月期には乳業系メーカーを抜き去ってトップシェアを獲得することになった（2015 年段階では，ロッテに次ぐ 2 位；『日経業界地図 2017 年版』日本経済新聞出版社）。

販売チャネルだけでなく調達チャネルも含め，マーケティング 4P のなかでは戦略の自由度の最も小さいチャネルの確保の問題

は，一般に新規参入企業にとって高い参入障壁となることが多い。

〈特　許〉　日本のカメラ・メーカーと米国ハネウェル社との間の特許紛争など，日本のメーカーがアメリカの企業や個人から特許侵害で訴えられているケースは知的所有権の問題でよく新聞を賑わしているが，この特許によって製造技術などが排他的に所有されている場合，その業界への参入は難しい。

ただ，特許に基づく戦略としては，特許によって参入を阻止するというものだけでなく，特許を公開して普及を早めデファクト・スタンダード（事実上の標準）の獲得をめざしたり（フィリップス社がカセットの特許を公開したケースなど），特許を相互に利用するクロスライセンス契約を結んだりといった戦略代替案がある。

〈法的・行政的規制〉　日本の多くの業界では，高度成長期には国際競争力強化のために，また中小企業保護などのために，関連省庁による免許制や許認可制が数多く存在し，それらが新規参入企業にとって大きな障壁となっている。

たとえばビール業界では，担税商品としての性格から，酒税法によって製造および販売双方についての免許制度がある。製造免許による参入障壁によってビール・メーカーは寡占の利益を享受し，販売免許による参入障壁によって中小酒販店は激しい競争にさらされずにきた。しかし，1990年代以来の規制緩和の流れのなかで，製造免許については94年の酒税法改正で，免許取得に必要な最低製造量が従来の年間2000キロリットルから清酒並みの年間60キロリットルに引き下げられ，地ビール・メーカーの参入が容易になった。

また，販売免許についても，国税庁が1998年に出した通達に基づき，2003年に免許取得がほぼ自由化された。これによりスー

パーや CVS はもとより，宅配ピザ店やレンタル CD・DVD など
の異業種にも免許取得の動きが広がった。ただし，一方で，未成
年者の飲酒がひとつの社会問題として取り上げられるなか，対面
販売の徹底や販売責任者の配置などの規制強化もあわせて行われ
ている。

　この政府規制の問題に関しては，産業組織論のなかのシカゴ学
派が独占的弊害を温存するものと批判している。SCP パラダイ
ムを主唱するハーバード学派が，高集中度などの市場構造が独占
的弊害の主因であり，したがって独占禁止政策によって高集中を
排除すればよいと考えるのに対し，シカゴ学派は高集中度自体は
大企業の効率的生産の証であり，むしろ競争を阻害する政府規制
こそが独占的弊害の主因であり，したがって規制緩和を押し進め
るべきだと主張する。1980 年代初頭に登場したレーガン政権は
アメリカ経済の復活をめざし，さまざまな業界で規制緩和を押し
進めたが，民主党的リベラリズムからこの共和党的新保守主義へ
の転換の理論的基礎をなすもののひとつが，シカゴ学派の考え方
であった。

　以上のように，参入障壁にはさまざまなものがあるが，業界に
よってその種類や強弱は異なり，それが業界内の競争状況を大き
く規定している。

参入阻止戦略　　業界内の企業にとっては，参入障壁が高
　　　　　　　　いほど競争がゆるやかで好ましいわけで
あるが，参入障壁がどの業界でも常に高いわけではない。障壁が
低い場合には，業界内企業は自らの行動によって参入を阻止しよ
うとする。以下で，代表的な参入阻止戦略をみていこう（Gruca,
T. S. and D. Sudharshan［1995］, "A Framework for Entry Deterrence

第 6 章　競争分析　139

Strategy," *Journal of Marketing*, 59（Jully）を参照）。

〈価格にかかわる戦略〉　まず，浸透価格戦略とは，市場に速く普及浸透させるための低価格戦略であり，とくに耐久消費財市場で有効である。なぜなら，耐久財は買い替えまでの期間が長いために，既存企業がひとたび浸透価格戦略によって市場をおさえてしまえば，新規参入企業が入り込む余地がなくなるからである。

次に，経験曲線価格戦略とは，既存企業が製品生産の経験を蓄積し，単位当たりコストを低減させて行う低価格戦略である。ただ，この戦略の欠点は，単位当たりコスト削減のために旧式の設計を使い続けてしまい，その隙にさらに低い価格を実現する新技術を取り入れた新規企業が参入してくることである。

〈製品にかかわる戦略〉　まず，スイッチング・コスト構築戦略とは，既存企業の製品の消費者が新規参入企業の製品にスイッチするときにかかる物理的・精神的コスト（スイッチング・コスト）を高く構築するものである。先発ブランドは消費者の選好構造を形作り，後発ブランドに比べより多く選択されるといわれるが（先発優位については第 8 章を参照），とくに消費者が先発ブランドだけに特殊な使用技術などを獲得している場合には，スイッチング・コストは大きなものとなり新規参入企業にとっての障壁となる。このスイッチング・コストは，消費財市場に比べ，産業財市場において大きな参入障壁となる。なぜなら，産業財のユーザー企業の製品や工程が，仕入先の産業財企業の製品にあわせて作られていることが多いからである。

次に，ブランド増殖（brand proliferation）戦略とは，多数のブランドを展開して当該市場の製品空間を埋め尽くし，潜在的参入企業の入り込む余地をなくしてしまうものである。実際，後発の

新規参入企業は，既存の製品空間の隙間（ニッチ）に自己のブランドをポジショニングすることが多く，ブランド増殖戦略は彼らへの有効な参入阻止の働きが期待できる。成熟市場で多用されている参入阻止戦略といわれる。

続いて，新製品の先行予告戦略とは，製品やソフト間の互換性が重視され消費者のスイッチング・コストが高い，コンピュータやTVゲーム，AV機器の業界で有効な参入阻止戦略である。新規参入企業が同等機能製品で参入してきた場合，既存企業は上位機種発売の先行予告を行い，上位機種の発売まで消費者に買い控えさせることによって新規参入企業にダメージを与える。

〈その他の戦略〉　まず広告に関しては，大量の広告を長期間行って，自社製品のブランド・エクイティを高め，それに対抗するだけの多額の広告支出を賄えない企業の参入を阻止する先制的広告支出戦略がある。広告露出の非常に多い化粧品，ビール，自動車などの業界は，この広告の側面からだけ考えても，非常に障壁が高い。

次に，流通チャネルに関しては，前方統合や排他的契約によって流通業者をコントロールし，また情報共有や共同開発その他の多くの関係構築によって彼らとの絆を深め，新規参入を阻止する戦略がある。日本の多くの業界において，流通系列化が大きな参入障壁となっているのは，すでにみたとおりである。

4P以外では，既存企業が新規企業の参入後も現在の産出量を維持または増大させると脅す産出量／過剰能力シグナリング戦略や，潜在的参入企業の属している市場に先制的に参入することによって，彼らの当該市場への参入を抑止する多市場先制戦略，また雇用監視機関，労働組合，供給業者などの関係組織を巻き込ん

でのステイクホルダー・リレーションシップ戦略などがある。

　以上のように，既存企業はさまざまな戦略的行動によって自己の業界への参入障壁を高くすることが可能である。

3　業界の競争戦略の分析
●業界の具体的な競争の姿を知る

　業界の競争構造の分析が業界の全体的な競争の強度を教えてくれるのに対し，競争戦略の分析は業界の具体的な競争の性質を明らかにするものである。

　この競争戦略を分析する次元としては，たとえば以下のようなものがあげられる（表6-2）。

　各企業は，これら多くの競争次元における意思決定を組み合わせて全体的な競争戦略を策定していくわけであるが，統合的で内的一貫性をもった競争戦略を構築するためにはその組み合わせはおのずから限定され，それらはいくつかの戦略パターンに収斂することが予想される。業界内の企業を見渡すと同様な戦略パターンをもつ複数の企業グループを識別することができるが，それらが戦略グループと呼ばれるものである。

　　戦略グループ　　一般に，それぞれの業界で複数の戦略グループを識別することができる。たとえば電子レンジ業界は，川上統合度（中核部品であるマグネトロンを内製しているかどうか）と販売チャネルによって，図6-2のように3つの戦略グループに分けることができる。

　図にみられるように，まず第1は，マグネトロンを内製し，家電小売店および量販店などで販売するパナソニックや東芝など

142　第II部　市場の分析

表6-2　競争戦略の分析次元

生産, R & D	技術のリーダーシップをとっているか, 他社追随か 生産コストの削減努力の程度
市　　場	顧客層の広狭 販売地域の広狭
製　　品	製品ラインの広狭 ブランド志向度 高品質か低品質か 付加的サービス提供度
価　　格	高価格か低価格か
広告・販促	プッシュかプルか 品質訴求か, イメージ訴求か
チャネル	流通業者の選択 (一般小売店, 量販店等々) 垂直統合 (川上統合および川下統合) の程度 営業力の強弱 流通コストの削減努力の程度
その他	親会社との関係 政府との関係 (自国および海外) 財政力の強弱

> 各企業が展開する独自の戦略も, これらの次元を切り口にすれば効果的に分類できる。各企業をそれぞれの次元上に位置づけることによって, 各企業の戦略の特徴が浮かび上がる。これら多くの次元のうち, どの次元が戦略的に重要であるかは業界によって異なる。

（出所）　ポーター［1982］, 180～182ページをもとに若干加筆して作成。

のグループ, 第2は, マグネトロンを内製せず, 家電小売店および量販店などで販売するシャープや三菱電機などのグループ, 第3は, マグネトロンを内製せず, 家庭用品店および家電量販店などで販売するタイガー魔法瓶や象印マホービンなどのグループである。

　ここで販売チャネルについては, それぞれの電子レンジ事業部

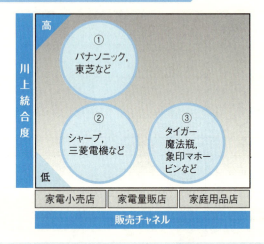

図6-2 電子レンジ業界の戦略グループ・マップ

ここでは戦略グループの例示のために、戦略の内容を簡略化してある。戦略グループをこのような2次元のマップ上に位置づけて分析する際には、多くの戦略次元のうち、どの2次元をもってくるかが重要である。

(出所) 慶應義塾大学ビジネス・スクールのケース「タイガー魔法瓶株式会社」などから作成。

が属する企業の性質を色濃く反映している。すなわち、パナソニックやシャープといった家電メーカーの事業部である第1および第2グループは、家電小売店を主要販売チャネルのひとつとしているのに対し、象印やタイガーといった家庭用品の企業の事業部である第3グループは、家庭用品店を販売チャネルのひとつとしている。象印やタイガーの電子レンジ事業部にとって、家電の流通チャネルに食い込むのは大変な労力を要するわけであり、したがってチャネル戦略を中心としたマーケティング戦略に違い

が生じてくることになる。

　一方，マグネトロンの内製は，もちろん魔法瓶メーカーは行っていないが，家電・電機メーカーでもすべてが内製しているわけではなく，パナソニックや東芝など4社に限られている。内製していない各社は，すべてこれら4社から供給を受けているわけである。中核部品を内製していると生産・販売計画が機動的に展開できることになり，生産・販売戦略を中心に戦略に違いが出てくることになる。

　このように電子レンジ業界は，たとえば川上統合度と販売チャネルによって3つの戦略グループに分けられる。

移動障壁　　上でみたように，各業界には複数の戦略グループが存在するわけであるが，戦略グループ間で売上や利益といった成果の面でも大きな違いがあるのが一般的である。それでは，なぜ業績の悪い戦略グループの企業は，業績のよい戦略グループの戦略をまねないのだろうか。この戦略の変更，すなわち戦略グループ間の移動を妨げているのが移動障壁である。

　たとえば電子レンジ業界では，シェアのトップは第1グループのパナソニックである。したがって，シェアの獲得を目標とするのなら，各企業は第1グループの戦略をまねればよいことになる。しかしいうまでもなく，マグネトロンの内製のためには多くの投資が必要であるし，家電流通チャネルの獲得についても同様である。こうしてたとえば第3グループの魔法瓶メーカーは，同じ業界に属しながら，第1グループの家電・電機メーカーがとっている戦略はとれないのである。業界内におけるこのような戦略の参入障壁とでもいうべきものが移動障壁である。

第6章　競争分析　　145

電子レンジは，マグネトロンさえあればあとはハコをつくればいいといわれることもあるくらい，家電製品のなかでは構造が比較的単純で，業界への参入障壁も比較的低いといわれる。しかし上の説明からも明らかなように，電子レンジ業界への参入障壁は高くないにしても，第1グループの戦略への移動障壁はかなり高いのである。

このようにひとつの業界内に戦略グループと移動障壁が形成される理由として，ポーターは次の3つをあげている。

(1) 企業の能力や経営資源に差があるため——電子レンジ業界の例はこれに当てはまる。

(2) 企業の目標とリスクに対する考え方が異なるため——たとえば流通業界において，イオンとセブン＆アイはそれぞれ拡大経営と堅実経営という意味で異なる戦略グループに分類することができるが，これなどは好例であろう。

(3) 業界の発展段階とそれぞれの企業の参入時期が異なるため——業界の導入期に参入する先発企業は，ブランド・イメージを築き上げ，ブランド・マーケティングが展開できる一方，業界の不安定要素が解消した成長後期に参入する後発企業は，より効率的なマーケティング戦略が展開できると考えられる。

もちろん，これらの要因から形成される戦略グループや移動障壁は固定的なものではなく，環境の変化や各企業の戦略展開のなかで変化していくものである。収益性の高い戦略グループに属する企業は自らの移動障壁を高めるような戦略展開を行うであろうが，収益性の低い戦略グループの企業は，より高い戦略グループへの移動のために資源蓄積に励んだり，まったく新しい戦略グループを創造するために技術開発投資に賭けたりすることになる。

Column ⑥ QBハウスのブルー・オーシャン戦略

　フランスのビジネススクール INSEAD のキム（W. C. Kim）と
モボルニュ（R. Mauborgne）による「ブルー・オーシャン戦略」
は，競争過多のレッド・オーシャンから，競争のないブルー・
オーシャンをめざすという用語のわかりやすさもあって，世界
的にヒットした。基本コンセプトをバリュー・イノベーション
（価値革新）と称し，従来の普通の考え方が「高機能の製品は高
い」（価値とコストはトレードオフ）が常識だったところ，「高機
能だけど安い」（価値とコストの同時達成）をめざした。

　彼らがブルー・オーシャン戦略の成功例として評価したのが，
QBハウスである。これはキュービーネット株式会社が運営する
ヘアカット専門店であり，1996年11月に1号店をオープンし，
10分1000円のカットという革新的な戦略を打ち出して，理美
容業界の競争構造を一変させた（2014年4月からは内税に変わっ
たため1080円）。2016年現在，QBハウスの店舗数は，国内516
店舗，国外（香港やシンガポールなど）107店舗と順調に成長
している。a. シャンプーや髭剃り等を行わずカットのみに特化，
b. スタッフが動きやすいシステムユニットの導入，c. （毛くずを
掃除機のように吸い取る）エアウォッシャーの導入，などによっ
て，10分というきわめて短い時間，1000円というリーズナブル
な価格で，カットを実現した。

　ブルー・オーシャン戦略の2つのサブ戦略（アクション・マ
トリクス，戦略キャンバス）からは，次のように説明される。①
アクション・マトリクスは，戦略の代替案を検討する枠組み
で，取り除く・減らす・増やす・付け加える，の4つからなる。
QBハウスは，髭剃り・洗髪や電話予約を「取り除き」，ヘア・
トリートメントなどを「減らす」ことによって，大幅にコスト
（金銭および時間）を下げる一方，ヘアカットのスピードと値ご
ろ感を「増やし」，エアウォッシャーなどを「付け加える」こと
によって，新たな消費者価値を生み出した。それら施策を②戦

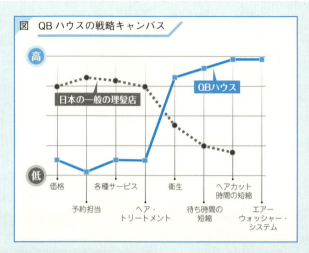

略キャンバスに表すと，図のようになる。これまでの理美容店とは明らかに異なるポジショニングを示しており，それが競争力の源泉になり，理美容業界に新たな戦略グループを創造したのだと考えられる。

（出所：キム=モボルニュ［2005］など）

　この新しい戦略グループを創造するための競争戦略として近年注目されているのが，ブルー・オーシャン戦略である。新戦略構築への方法論が簡潔でわかりやすいことから、企業における評価も高い（本章 *Column* ⑥参照）。

　業界への参入障壁にしろ，業界内の移動障壁にしろ，そこで競争する企業の戦略しだいで高くなったりも低くなったりもするのである。要は，自らの企業の成長のシナリオを念頭に，自社のとるべき戦略を明確にして，超えるべき障壁，作り上げるべき障壁を明らかにしていくことが高業績企業への道である。

4 変化する競争構造
●業界を超えた新しい競争の展開

　ここまで個別業界の競争に的を絞り，そこでの構造や戦略についての基本的分析を行ってきたわけであるが，近年の競争の特徴は，むしろそのような個別業界の枠組みを超えたボーダレスの競争にあるといえる。その背景には，経済のグローバル化や規制緩和の流れ，また高齢化など社会構造の変化といったものがあり，一過性でない本質的な変化の潮流をみてとることができる。

　そこで本節では，いくつかのキーワードを中心に，個別業界を超えた新しい競争の方向性について考えてみたい。

　アウトソーシング　　アウトソーシング（out-sourcing）とは，経営機能の一部を企業外部から調達することであり，最も代表的なものが情報機能のアウトソーシングである。情報システムの構築のためには，たとえそれが財務処理などの基礎的なものでも，コンピュータ技術や通信技術などの高度な技術が必要であるが，これらは年々進化・更新していくため，自社の技術者だけでは間にあわないことがある。また，技術進化にあわせたシステム更新コストも多大なものにつくことが予想される。そのようなとき，企業外部の有力な情報関連企業にシステムの構築を委託するのがアウトソーシングである。

　これら情報機能に加え，人材のアウトソーシングなどもよくみられるようになっている。このアウトソーシングを有効に用いれば，本来ならば経営資源の不足のために乗り越えることのできなかった参入障壁や移動障壁をクリアすることができるようになる

第6章 競争分析　149

わけであり，今後の企業経営にとっては有力な戦略オプションの
ひとつである。

　さらに近年は，海外企業へのアウトソーシングであるオフショ
アリングも増加している。背景には，1990 年代後半以降，イン
ターネットの普及で通信コストが大幅に下がったことなどもあり，
世界規模でのビジネスの効率的展開が図られるようになっている。
日本企業にとっては，たとえば，中国の大連の現地企業などが，
ソフトウェア開発やコールセンター業務その他のオフショアリン
グ先として注目を集めている。

| OEM |

OEM（original equipment manufacturing）
とは，相手先ブランドによる生産と訳さ
れるものであり，電機やコンピュータ，自動車など，生産に技術
力・資金力を要する，また規模の経済性の働く耐久財の業界でよ
くみられるものである。

　たとえば，ニコンは 1993 年にシャープから「液晶ビューカ
ム」の OEM 供給を受け，「ニコン液晶トリム」の商品名でビデ
オカメラを発売したことがあった。ニコンはその 8 年前にビデ
オカメラ市場から一度は撤退しており，再参入にあたりシャープ
の技術力に頼ったかたちである。シャープとしても，生産拡大に
よるコスト低減効果や，自社製品がビデオカメラのデファクト・
スタンダードだと認知してもらえるなどのメリットがある。ま
た，2011 年に，トヨタは初めての軽自動車「ピクシス スペース」
を市場導入したが，これはグループ会社のダイハツ工業による
OEM 車であった（ベースはダイハツの「ムーヴコンテ」）。

　これらの例にみられるように，OEM は参入障壁や移動障壁を
乗り越える有効な戦略である。

150　　第 II 部　市場の分析

M & A

M & A（merger and acquisition）とは，企業の合併・買収のことであり，新しい業界や戦略グループに参入する最も手っとり早い方法である。

たとえば，タバコ・メーカーとして創業したアメリカのフィリップ・モリスは，1970 年にアメリカ第 2 位のビール会社ミラー・ブリューイングを買収したのを手始めに，85 年にゼネラル・フーズ，88 年にクラフトと，次々に有力食品メーカーを M & A によって傘下におさめ，いまや世界最大の食品メーカーになっている（2003 年，フィリップ・モリスからアルトリアグループへ社名変更）。

日本でこれほどドラスティックで戦略的な M & A が行われるかどうかは未知数だが，将来の成長の方向を見据えて，それへ向けて M & A その他の戦略を着実に行っていく欧米企業の戦略展開は，今後ますます経済がグローバル化していくなかで日本企業も大いに検討すべき課題であろう。

代替品と「市場の定義」

競争を個別的な業界枠組みを超えて把握しなければならない理由のひとつに，代替品の問題がある。

たとえば，ジョルト・コーラがコーラ市場に参入したとき，彼らは誰を競争相手と考えただろうか。もちろんコカ・コーラやペプシ・コーラが最も直接的な競争相手であることはいうまでもない。しかし，コーラの代替品であるセブンアップその他の炭酸飲料も有力な競争相手である。また，喉の渇きを癒すという製品機能から考えると，100 ％果汁や牛乳，さらにアイスクリームもコーラの代替品になりうるわけで，競争相手と考えられる。

これは「市場の定義」（market definition）の話題とも深くかかわる問題である。それは，伝統的な製品カテゴリー内における競

第 6 章　競争分析　151

争の考え方を見直して，消費者視点に立って実質的な競争の実態から市場を再構成しようというものである。たとえば，350ミリリットルのコカ・コーラは350ミリリットルのペプシ・コーラと競合する一方で，1.5リットルのコカ・コーラは470ミリリットルのロッテ・レディボーデンと競合しているかもしれないのである。コーラという製品カテゴリーに固執した競争分析は，この場合，意味をなさないものになるだろう。したがって，自らの市場を定義する際には，製品の物理的特性に固執することなく，消費者視点に立って柔軟にとらえていくことが重要である。

自らのオリジナルな市場（業界）定義ができたなら，本章でみた競争分析をあてはめていくことが可能である。たとえば，遊園地を展開している企業が，自らの市場を「休日を楽しく過ごす」サービス群の市場（レクリエーション市場）ととらえたなら，スポーツクラブ，映画館，レストラン，テレビ局など多様な戦略グループを，競争相手として考えねばならないことになる。

▶本章で学んだキーワード　KEY WORD

SCPパラダイム　集中度　参入障壁　サンク・コスト
ブランド・エクイティ　参入阻止戦略　スイッチング・コスト　ブランド増殖戦略　戦略グループ　移動障壁
アウトソーシング　オフショアリング　OEM　M&A
代替品　市場の定義

✏ 演習問題

1 集中度（構造）の違いによって，戦略（行動）に違いが生じ

るか，また収益性（成果）に違いが生じるかを検討してみよう。

2 収益性の高い業界と低い業界をそれぞれひとつずつ選び，それら業界への参入障壁の高低に違いがあるかどうかを考察してみよう。

3 業界をひとつ取り上げ，そこに属する企業群を複数の戦略グループに分類してみよう。

●参考文献●

淺羽茂 [2004]，『経営戦略の経済学』日本評論社。

石井淳蔵・奥村昭博・加護野忠男・野中郁次郎 [1996]，『経営戦略論』新版，有斐閣。

泉田成美・柳川隆 [2008]，『プラクティカル産業組織編』有斐閣。

西田稔・片山誠一編 [1991]，『現代産業組織論』有斐閣。

ポーター，M. E.（土岐坤・中辻萬治・服部照夫訳）[1982]，『競争の戦略』ダイヤモンド社。

矢作敏行 [2014]，『デュアル・ブランド戦略』有斐閣。

キム，W. C. = R. モボルニュ（有賀裕子訳）[2005]，『ブルー・オーシャン戦略』ランダムハウス講談社。

第7章 流通分析

メーカーのチャネル戦略のための分析

本章のサマリー

　メーカーのマーケティング戦略立案という立場に立つと，これまでの章で検討されたように，市場データの分析手法を十分理解したうえで消費者の行動，競合の行動，そして流通の構造や行動を分析しなければならない。顧客を知り，競合を知り，流通を知ることによって，メーカーは環境とどうフィットすべきかという観点から戦略を立案する。

　本章では主に，メーカーがチャネル戦略を構築し実行するうえで必要な流通構造の分析，流通業者つまり卸売業者や小売業者の戦略行動分析，そしてメーカーと流通業者との市場取引における取引慣行の分析，さらに流通業者との間の取引の関係性についての分析に関して検討を加えていく。本章ではまた，これらさまざまな流通の次元における分析のフレームワークと現実の様相についての変化の動向について論じ，第11章ではこれら流通環境分析を踏まえたメーカーの流通チャネル対応について検討を加えていく。

154　第 II 部　市場の分析

1 日本型流通システム

●複雑で多様な流通のシステム

さまざまな流通システム

　流通システムというとき，それは国の経済あるいは特定産業全体の流通の構造や流通システム・メンバー間の広い意味での行動パターンを意味したり，ある特定の企業の商品の顧客までの流れを示す流通経路の構造と行動とを意味している。いずれにしても，流通システムは製造業者─卸売業者─小売業者─消費者という流れとその構成メンバーによって成り立っている。もちろん，このパターンは消費財市場の標準的なパターンであり，なかには卸売業者を経由せずメーカーからネットなどを通じて直接小売を行うもしくは直営・系列販売会社から小売業者に流れるなど，通信販売やネット販売のようにメーカーから直接消費者に商品が流れたりする場合もある。また，産業財市場の場合は最終顧客は最終消費者ではないため，流通システムは原材料メーカー・部品メーカーから加工業者あるいはアセンブリー・メーカーへと直接流れたり，その間に中間流通業者，たとえば商社などが介在する場合がある。図7-1は流通システムのさまざまなパターンを示したものである。

　図の消費財市場のパターンは，わが国の場合には化粧品流通を考えてみるとわかりやすい。①のパターンは卸売業者を用いた伝統的な流通システムであり，食品や日用雑貨品などの流通はほとんどがこのパターンである。化粧品流通では①のパターンはコーセーなどが採用しているパターンだが，むしろ資生堂や花王・カ

第7章　流通分析　　**155**

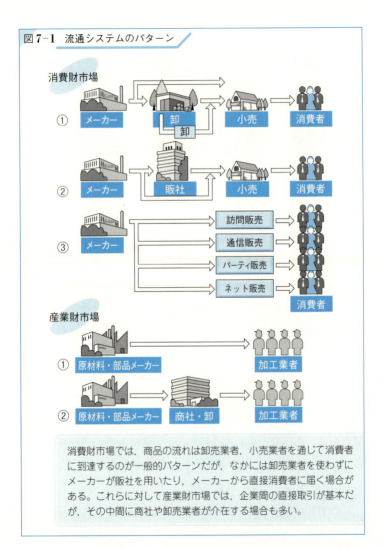

図7-1 流通システムのパターン

消費財市場では、商品の流れは卸売業者、小売業者を通じて消費者に到達するのが一般的パターンだが、なかには卸売業者を使わずにメーカーが販社を用いたり、メーカーから直接消費者に届く場合がある。これらに対して産業財市場では、企業間の直接取引が基本だが、その中間に商社や卸売業者が介在する場合も多い。

ネボウ化粧品が採用している②のパターン、いわゆる制度品流通が主流をなしている。メーカー―系列販社―小売というこのパターンは、家電製品などの流通にもみられるものである。

③のパターンの典型はポーラが採用しているポーラレディによる個別家庭訪問販売であり，化粧品流通ではかなり重要な地位を占めている。ただし，最近では働く主婦の増加による在宅比率の低下，訪問販売員とのトラブルなどによって，このパターンの流通はやや低迷気味である。通信販売流通は化粧品では再春館製薬所が行っている方式であり，さまざまな商品領域で採用されており，流通経路として注目されている。たとえば，婦人用の肌着市場では，カタログ通信販売でセシールがワコールの小売店流通を脅かしている。この業界ではまた，シャルレが主婦を使ったパーティ販売で成長してきた。今後は，ネット販売がさらなる成長経路となるだろう。

以上，わが国の流通システムは産業別にみても産業内でもさまざまなパターンを示しており，どのパターンが支配的になるかは消費者需要や競合の動向によってかなり流動的である。ただし，消費財市場と産業財市場との間の流通システムの決定的な違いは，前者が企業間取引と企業と消費者との取引を含んでいるのに対して，後者は企業間取引としての流通システムの存在しかないことである。以下，日本の流通システムについて検討を加えるにあたって，とくに消費財市場の流通システムを中心にみていこう。

外国からみた日本の流通システム

一般に，流通システムについて考察するとき，構造・行動・成果という産業組織論の分析枠組みを用いるとわかりやすい。図7-2は田村正紀［1986］の分析枠組み，いわゆる「外国モデル」，外国からみた日本の流通システムの概念図を示しており，流通構造，取引関係，流通成果という枠組みが基本となっている。

図7-2の「外国モデル」は，わが国の流通システムが，構造

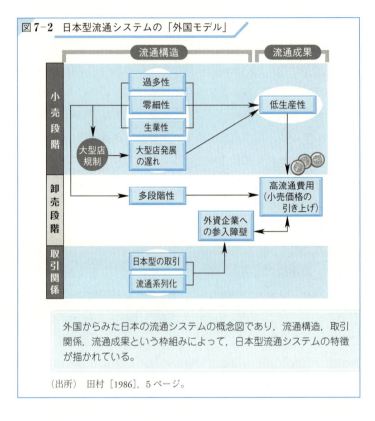

図7-2 日本型流通システムの「外国モデル」

外国からみた日本の流通システムの概念図であり、流通構造、取引関係、流通成果という枠組みによって、日本型流通システムの特徴が描かれている。

(出所) 田村 [1986], 5ページ。

的には小売段階で「過多性・零細性・生業性」であり,卸売段階では「多段階的」であることを示している。ここで日本の流通構造が小売段階で「過多性・零細性・生業性」であるという意味は,わが国の小売店舗の多くが売上規模・店舗規模がきわめて小規模であり,しかも店舗数が過多であるということである。さらに,これらの小売店の多くはその経営形態がいわゆる「パパママ・ストア的」であり,企業や組織の形をなしていないということである。事実,2014年調査の「商業統計」では,わが国の人口およ

そ1億2000万人に対して約78万店の小売店が存在し，そのうち従業員数4人以下の小売店が依然として60%以上を占めている。また，1店舗当たりの売場面積も約174平方メートル，年間売上規模約1億6000万円である。わかりやすくいえば，わが国の小売店の多くは60坪弱程度の売場で1日約40万円の売上をあげており，夫婦2人で小売店を営み，子供や多少のアルバイトを使って朝から晩まで店を開け，家計と営業収入の区別がはっきりしないままに営業を続けているということになる。

　もちろん，わが国は百貨店をはじめとして，とくに1950年代以降にはスーパーや量販店のような大規模小売店舗が多数出店している。しかし，大規模小売店舗法（大店法）という大型小売店の出店を規制する法律の出現によって大型店の出店ペースが規制され，長い間構造的には過多性・零細性・生業性が改善されず，このことがわが国の小売構造から発生する流通システムの低生産性を生み出していた。ただし，2000年には大店法が撤廃され，新たに大規模小売店舗立地法が施行されたので，今後このような小売構造が推移することはないだろう。

　卸売段階における多段階的な構造は，先に示した「メーカー—卸—小売」という標準的な経路パターン以外に，二次卸，三次卸といった卸段階を迂回する流通経路が多数存在し，このことが流通費用の高さを生み出している。ちなみに，卸売段階における多段階性は，一般にW/R比率（wholesale/retail比率）によって表され，W（卸売業販売額－産業用使用者向け販売額－国外向け販売額）がR（小売業販売額）よりも多ければ多いほど流通迂回率は高くなる。

　外国モデルは結論的に，小売段階における過多性・零細性・生

業性からくる低生産性と卸売段階における多段階性が高流通費用を生み出し，また，流通システムにおける取引関係としての流通系列化や日本型の取引関係が，外国企業の日本市場への参入障壁となっているとしている。田村の指摘するわが国の流通システムを説明するこのような外国モデルは，今日のわが国の流通システムの様相にあてはまるのだろうか。先に示した「商業統計」の数値の推移からは，徐々にこのような様相が解消されつつあるようにも思われる。

次に，わが国の小売・卸の構造変化の方向性，小売業態の変化，卸売業態の変化，流通系列化の動向，取引慣行の動向について，その本質と実態を検討してみよう。

2 わが国流通構造の変化
●小売構造と卸構造の動向

わが国の流通構造変化の様相を，2014 年調査「商業統計」に基づいて，小売段階と卸段階に分けて検討してみよう。

小売構造の変化 　1960 年代の初めに「流通革命」という言葉が誕生し，当時の小売新業態である「スーパー」の台頭と相まって，日本の流通構造は「太くて短いパイプ」となると予測された。ここで，「太くて短いパイプ」とは，小売段階で店舗が大規模化し卸売段階の多段階性が解消されるという意味である。「問屋無用論」が盛んに議論されたのもこの頃だった。しかし，その後の現実はまったく逆の様相を示した。すなわち，このような予測にもかかわらず，相も変わらずわが国の小売店舗数は増えつづけ，小売店舗数は 1982 年にはおよ

そ 172 万店にも達した。けだし，1982 年は大店法の規制が最も強化された年である。

　わが国の小売構造が大きく変化したのは 1985 年の「商業統計」からである。この年の小売店舗数は 163 万店となり，戦後「商業統計」が発表されて以来はじめて小売店舗数が減少したのである。この年の「商業統計」では 3 年前の 1982 年に対して小売店舗数はマイナス 9 万店となったが，実質的には増加分を除くとおよそ 20 万店の小売店が消滅したことになる。しかも，その多くはいわゆるパパママ・ストア的な総合飲料食料品小売店であった。以来，わが国の小売店舗数は 1988 年，91 年，94 年と「商業統計」が発表されるごとに減少しつづけ，2014 年の「商業統計」によれば，前述のとおり，わが国の小売店舗数は約 78 万店となった。一方で，小売総販売額は 2014 年にはおよそ 122 兆円，1 店舗当たりの売場面積 174 平方メートル，1 店舗当たりの年間販売額 1 億 6000 万円と着実に増加している。

　これを食品取扱い小売業態に限定してみても，その店舗数は 1982 年の 73 万店から 2014 年の 10 万店へと減少しており，いわゆる対面販売の小売店も同じ時期に減少している。逆に，セルフ・サービスの食品取扱い小売業態は増加している。

　以上のように，わが国の小売構造は 1982 年以降着実に大規模化し，チェーン化された小売業への集中化の方向に進んでいる。つまり，1985 年以降，総店舗数は減少し，1 店舗当たりの売上規模・売場面積は増加し，スーパー，量販店，コンビニエンス・ストアに代表されるセルフ・サービス販売の小売店の比率が上昇していることが明らかである。たとえば，日商 10 万円，年間売上高約 4000 万円，粗利益率 20％，粗利額 800 万円では，営業費

第 7 章　流通分析　161

Column ⑦ 福光屋のチャネル選択

　株式会社福光屋は，1625（寛永2）年創業の加賀前田藩の城下町金沢に本拠を置く清酒メーカーであり，当代福光松太郎社長は13代目当主である。わが国の清酒メーカーは，月桂冠や白鶴などの大手と，1500社を超える多数の中小メーカーによって構成されている。福光屋は石川県に拠点を置く典型的な中規模地方メーカーである。ただし，福光屋は石川県では，36ある清酒メーカーのなかでは群を抜いた存在であり，同県で唯一1万石（1石は1升瓶100本）の生産量を誇っている。

　今日，福光屋を含めわが国の清酒メーカーの先行きは深刻である。わが国の清酒消費量は，1975（昭和50）年の約160万キロリットルをピークとして減少し続け，2014年には60万キロリットルにまで落ち込んでしまっている。清酒メーカーの数にしても，1940（昭和15）年の6657社をピークとして減少し続け，65（昭和40）年にはややもち直したものの，2013年現在1652社となっている。まさに，今日の様相は清酒メーカーにとっては，正念場であり，何らかの抜本的な政策を打たなければ生き残れないところにまでなってきている。

　このような清酒需要の縮小にあって，清酒メーカーの一般的な対応は，需要回復策として，①酒類小売販売の自由化に対応してコンビニエンス・ストアやスーパーなどに販路を拡大する，②発砲清酒などの開発によって女性市場を開拓する，そして③酒以外に新しい市場を求める，などである。ここで福光屋が採用した対応策を考えてみよう。

　まず，福光屋の主力ブランドである「福正宗」はいわゆる醸造アルコールを含む「普通酒」であったが，同社は製品ラインを米・米麹に限定した純米酒，純米吟醸酒，純米大吟醸酒に絞って生産することに変換した。当然ながら純米酒は高価格となり，愛飲家を対象としたものとなる。とくに純米酒の中心ブランドとなる同社ブランドの「黒帯」は，1970年代当時の福光屋の上顧客であり，吉田茂元首相の子息であり作家であった吉田健一氏の提案によって開発された，清酒愛飲の黒帯級の人々

162　第II部　市場の分析

を対象としたものである。したがって福光屋のこのような商品の絞り込みは，まさに典型的な日本酒好きの中年男性向けのものであった。

福光屋の第2の商品開発は，四季おりおりの商品の提供（酒蔵時記シリーズ）であり，これは中元歳暮需要を見越して，DM（ダイレクト・メール）やネット広告を通じて告知され，顧客名簿の作成と維持管理を通じて季節限定で通信販売を行ったものである。これは，前述の純米酒の販売チャネルが伝統的な酒類販売卸—酒販店というルートとは対照的である。福光屋は酒販ルートとしては，後発大手卸の三菱食品（三菱商事傘下の菱食と菱食リカー，さらには吸収合併した明治屋との合体会社）を採用した。最も福光屋の販売ルートはほぼ北陸地方に限定されていたから，何も全国卸の三菱食品を使うこともなかったのであろうが，福光屋は三菱食品の先進的な情報システムや物流システムを評価して採用した。一方，通販ルートは，物流は流通専業者に依存するものの，その販路は全国的である。

福光屋の第3の方策は，女性顧客をターゲットとした冷酒ラインの強化である。これは発砲清酒も含めて，「透明感のある爽やかな香りとなめらかな質感，軽やかな喉ごし」を強調したものである。これらの商品は，季節酒とともに通販を中心としたチャネルを用いている。そして，これら女性市場のターゲット化は，①金沢市内のイタリア料理店，スペイン料理店，フランス料理店との，各店のメニューと清酒とのコラボレーション・キャンペーンの展開を中心としている。さらに，②福光屋は金沢をはじめとして，東京・銀座や六本木ミッドタウンなどに直営店を展開し，SAKE SHOP 福光屋として女性客を狙っている。

福光屋の女性市場への狙いはさらに，米醗酵から生まれたクレンジング・クリーム，スキンケア商品，自然派食品へと発展していく。ただし福光屋は，化粧品の伝統的な流通ルートをもっていないわけであるから，これら商品の流通ルートは主に通販ルートということになる。

第7章　流通分析　163

以上のように，福光屋のマーケティング戦略は，かなり体系的・連携的なオムニチャネルの様相を示している。つまり，製品ラインの絞り込みや拡大によってターゲット顧客が特定化され，それが旧来の伝統的流通チャネルの強化と，ネット販売・通信販売，さらには直営販売へと展開し，これらの多様化したチャネルがオムニに連携し合うという形ができあがったのである。ちなみに現在，福光屋の顧客の75％は女性である。

用と生活費を考えてもとてもパパママ・ストアではやっていけないのである。また，一億総リストラクチャリングという状況のもとで脱サラの受け皿として独立小売店を開業しようとしても，開業費・年間経費ということを考えると決して魅力ある転職対象とは考えられないのである。わが国の総小売店輔数は2014年現在，前述のように約78万店に減少している。まさに，わが国でもアメリカ型の集中化された小売構造が現実のものとなっていく様相を示してきたのである。ただし，小売業態によっては引き続き減少するものと，今後は店舗数が増加するものとに分かれていくこともありえるだろう。

卸構造の変化

昔から「そうは問屋が卸さない」という言葉がよく使われた。この言葉は，問屋が「うん」といわなければ何もできないということを意味し，流通システムにあって問屋の力が絶大であることを示している。八代将軍徳川吉宗の時代にあっても，将軍が日本の経済運営にあたって一番苦しむのは問屋の存在であり，米の相場，銀の相場など問屋衆の協力なしには江戸幕府といえども何もできず，時代劇に

出てくるのも必ず悪徳問屋であり，市場の需給関係や価格を操作するのは問屋だった。このような状況は江戸時代から明治期まで続き，今世紀初頭に三越をはじめとする近代小売業が出現するまで続いたのである。

したがって，1960年代に「問屋無用論・商社無用論」が議論されたことは，わが国の流通システムにおいては画期的なことであった。問屋無用論は基本的に，小売構造における大規模小売業の出現とその成長によって卸売レベルにおける多段階性が解消される方向に進み，さらに小売業が大規模化・集中化することによって小売企業が卸機能を包含する，あるいはメーカーとの機能分担が行われ，間接流通パターンが減少するという論理である。

しかし事実は，戦後一貫してわが国の年間卸売販売額は増加しており，商店数・従業者数も1985年の微減を除いて一貫して増加してきた。ところが，2014年「商業統計」では年間卸売販売額は約356兆円と1994年の調査以降減少傾向にある。同様に卸店商店数も26万4000店と前回よりもマイナス20％，従業者数もおよそ276万人と7年間で約77万人減少した。W/R比率も1982年の2.93倍をピークに低下傾向が続き，94年には2.5倍にまで低下し，卸構造の多段階性はここにきて急速に解消されはじめた（2007年調査では1.96倍）。

卸売段階の多段階性がここにきて急速に解消された原因のひとつは，わが国における大規模小売業の急激な成長，それにともなう卸機能の吸収あるいは消滅という事実である。それでは，具体的に卸機能とはどのようなものなのだろうか。表7-1は卸機能の代表的なものをリストアップしたものである。もちろん卸売業者にはさまざまな業態パターンがあるから，すべての卸売業者

第7章　流通分析　165

表7-1 代表的卸機能

需給調整機能	市場評価 商品調整 情報伝達 取　引
助 成 的 機 能	信用供与，流通金融 流通危険負担 生産育成 需要指導育成 施設提供など
市場移転機能	運　送 保　管

卸機能の代表的なものは，需給調整機能，助成的機能，市場移転機能の3つに分類される。

（出所）　田島義博・宮下正房編著［1986］，『日本的卸売経営の未来』東洋
経済新報社，29ページ。

が表7-1に示されたすべての機能を果たしているわけではない。ただし，一般的にいえば，卸機能の最も代表的なものは需給調整機能であり，在庫管理を含む物的移転機能である。一般に流通機能といえば，商流（商取引を行う商品の所有権が移転する流れ），物流（商品が物的に移転し，在庫され，移転する流れ），情報流（商品情報・在庫情報などの流れ）といわれる所以である。また，流通システムのなかにあって中間流通としての卸売業者が存在する理由の代表的なものとして，「取引数最小化の原理」がある。図7-3は，卸売業の存在によって流通システム中の取引数が最小になることを示している。

図7-3は，メーカー3社と小売3社との間に卸売業者が存在

166　第II部　市場の分析

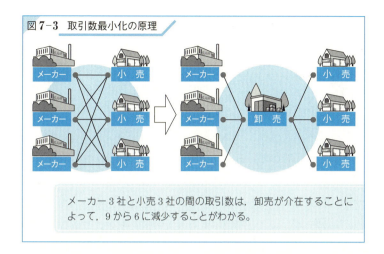

図7-3 取引数最小化の原理

メーカー3社と小売3社の間の取引数は、卸売が介在することによって、9から6に減少することがわかる。

しない場合の総取引数は9であり、卸売業者が存在することによってそれが6に減少することを示している。

問題は、表に示したような卸機能や取引数最小化の原理など卸売業に求められている機能が、小売業の大規模化や集中化、卸売業における多段階性の解消など、わが国の流通構造の変化によってあらためてその存在が問われていることである。POS管理（購買時点情報管理）をはじめとする情報システムやインフラストラクチャーの進展、大規模小売業による物流センターの開設などが、さらにこの問題に影響を投げかけている。

3 流通取引関係
●急速に変貌する流通取引の関係

これまで述べてきたようなわが国の流通構造の変化は、さまざまなかたちでメーカーと流通業者間の取引関係に影響を与えてい

る。それは，たとえば，流通系列化や取引慣行としてのリベート制に，さらにメーカーと流通とのパワー関係に影響を与えている。

流通系列化　　流通系列化とは，メーカーが卸売業者や小売業者と特約的な契約を行い，場合によっては卸売や小売がこの関係によってメーカーの専売流通機関となってメーカー・マーケティングの流通現場における推進者となることを意味している。具体的には，小売段階にみられる家電メーカー各社の系列化であり，またスーパーパナソニックショップ，日立チェーンストール，あるいは資生堂の花椿会ストアなどであって，これらはわが国に特有の流通慣行とされてきた。

　いま，このような家電メーカーの小売段階における流通系列化が崩壊しようとしている。家電量販店（たとえば，秋葉原にみられる大型家電ディスカウント・ストアや全国に展開するディスカウント・チェーン企業）の成長によって「街の電気屋さん」が次々と姿を消そうとしているのである。考えてみれば，特定のメーカーの系列店は，品揃えが特定メーカーに限られている，店が狭いから十分な品揃えができない，大量に仕入れることができないから価格を安くできない，相次ぐ新製品の発売や技術の進歩についていけず十分なサービスができないなど，家電量販店にまさる点がひとつもなく，おまけに後継者が育成できないようでは廃業の道を進まざるをえないことになる。

　一方で，食品や日用雑貨品の分野で主としてみられる卸店の系列化（特約店制度）にしても，イオンやセブン＆アイ傘下のイトーヨーカ堂のような量販店，あるいはサミット・ストアやいなげやのようなスーパーマーケット，さらにはセブン-イレブンやローソンなどのコンビニエンス・ストアの成長によって相対的に卸店

の力が弱まり，場合によっては小売業の側での卸機能代替が発生することによって，メーカーの卸店系列化の意味そのものが薄れつつある。逆に，小売段階の大規模化や集中化に対応して卸売段階での淘汰や再編が行われ，食品分野では国分や三菱食品のような大手卸店が大規模化して力をつけている。さらには，これらの卸店がしだいに品揃えの幅を拡大することによって量販店に対応していくという動きを示し，極端な場合には従来の食品卸・日用雑貨卸という枠を超えて，アメリカの大手卸スーパー・バリューのように食品も日用雑貨も扱う幅広い品揃えを行う超大型卸店が出現してメーカーに物言う時代がくる可能性が高く，特約店制度そのものにとって脅威となる可能性をはらんでいる。

建値制の崩壊　1950 年代以降急成長したわが国の多くの消費財メーカーは，流通チャネル政策の一環として価格政策としては建値制を浸透させてきた。建値制とは，メーカーがそれぞれの商品分野について，メーカー仕切価格─卸売価格─標準小売価格を指定し，このような価格体系をベースとして卸店や小売店に各種リベートを支払う制度のことである。たとえば，日用雑貨品の業界では標準小売価格を 100 とすると，小売店が卸店から仕入れる価格が 70，卸店がメーカーから仕入れる価格が 65 となり，このような建値価格をベースとしてメーカーから卸店と小売店に数量割引を代表例とした各種リベートが支払われることになる。このような建値制誕生の背景にはメーカーの流通におけるパワーが存在し，「消費者に対してはいくら，小売店に対してはいくらで売れば卸店も小売店もちゃんと経営が成り立つんですよ」という，メーカー主導型の価格政策が成り立ったのである。

第 7 章　流通分析　169

しかし，以上のようなメーカー主導型の建値制はいまや崩壊しつつある。その第1の理由は，メーカーによる再販売価格維持行為（小売段階における対消費者価格をメーカーが指示し維持しようとすること）が独占禁止法上の競争阻害行為とみなされ，全体の方向性として再販売価格商品を全面的に撤廃しようという動きがあることがあげられる。事実，現在法律で認められた再販売価格維持商品は出版物やCD・レコードに限定されている。独占禁止法上のいまひとつの問題としては，家電製品における二重価格があげられる。「メーカー希望価格4万円（税別），当店価格2万9800円（税別）」などという店頭表示は，事実上4万円（税別）などという価格で売られることはないわけであるから，まったくの欺瞞価格といわざるをえないだろう。

　建値制崩壊の理由の第2は，建値制プラス・リベート制によってメーカーの仕切価格が事実上意味をなくし，メーカーの利益を圧迫しているということであり，これに対してメーカーが導入したのがオープン価格制である。オープン価格制とは，従来の建値制を廃し，メーカーの仕切価格を下げてリベートをカットもしくは簡素化し，メーカーが末端の卸価格・小売価格を指定しないという制度である。つまり，メーカーが卸店に対して仕切価格を提示し，あとは「卸店さん小売店さん自らが儲かるように自由に価格設定をしてください」という制度である。オープン価格制が導入され定着化すると，リベート体系が簡素化し透明化するので，卸店・小売店ともに自らのリスクで価格設定を行うようになり，ディスカウントして儲からなくなると卸店やメーカーにマージン補填を要求するという慣行がなくなるという効果が生み出される。小売段階における価格設定は，「メーカー希望小売価

格の2割引」というふうにはならず、「当店通常価格に比べて特売価格何%引」ということになる。

パワー関係の喪失

わが国の流通構造はいま、大きく変わろうとしている。それにしたがって取引慣行も変わりつつある。そして、その背景のひとつが小売段階における大規模化・集約化であり、それにともなって発生する卸売段階における再編成である。日米構造協議の結果としての規制緩和や独占禁止法の運用強化、各種情報システムの発達もこのことに一役買っている。

戦後一貫して、わが国の流通チャネルにおけるリーダーは消費財メーカーであった。メーカーはその開発力、生産力、ブランド力によって流通チャネルを支配し、チャネル・パワーによって卸売業者・小売業者を系列化しマーケティングの流通現場での実行を確実なものとしていたのである。いわば、卸売業者・小売業者が消費財メーカーの販売拠点化していたのである。しかし、前述のようなわが国の流通構造の変化は、このようなメーカーの流通支配を不可能なものにした。つまり、量販店やスーパーマーケットが大規模化・集約化することによって、メーカーに対するバイイング・パワーを拡大して逆に小売の側にパワーが移行しつつあり、小売業がメーカーの販売拠点から消費者の購買拠点へと変化してきたのである。

支配的なパワーに対抗するパワー（拮抗力パワー〔countervailing power〕）が成立し、パワーバランスが拮抗化してくると、当初は両者の間にパワー奪取の競争が発生する。メーカーと量販店が同一流通チャネル内でパワー闘争を始めると、当然ながらコンフリクトが発生する。これまでにも、ダイエーとパナソニック（当

第7章　流通分析　**171**

時・松下電器）やネスレ日本との間の抗争など，その例は枚挙にいとまがない。そして，コンフリクト解消のための両者の時間と労力は，やがてコンフリクト発生が両者にとって実りのないものであると気がつくほどに大きなものとなる。パワー闘争をするよりはメーカーと流通が共業して流通効率をあげよう，消費者利益を高めよう，そのためにはメーカーと流通との間に信頼に基づいた長期に継続する関係を作ろう，というのが今日のチャネル活動における答えである。アメリカの大手トイレタリー・メーカーのP＆G（プロクター・アンド・ギャンブル）と大手ディスカウント・ストアのウォルマートとの間の商品開発や在庫物流管理の共業化をめざした戦略同盟（strategic alliance），味の素とセブン‐イレブンの焼き立てパンの共業化などの製販同盟，イオンと花王のEDI（electric data interchange），ECR（efficient consumer response）などの活動がその具体的な例である。

◤本章で学んだキーワード◢　　KEY WORD

流通システム　　流通経路　　販売会社　　通信販売　　ネット販売　　訪問販売　　パーティ販売　　外国モデル　　パパママ・ストア　　二次卸　　三次卸　　W／R比率　　流通迂回率　　日本型の取引関係　　メーカーの販売拠点　　消費者の購買拠点　　拮抗力パワー　　戦略同盟　　製販同盟　　EDI　　ECR

▱▷ 演習問題

1　わが国の流通が高費用であるとされた理由を考えてみよう。

2　消費財メーカーの消費者に至るまでの可能と思われる流通経

路パターンを列挙してみよう。

3 オープン価格制が何であるかを説明し,それが実際に行われている店舗と価格の例を示してみよう。

●参考文献●

石井淳蔵 [1983],『流通におけるパワーと対立』千倉書房。

石原武政・石井淳蔵編集代表 [2009],『シリーズ流通体系』1～5巻,中央経済社。

田村正紀 [1986],『日本型流通システム』千倉書房。

田村正紀 [2001],『流通原理』千倉書房。

矢作敏行 [1994],『コンビニエンス・ストア・システムの革新性』日本経済新聞社。

矢作敏行 [1996],『現代流通』有斐閣。

和田充夫 [1989],『小売企業の経営革新』誠文堂新光社。

第 III 部
市場への対応

第 8 章　製品対応

第 9 章　価格対応

第 10 章　コミュニケーション対応

第 11 章　流通チャネル対応

第 12 章　競争対応

「アップルストア銀座」に行列する人々
(時事通信フォト提供)

第8章 製品対応

マーケティングの中核としての製品戦略

本章のサマリー

　企業が成長し発展していくためには，消費者ニーズに適した製品を供給しつづけなければならない。そのためには，現在供給している製品を常に吟味し，時に応じて新製品を導入していく必要がある。マーケティングにはさまざまな課題があるが，いずれもこの製品を中心に議論されることが多い。それだけに製品は，マーケティングの中核といえるだろう。

　本章では，まず最初にマーケティングにおける「製品」とは何かについて明らかにする。読者が一般に思い浮かべる「製品」とマーケティングにおける「製品」が，かなり異なっていることに驚くかもしれない。次に，新製品の重要性について触れ，新製品がどのようなプロセスで開発されていくのかについても説明する。また，製品の一生を人間の一生にたとえた「製品ライフサイクル」という興味深い概念についても理解してほしい。最後のブランド・マネジメントでは，読者がよく耳にするブランドに対して，企業がどのような配慮をしているのかが整理されている。

1 マーケティングにおける製品
●消費者の問題解決としての「便益の束」

> **製品とは何か**

マーケティングでは，製品をどのようにとらえたらよいだろうか。最も支持されているのが，消費者の問題を解決する「便益の束」（bundle of benefit）として製品をとらえる立場である。たとえば，女性が口紅を買うのは，単に口紅そのものを欲しいからではなく，美しくありたいという問題解決のために買うのである。かつてレブロンの創設者チャールズ・レブソン（Charles Revson）は，「われわれは工場において化粧品を作っているが，店頭では夢を売っている」と述べた。資生堂の弦間明元社長も，「私たちは，美しさという価値を売らねばならない」と述べている。彼らは製品を単なるモノとしてではなく，消費者の問題を解決する便益の束としてとらえている人々である。

便益の束というとらえ方は，製品の中核部分を明快に説明している。だが，消費者の購買を引き起こすためには，実態としての製品が不可欠である。実態部分は消費者が店頭で目にする部分であり，品質，ブランド，スタイル，パッケージなどである。この部分がともなうことによって，はじめて製品の姿がみえてくる。だが，これだけで十分とはいえない。製品には，保証，配達，信用供与などの付随機能がともなっていることも多い。

このように製品は，便益の束としての「中核部分」を中心に，品質やブランドなどの「実態部分」，保証や取り付けなどの「付随部分」が周辺を取り巻いている。コトラーとアームストロング

（P. Kotler and G. Armstrong）は，これらを統合して検討すべきであることを指摘している。

拡張された製品概念　便益の束としての製品は，マーケティングにおける製品の本質を的確に表現している。こうした立場に立てば，有形の製品だけではなく無形のサービスも製品として論じることができる。

　実際，マーケティングでは，有形財に限定することなくサービスをも含めて「製品」として論じることが多い。本書でも，製品のなかにサービスを含めるという立場を基本的にとっている。だが，サービスのマーケティングには固有の課題もあるので，とくに第13章ではサービスの課題だけを取り上げて論じている。

　製品概念を便益という次元でさらに拡大していくと，政策やマニュフェスト，教育や医療行為，アイディアなども製品としてとらえることができる。政治家が効果的な選挙運動をしたり，学校や病院などの非営利組織が効率のよい運営を行ったり，禁煙や環境保護を適切なキャンペーンで訴えるなど，これらもマーケティングの観点で論じることができる。

製品対応のレベル　製品対応に関する意思決定は，個別ブランド，個別製品ライン，製品ライン全体といった少なくとも3つのレベルで実施される。

　〈個別ブランド〉　個別ブランド・レベルでの対応とは，個々のブランド内の供給内容の修正にともなう意思決定である。ブランド・マネジャーもしくはそれに類似した管理者によって，製品アイテム（product item）と呼ばれる単位で管理される。ひとつのブランドであっても，デザイン，スタイル，サイズ，価格，素材などにおいてさまざまなバリエーションがあることに気づくだろう。

第8章　製品対応　179

これらひとつひとつが製品アイテムを形成している。

〈個別製品ライン〉 製品ライン・レベルでの対応とは，ある製品カテゴリー内における新ブランドの追加と削除にともなう意思決定である。これは，製品グループ・マネジャーもしくはそれに類似した管理者によって遂行される。

日用雑貨メーカーにとっての製品ライン（product line）としては，シャンプー，歯磨き，衣料用洗剤などの各ラインが考えられる。製品ラインとは，機能，顧客，流通経路などからみて，密接な関係のある製品の集合体と言い換えることもできる。ただし，この概念は相対的であるために，ある企業にとっては単なる製品ラインのひとつであっても，別の企業にとっては全取扱い品目ということもある。

〈製品ライン全体〉 製品ライン全体としての対応とは，新しい製品ラインの追加，既存ラインの削除，各製品ラインへのウエイトづけなどにともなう意思決定である。これは，企業全体の成長性や収益性を左右するものであり，トップ・マネジメントによって行われる。

以上3つのレベルで製品対応をみてきたが，企業が提供する製品全体としての集合体は，製品ミックス（product mix）という概念で整理できる。この製品ミックスは，「幅」「深さ」「整合性」「長さ」という次元で検討できる。

製品ミックスの「幅」とは，企業が提供している製品ライン数であり，「深さ」とはひとつの製品ラインにどれだけのアイテムが用意されているかを意味する。製品ラインを数多くもつ企業はフルライン企業，製品ラインを限定している企業はパートライン企業と呼ばれる。「整合性」とは，用途，生産，流通経路などか

らみて，取り扱われている製品ラインに認められる関連性の密接度である。整合性が低くなればなるほど，多角化された複合企業の性格が強まる。「長さ」とは，製品ミックスに含まれるアイテムのすべてであり，企業の取扱い製品の総数を示す。

2 新製品開発
●長期的な企業成長の源泉

新製品のとらえ方

新製品開発について論じる前に，新製品のとらえ方について検討しておく必要がある。「新しさ」の意味が誰にとってのものであるかを考えると，当該新製品の売り手である企業と買い手である市場とに大きく分けることができる。この2つの視点を加味することで，技術革新をともなった製品だけではなく，既存製品の改良品や追加された新しいブランドをも含めて新製品と考えることができる。

コンサルティング会社であるブーズ・アレン・アンド・ハミルトン（以下 BA & H）社は，上で述べた2つの視点を用いて新製品を分類している（図8-1）。市場や企業にとって新規であればあるほど，企業にとってのリスクは高まる。だが，BA & H 社によると，高い成功をおさめた新製品の60％までが「世の中にとっての新しい製品」と「新製品ライン」であるという。高い収益を達成するためには，高いリスクを負わねばならない。

新製品の重要性とヒット率の低さ

新製品の開発は，企業の成長や発展にとって不可欠である。技術は急速に発展し，国際競争は激しくなり，規制緩和が実施され，さらに消費者の趣味嗜好は常に変化している。こうし

第8章 製品対応　181

図 8-1 BA & H 社による新製品の分類

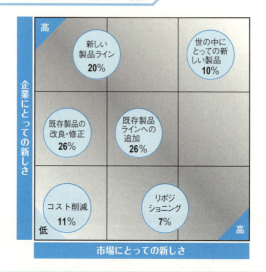

新製品を「企業にとっての新しさ」と「市場にとっての新しさ」によって分類し，それぞれの比率を求めている。企業にとっても，市場にとっても，新しさの程度が最も高い新製品を「世の中にとっての新しい製品」と呼び，これは全体の 10％に相当する。市場はすでに確立されているが，企業にとっては新規に参入する「新製品ライン」は全体の 20％である。

た動きがあるかぎり，特定の製品だけで企業が成長し発展することは不可能である。だが一方において，新製品を開発する機会をもたらしている。2014 年 10 月 6 日の『日本経済新聞』によると，1896（明治 29）年創業の高級紳士用帽子メーカーだった帝国製帽は，テイボーに社名を変え，サインペンや蛍光ペンなどマーキングペンのペン先で世界シェアの 50％以上を握っている。また，繊維事業でスタートした日清紡ホールディングスは，「摩擦

力の大きな繊維」の技術を生かしたブレーキパッドを開発し，大きな利益を得ている。ポスト・イットなどで知られる 3M のように，4年以内に導入した新製品によって売上の 30％を達成しようという目標を掲げている会社もある。

　新製品が企業にとってきわめて重要であるにもかかわらず，新製品の成功率はけっして高くはない。ある研究によれば，消費財における新製品の成功率は 58％で，産業財では 62％である。だが，この値はかなり高く，8割以上が失敗していると報告している調査もある。わが国の場合にも，消費財メーカーにおける販売額や利益面での目標達成率からみた成功率は4割，食品メーカーだけでは3割強にとどまっている。

新製品開発のプロセス　　新製品開発のリスクを少しでも低くするために，効率的な新製品開発のプロセスが提案されている。プロセスの段階数や各段階の内容は，業種はもとより各製品によっても異なる。図 8-2 は，代表的な新製品開発のプロセスを示したものである。

〈アイディアの創造（idea generation）〉　新製品の開発はアイディアの創造から始まる。この段階では，新製品のためのアイディアが収集・創造される。アイディアの源泉はきわめて多様であるが，大きく社内の源泉と社外の源泉に分けてとらえることができる。

　社内の源泉としては，トップ・マネジメントや R&D 部員をはじめ販売部員，製造部員などがあげられる。また，社内にファイルされている顧客の要望や苦情も重要なアイディア源である。一方，社外の源泉としては，消費者，取引企業，業界紙，競争企業の製品，発明家などが知られている。

〈スクリーニング（screening）〉　組織の目的や標的市場に照らして，

第 8 章　製品対応　　183

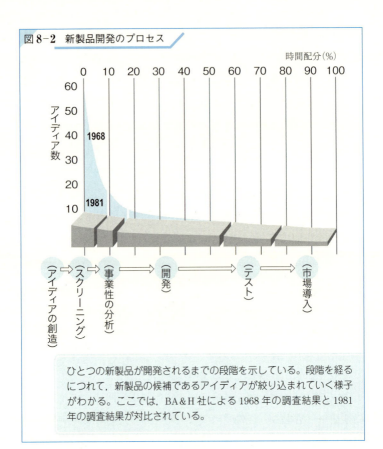

図8-2 新製品開発のプロセス

ひとつの新製品が開発されるまでの段階を示している。段階を経るにつれて，新製品の候補であるアイディアが絞り込まれていく様子がわかる。ここでは，BA&H社による1968年の調査結果と1981年の調査結果が対比されている。

アイディアを取捨選択する段階である。新製品のプロトタイプを実際に開発するためには，非常に多額のコストを必要とする。この段階と次の段階は，自社にとって不適切なアイディアを除き，コストを節約するためにある。

　スクリーニングは，新製品開発の段階においてそれほどコストを必要としない段階である。だが，潜在性の高いアイディアを誤って除去したり，潜在性の低いアイディアを採用し，開発段階を

184　第III部　市場への対応

進めてしまう危険がある。前者はドロップエラー（DROP-error），後者はゴーエラー（GO-error）と呼ばれている。

〈事業性の分析（business analysis）〉　スクリーニングを通過したアイディアを事業性の分析にかける段階である。この段階は依然として机上の作業であるが，定性的な評価とともに定量的な分析が行われる。

　まず，定性的な評価では，主として顧客の選好が調査され製品の特徴が明確にされる。この時点で，新製品のアイディアは製品コンセプトとしての性格をもつようになる。アイディアは製品の一般的な記述にとどまっているが，コンセプトでは製品の基本的な仕様が明らかにされ，標的市場のニーズに照らした便益が示される。したがって，製品のポジショニングを描くことができ，投資収益率の予測などの定量的な分析も可能になってくる。

〈開発（development）〉　評価・分析段階を通過したコンセプトをもとに，製品のプロトタイプを実際に作成する段階である。この段階で最も困難なのは，消費者の選好や嗜好をどのように具体的な製品属性へと翻訳するかである。また，パーソナリティや時間感覚の異なる技術者と営業パーソンなどが直接交渉する段階なので，担当者間の調整や協力が求められる。

〈テスト（testing）〉　候補となる製品が完成したならば，実験室や実際の市場で消費者の受容性が試験的に測定される。もし，全国的に販売して失敗すれば，金銭的なリスクはもとより，流通業者との取引関係を悪化させたり，イメージを損なう危険性がある。そこでテストによって，さまざまな危険性を回避しようとするのである。もちろん，単にリスクを低減するだけではなく，価格戦略やプロモーション戦略の改善をねらった前向きなテストもある。

〈市場導入（commercialization）〉　テストの結果を踏まえた調整の後，成功の期待できる製品が市場に導入される。新製品を市場導入するタイミングは，市場における成功の機会が存在し，競争的に好ましい状況でなくてはならない。タイミング的に不適切であれば，導入の延期も検討しなければならない。市場が未形成であったという理由で，失敗してしまった新製品も多い。

ホワイトスペース戦略　アップルやアマゾン・ドットコムは近年の成功企業として知られている。アップルは携帯音楽プレーヤー「iPod」，アマゾン・ドットコムは電子書籍端末「キンドル」を開発し，どちらも飛躍的な成長を遂げた。しかしホワイトスペース戦略と呼ばれる枠組みによると，両社の飛躍の要因を新製品だけでとらえてはいけない（ジョンソン[2011]）。アップルは iTunes ストアを開設し，ハードウェア，ソフトウェア，デジタル音楽をセットにして提供することで顧客の囲い込みに成功した。アマゾン・ドットコムも高い利益率で電子書籍端末を販売するために，iTunes ストアと同様にデジタル・コンテンツ販売のための場を開発した。両社は，単なる新製品の導入ではなく，ビジネスモデルの革新によって成功をおさめているのだ。

「ホワイトスペース」とは，ビジネスモデルに革新を引き起こさなければ成功できない事業領域のことである。ある会社が従来から取り組んできた事業領域は「コアスペース」と呼ばれる。また，新規顧客や新規ニーズであっても，既存のビジネスモデルで対応可能な事業領域は「隣接スペース」である。これに対して，ホワイトスペースではビジネスモデルの見直しが必要になる。ホワイトスペースでビジネスを成功させるためには，建築家やエン

ジニアと同様に，ビジネスモデルという設計図を描く必要がある。

ビジネスモデルの革新を実現するためには，ビジネスモデルの構成要素に注目し，再構築しなければならない。ホワイトスペース戦略では，ビジネスモデルを「4つの箱」，つまり「顧客価値提案」「利益方程式」「主要経営資源」「主要業務プロセス」に分けて整理している。まず顧客価値提案とは，顧客に向けられる具体的な製品やサービスである。そして利益方程式は，商品やサービスの回転率や利益率などであり，百貨店とディスカウント店における回転率や利益率の違いを思い浮かべるとわかりやすいだろう。主要経営資源はビジネスで必要とされる諸要素。経営コンサルティングのように専門性の高いサービスを提供するためには，人材が重要な経営資源となる。主要業務プロセスとは，繰り返し行われる活動であり，メーカーであれば製造や新製品開発などが対象となる。

3 製品ライフサイクル
●製品の導入から衰退まで

製品ライフサイクルの考え方

マーケティングでは，製品のさまざまな特性を説明する概念として製品ライフサイクル（product life cycle）がよく用いられる。この考え方は，製品が人間と同様に生まれ，そして死ぬ運命にあるという考え方を出発点としている。製品の一生は人間の一生と同様に，いくつかの段階に分けることができる。

製品ライフサイクルの概念は，製品の集合水準に応じて，いくつかのレベルでとらえることができる。個々の企業に最も関係深

いのがブランド・レベルである。このレベルでは，自社が販売しているブランドに着目し，当該ブランドが市場に導入されてから撤退に至るサイクルを検討する。これに対して，当該ブランドが含まれる製品クラス・レベル，さらには，産業レベルでライフサイクルを検討することも可能である。

製品ライフサイクルの段階

ライフサイクルの段階や形状についてはさまざまな議論がなされてきたが，段階数については4段階，形状についてはS型曲線が一般である。図8-3を用いて説明してみよう。

〈導入期（introductory stage）〉　企業が新製品を市場に送り出す段階である。この段階におけるマーケティング戦略の目的は，市場を創造し自社ブランドを確立することにある。多くの消費者は，新製品の便益や使用方法はもとより，存在にすら気づいていない。マス広告によってブランドの知名度を高めたり，トレード・プロモーションによって流通業者に自社ブランドを取り扱わせるように働きかけねばならない。

市場規模はまだ小さく競合ブランド数も少ないので，競争はそれほど激しくない。売上高が低いとともに，研究開発費やプロモーション費などの始動コストを十分賄うことができないので，多くの場合は赤字である。

〈成長期（growth stage）〉　売上高が急速に伸びる段階である。同時に，全体としての市場規模も急成長する。これをみて，他の企業も市場機会を察知して類似製品を送り込んでくるので，ブランド・ロイヤルティの確立が主要なマーケティング目的になってくる。

当然，競合ブランド間での激しい競争が展開されるので，この

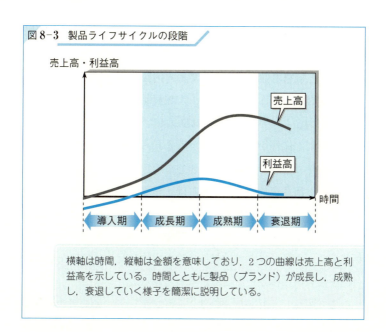

図8-3 製品ライフサイクルの段階

横軸は時間、縦軸は金額を意味しており、2つの曲線は売上高と利益高を示している。時間とともに製品（ブランド）が成長し、成熟し、衰退していく様子を簡潔に説明している。

段階の後半には売上高が伸びているにもかかわらず、利益は早くもピークを迎えてしまうことが多い。

〈成熟期 (maturity stage)〉 売上高の伸びが鈍化し、飽和点を迎える段階である。新規購入の需要よりも、買い替えや買い増し需要が主流となる。したがって、自社ブランドの売上高を増大させるには、他社ブランドのシェアを獲得しなければならない。競争は一層激しくなるので、市場から撤退する企業が現れはじめる。

また、技術的にみたブランド間の差異がなくなるので、パッケージなどの副次的な部分での差別化が進む。そこで、マーケティング目標として、市場におけるポジションの明確化が重視されるようになる。広告戦略においては、製品の特徴を説明する説得的なものよりイメージ広告が重視されるようになる。

〈衰退期（decline stage）〉　売上高と利益高が急速に減少する段階である。かつてレコード盤が CD に取って代わられたように，多くの場合，価格や品質面からみてより消費者ニーズに合致した代替製品が登場することによって，当該製品は衰退していく。衰退に至る原因としては，技術の発展に加えて，社会的なトレンド，政府の規制，海外からの競争なども考えられる。

　この段階では，ブランドの全面的なモデルチェンジか撤退が検討される。前者を進めるのであれば，単なる改良ではなくなんらかのイノベーションをともなった改良でなければならない。新しいマーケティング・ミックスで，従来とは異なったポジショニングが必要となる。後者では収穫戦略を実施し，追加投資をせずに利益を最大限に搾りとることが求められる。

　ここで注意しておきたいのは，あるブランドの売上高の減少が必ずしも衰退期を意味しないことである。つまり，売上高の減少は，単に製品の寿命によるものだけではなく，不適切なマーケティングによっても生じるのである。もし売上高が減少傾向にあれば，マネジャーはその原因を探り，成熟期を持続させる延命策を検討したり，場合によってはライフサイクルを成長期へと若返らせる努力をしなければならない。

製品ライフサイクルの問題点

最も広く知られている理論のひとつであるにもかかわらず，製品ライフサイクルはマーケティング研究者からの全面的な賛同を受けていない。アメリカのマーケティング学者であるハント（S. D. Hunt）は，ライフサイクルの各段階を決定する主たる要因が売上高であるにもかかわらず，ライフサイクルの各段階は売上高水準の説明に用いられることに着目し，ライフサイクルの概

190　第 III 部　市場への対応

念が同義反復ではないかと疑問を唱えた。

　彼のこうした疑問は，マーケティングがライフサイクルの従属変数なのか独立変数なのかといった議論にまで発展した。つまり，ライフサイクルの段階に応じて適切なマーケティングを遂行していくべきなのか，あるいは，マーケティングによって製品のライフサイクルをコントロールすべきなのかといった議論である。そして，ライフサイクルの概念を批判的にとらえ，製品ライフサイクルはマーケティング活動によって決定される従属変数であり，自社のマーケティング計画をそれに適合させるべき独立変数ではないと主張する研究者さえ現れた。

　製品ライフサイクルには，別の視点からの問題点もある。すなわち，自社ブランド群が，ライフサイクルのどの段階に位置するのかを明確に判断できない点である。生物界では，ライフサイクルの各段階における期間がかなりはっきりと決まっており，各段階の順序は一定不変でしかも連続的である。ところが，マーケティングにおけるライフサイクルは，どちらの条件にも適合しない。もし，誤ったライフサイクルの認識をしてしまうと，利益機会のあるブランドを「死」に追いやってしまう危険性さえある。

計画的陳腐化

　計画的陳腐化（planned obsolescence）とは，製品の寿命を計画的に短縮化することによって，消費者の需要を刺激するマーケティング手法である。

　ファッション業界における毎年のニューファッション，自動車業界におけるモデルチェンジを思い浮かべてみよう。これらは，デザインを短期間で変更することによって，計画的陳腐化が行われている例である。各社は従前のデザインと異なる新たなデザインを導入することで，旧デザインの魅力度を低下させ，消費者の

第**8**章　製品対応　191

買い替え需要を促そうとする。一方，消費者の側にもスタイルの変化に敏感で，新しいデザインを強く支持する層がいる。

iPhone は毎年のようにモデルチェンジされているが，製品の機能そのものの変更によって，計画的陳腐化が進められることもある。新たな機能特徴やより高度な性能を有したモデルを導入することで，旧モデルを所有する消費者の不満を高め，買い替え需要を引き起こすのである。製品の部品や素材そのものを物理的に摩滅させることで，寿命の短縮化が図られることもある。

計画的陳腐化は，需要を刺激するという意味で有効なマーケティング手法のひとつではあるが，資源を浪費したり旧モデルの処理といった問題と常に結びついている。したがって，企業の社会的責任を加味して進める必要がある。

4 ブランド・マネジメント
●強いブランドの創造戦略

先発優位と後発優位

〈先発ブランドの優位性〉 マーケティング競争においては，先発製品が後発製品よりも有利な立場を占める傾向にある。これは，先発優位性（first mover advantage）と呼ばれ，ある特定市場へ最初に参入した製品のほうが，後から参入した製品よりも大きな利益や大きな市場シェアを獲得できることを意味している。先発優位性はなぜ生じるのだろうか。

第1は，消費者の心のなかに"参入障壁"を形成できることである。ある製品市場に真っ先に参入したブランドは，当該製品カテゴリーとの間に強い結びつきを生み出すことができる。たとえ

ば，多くの消費者はドライビールといえば「アサヒスーパードライ」を思い浮かべるだろう。先発ブランドは，当該製品カテゴリーの代名詞として認識されやすいのである。

第2は，経験効果を得られることである。モノの生産では，累積生産量が増えれば増えるほど単位当たりのコストが低下する。競争相手よりも早く市場へ参入することで累積生産量が増え，それだけ当該市場と当該製品を知り，より多くの知識と経験を蓄え，有利なコスト競争を展開することができる。

第3は，うま味のある市場を獲得できることである。先発ブランドは，イノベータ層や初期採用者層へと真っ先に浸透することができる。彼らは，新製品に強い興味をもち，新製品を受け入れることにそれほど抵抗感を有していない。価格に対しても，それほど敏感ではない。企業からすると，最もうま味のある市場といえるだろう。一方，後発ブランドは，新製品の採用に消極的な残りの消費者層をねらうことになる。

〈後発ブランドの優位性〉　上では，市場に一番手に参入することが，いかに競争を展開するうえで有利であるかについて論じた。とすれば，先発できなかったブランドは諦めるしかないのだろうか。だが，後発ブランドであるにもかかわらず健闘しているブランドは少なくない。

ライズとトラウト（A. Ries and J. Trout）は，大西洋単独横断飛行の話を用いて後発ブランドがとるべき戦略について述べている。アメリカ人の多くは，はじめて大西洋の横断飛行に成功した人物がチャールズ・リンドバーグであることを知っている。ところが，2番目に成功したバート・ヒンクラーを知る人はほとんどいない。興味深いのは，リンドバーグだけではなく，アメリア・エアハー

第**8**章　製品対応　193

トも横断飛行に成功した人物としてよく知られていることである。それは，エアハートが女性だったからである。

この話は，1番手でなければ（「女性」のような）新しいカテゴリーを創造すべきであることを教えてくれる。そして後発ブランドは，競合ブランドよりいかに優れているのかを主張するのではなく，何が新しいのかを主張すべきであることを示唆している。

仮に新しいカテゴリーを創造できなくても，後発であるがゆえのメリットもいくつかある。第1は，需要の不確実性を見極められることである。市場の先行きが不透明な段階で意思決定を強いられる先発ブランドに対して，後発ブランドは市場が成長するか否かを見極めて投資を行うことができる。

第2は，広告・販促費への投資を節約できることである。ある新製品が市場に出てしばらくの間，従来品との違いや当該製品がもたらす便益を知っている消費者は少ない。そうした製品カテゴリーの存在すら知らない消費者もいる。そこで先発ブランドは，消費者に当該製品を認知させ理解させるために，広告・販促費への莫大な投資を余儀なくさせられる。ところが後発ブランドは，自社ブランド名と特徴を消費者へ浸透させればよく，きわめて効率のよいプロモーション戦略を展開できる。

第3は，研究開発コストを低く抑えられることである。後発ブランドとして模倣するコストは，先発ブランドとしてイノベーションを生み出すコストよりもはるかに低い。

| ブランドの基本戦略 |

ブランド・マネジメントを進める場合，まず最初に基本方針を決定しておく必要がある。これはブランドの基本戦略と呼ぶことができる。ブランドの基本戦略は，対象とする市場が既存なのか新規なのか，採用

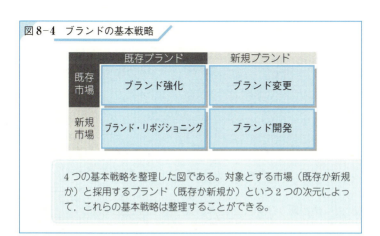

図8-4 ブランドの基本戦略

4つの基本戦略を整理した図である。対象とする市場（既存か新規か）と採用するブランド（既存か新規か）という2つの次元によって，これらの基本戦略は整理することができる。

するブランドが既存なのか新規なのか，という2つの次元によって整理することができる（図8-4）。

ブランド強化とは，対象市場もブランドも変更しない戦略である。今までの戦略の強化・延長であり，最もリスクの少ない戦略である。自社ブランドの市場への浸透が不十分であったり，自社ブランドをテコ入れしたりしたい場合，この戦略がとられる。花王のシャンプー「メリット」では，数年に一度のペースで成分の検討やパッケージ・デザインの改良が行われている。これは，最新の技術やセンスをブランドに取り入れ，ブランドの陳腐化を防ぐためである。

ブランド・リポジショニングでは，既存のままのブランドで新しい市場がねらわれる。対象市場を思い切って新しいセグメントへと変更し，売上高の増加をねらう戦略である。資生堂のシーブリーズは，20～30代の男性を中心として海や夏といったイメージでポジショニングされていたが，女子高校生を中心として日常での使用といったイメージに舵を切りリポジショニングに成功し

Column ⑧ 日清フーズのパッケージ変更

　総務省の「家計調査」によると，小麦粉の家庭内消費量はこの30年間で約3分の2に縮小している。同時期に約半分にまで減少している味噌，醤油，砂糖ほどではないが，市場が縮小傾向にあることは明らかだ。こうした厳しい市場環境で，2015年に導入されたのが日清フーズの「日清クッキングフラワー」である。

　小麦粉は，含まれるグルテンというたんぱく質の量や性質によって，薄力粉や強力粉に分類される。グルテンが少なく粒が細かいのが薄力粉で，天ぷら，ケーキ，打ち粉などで使われる。一方，強力粉はグルテンの量が多く粘りが強いので，パンやパスタなどに向いている。

　日清フーズは薄力粉に注目した。まず家庭における使用実態の把握から着手した。天ぷらやケーキなど，1回当たりの使用量が多い料理で全体の6割が用いられる。1回当たりの使用量は少ないが費用頻度が高い打ち粉やから揚げなどは，4割を占める。検討の余地があると判断したのは後者。揚げ物の打ち粉などとして用いる場合，「粉が散る」「粉が袋から出にくい」などの声が多かったからだ。

　さらに調査すると，消費者の45％は薄力粉を「シンクの下など普段目に付かない場所」に保管していた。「冷蔵庫の中」（24％）や「シンクの傍らなど普段目につく場所」（21％）に置いている人は少数派だ。料理をしていて目につかないと，生姜焼きなどで，打ち粉をしておいしさを引き出そうなどと思いつかない。これでは，日々の料理において，ちょっとした一手間をかける薄力粉の利用シーンが生じにくい。

　一連の調査と分析から，日清フーズはパッケージの見直しに踏み切った。「日清フラワー」は1955年に市場導入されて以来，60年以上も袋パッケージを守ってきた。そこに，小容量のボトル・パッケージを追加した。すると，家庭内における薄力粉の置き場が変わり，調理場の全面に出てきた。消費者との距離は短くなり，日々の料理で登場する機会が増えた。使い勝手とい

> う点でも，必要な分だけ具材に振りかけることができる。ヒット商品はパッケージの変更によっても生み出されるのである。
>
> （出所：日本経済新聞社「日経MJヒット塾」でのヒアリングに基づいている）

た。

ブランド変更とは，同じ市場をターゲットとし続けるが，ブランドを新規なものへと変更する戦略である。値崩れしてきたブランドを廃棄したり，消費者へ新しいブランドで鮮度を訴えることができるなどの効果がある。反面，過去に築き上げてきた知名度やロイヤル・ユーザーを放棄し，再びゼロからのスタートとなるので，かなりリスクをともなった戦略である。キリンビバレッジは缶コーヒーにおいて「JIVE」から「FIRE」へ，同じくサントリーは「WEST」から「BOSS」へとブランド変更を実施した。また，シニア女性誌として知られていた『いきいき』は，2016年から『ハルメク』に変更された。

新しいブランドで新しい市場をねらう戦略がブランド開発である。経験のない市場へ，消費者に知られていないブランドで参入するので，最もリスクの高い戦略といえる。典型的なハイリスク・ハイリターン型の戦略である。もし先発であれば，当該ブランドと製品カテゴリーとを結びつける連想戦略を進めるとよい。逆に後発であれば，先発ブランドといかにして差別化するかが課題となる。

ブランドの採用戦略　一口にブランドといっても，その冠し方にはさまざまな選択肢がある。一般に

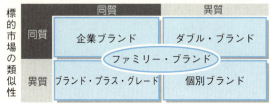

5つの採用戦略を整理した図である。これらの戦略は，標的市場の相対的類似性（同質か異質か）と製品ライン間のイメージや競争地位の相対的類似性（同質か異質か）という2つの次元によって整理することができる。

は，後で述べる5つのパターンをあげることができる。このうち，どのタイプを採用したらよいのかに関する意思決定が，ブランドの採用戦略である。ブランドの採用戦略は，標的市場の相対的類似性，製品ライン間のイメージや競争地位の相対的類似性という2つの次元によって整理することができる（図8-5）。

扱っている製品ラインの標的市場が同質的で，しかも，製品ライン間のイメージや競争地位も同質的である場合，すべての製品ラインに同一ブランドをつける「企業ブランド」戦略を採用するとよい。個々の製品ラインをバラバラに広告・販促活動するよりも，統一されたイメージで訴求するほうが有効だからである。「GE」や「ソニー」のように企業ブランドには社名や社名の一部が利用されることが多く，「コーポレイト・ブランド」と呼ばれることもある。

逆に，標的市場に加えてイメージや競争地位も異なる場合には，

製品ライン別に異なったブランドをつける「個別ブランド」戦略がよく用いられる。統一的なプロモーションを展開することの根拠がないので、異なるブランドの採用によって、個々の製品ラインの特徴を訴えることができる。「ペディグリーチャム」「カルカン」「ミルキーウェイ」などのペットフードや食品を販売するマース社などが、この戦略をとっている。

標的市場は同質的だが、製品ライン間の競争地位やイメージが異質的であると、統一的なブランドと個々のブランドを組み合わせる「ダブル・ブランド」戦略が有効になる。ターゲットが同じであることは、共通のブランドを採用し認知率を高める根拠となる。そして、個々の製品ラインの特徴は、もうひとつのブランドを追加することで対応する。キリンラガーやキリン一番搾りなどを思い起こしてほしい。

標的市場は異質的だが、製品ラインが同質的である場合、統一的なブランドにグレードを加える戦略で対応できる。消費者が製品から受けるイメージは同質的なので、ブランドになんらかの共通部分が存在することが望ましい。しかし、標的市場の違いを明確にしなければならず、これはグレードによって対応することができる。7シリーズ、5シリーズ、3シリーズで知られているBMWを思い浮かべれば、容易に理解できるだろう。

2つの次元のいずれもが中程度である場合、製品ライン群をなんらかの共通性に応じていくつかに分け、それぞれに異なったブランドを与える「ファミリー・ブランド」戦略が適している。アメリカの自動車メーカーであるGMは、「シボレー」「ポンティアック」「ビュイック」などのファミリー・ブランドを有しており、それぞれのファミリー・ブランドの下に「コルベット」「トレン

ト」「ラクロス」などの個別ブランドを多数有している。

> **ブランド拡張**

米国ホンダは自動車，オートバイ，芝刈り機，マリンエンジン，除雪機，雪上車の6つを「ホンダ」というブランドで売り出した。このため同社は，かつて「ガレージに6つのホンダを」というキャッチフレーズで広告宣伝活動を行った。

ブランド拡張とは，ある製品で成功したブランドを，別の製品カテゴリーにおいても用いることである。化粧石鹸でスタートした「植物物語」は，ヘアケア，スキンケア，フェイスケアへと拡張されている。「毎日骨太」も牛乳からヨーグルトやチーズへと拡張されている。新しいブランドで新製品を市場導入するよりも，過去に築き上げてきたブランド力を利用して新製品を市場導入するほうが企業にとっては容易である。そのため，今日では多くの新製品がこのブランド拡張を用いて市場導入されている。

しかしながら，ブランド拡張による新製品が失敗するとブランド全体のイメージが悪化し，本来の製品にまで影響したり，あまりにも異質な製品をひとつのブランドで売ろうとするとブランドのイメージがぼやけてしまうなどの問題点も指摘されている。そのため，ブランド拡張の実施にあたっては，ブランドの特徴や新たに拡張したいと考えている新製品の特徴などを慎重に検討しなければならない。

▶本章で学んだキーワード KEY WORD

便益の束　　製品アイテム　　製品ライン　　製品ミックス
ホワイト・スペース戦略　　製品ライフサイクル　　計画的陳
腐化　　先発優位性　　ブランドの基本戦略　　ブランドの採

用戦略　ブランド拡張

演習問題

1. ある製品カテゴリーに含まれるブランドに注目し，それぞれの製品ライフサイクルについて調べてみよう。
2. 最近のヒット製品（ブランド）をひとつあげ，その理由を製品対応の視点で説明してみよう。
3. 後発（もしくは先発）として成功した最近の製品（ブランド）をひとつあげ，どのような優位性を発揮することによって成功できたのかについて考えてみよう。

参考文献

青木幸弘編著［2011］，『価値共創時代のブランド戦略』ミネルヴァ書房。

青木幸弘・恩藏直人編［2004］，『製品・ブランド戦略』有斐閣。

恩藏直人［2007］，『コモディティ化市場のマーケティング論理』有斐閣。

恩藏直人［1995］，『競争優位のブランド戦略』日本経済新聞社。

ケラー，K. L.（恩藏直人監訳）［2010］，『戦略的ブランド・マネジメント』第3版，東急エージェンシー。

コトラー，P., G. アームストロング，恩藏直人［2014］，『コトラー，アームストロング，恩藏のマーケティング原理』丸善出版。

ジョンソン, M.（池村千秋訳）［2011］，『ホワイトスペース戦略』阪急コミュニケーションズ。

第9章 価格対応

価格設定のマーケティング戦略

本章のサマリー

980円や1980円といった価格をよく目にすることがある。こうした価格設定が市場に多いのは，けっして偶然のことではない。売り手である企業が，ある意図のもとに価格を決めているからである。マーケティングにおいて，価格の問題は非常に重要な課題のひとつである。利益を生み出す唯一のマーケティング変数だと主張する人もいる。買い手の立場からすると，しばしば「安いか高いか」といった点しか考えないかもしれない。しかし，企業の立場に立って検討してみると，価格のなかにさまざまな思いや工夫が織り込まれていることに驚くだろう。

本章では，企業が試みている価格面でのマーケティング対応を明らかにする。まず価格設定にあたって，「コスト」「需要」「競争」という企業が検討すべき3つの基本方針について整理する。そのうえで，「新製品の価格対応」「製品ミックスを考慮した価格対応」「心理面を考慮した価格対応」「割引による価格対応」などについて説明する。また，価格の変化に対する需要量の変化を把握する概念である「弾力性」についても理解してもらう。

1 価格設定の基本方針

●コスト・需要・競争に基づく価格設定

製品につけられる価格は，売り手側に利益が生じ，しかも買い手側に需要が発生するような範囲内で設定されなければならない。とすれば，価格の下限はコストであり，上限は当該製品の価値に対する消費者の知覚ということになる。この範囲内であることを念頭におき，メーカーであれば競合ブランドの価格，また小売業であれば競合店の価格などを考慮して，価格は決定されていく。

企業による価格設定の基本方針には，コスト，需要，競争という3つの視点がある。まず，これらについて整理しておこう。

コストに基づいた価格設定方針

〈コスト・プラス法〉　ある一定の利益率をコストに加えて価格を設定するというもので，最もわかりやすい価格設定の方法である。次の例を考えてみよう。あるテレビ1台の生産に必要な変動費が2万円で，固定費は6億円とする。変動費とは生産量に応じて発生する費用のことで，原材料費や電熱料などである。また，固定費とは操業しても操業しなくても発生する費用のことで，設備の減価償却費，保険料，社員の給与，地代などである。

このとき10万台の販売が見込めれば，1台当たりの原価は，

変動費＋（固定費 ÷ 見込み販売数量）＝ 2万6000円

となる。そして20%の利益率（マージン，流通業界ではマークアップと呼ばれる）を達成したいと考えたならば，設定すべき価格は，

1台当たりの原価 ÷（1 － 利益率）＝ 3万2500円

となる。

第9章 価格対応 203

この方法には，需要よりもコストを把握するほうがはるかに容易であり簡単に価格設定が行えることや，売り手にとっても買い手にとっても公正であるとみなされやすいなどの長所がある。ところが，販売数量はあくまで見込みであり，この販売数量を実現できないこともある。こうした場合，1台のテレビが負担すべきコストは増加し，目標とした利益を達成できないといった限界があることを忘れてはならない。

〈損益分岐点を用いた価格設定法〉　損益分岐点（break even point）を用いて，価格の設定を検討することもできる。損益分岐点とは，販売数量が増加していくことによって，赤字の状態から利益が生まれる黒字の状態へと変わるまさに分岐点である。この分岐点よりも少ない販売量だと赤字が，逆に，この分岐点より多い販売量だと黒字が発生する。

図9-1には，ある架空のテレビ・メーカーの総費用と総収入が描かれている。まず，固定費は販売数量に関係なく6億円である。この固定費に，1単位当たり2万円の変動費を加えるかたちで総費用が描かれている。当然，販売数量の増加とともに，総費用は増加していく。一方，総収入はゼロからスタートし，販売数量の増加とともに増加していく。このとき価格を3万2500円とすると，損益分岐点は次式のようになる。

　　　　固定費 ÷（価格 − 変動費）＝ 4万8000台

さて，このメーカーがテレビの生産のために総額10億円の投資をしており，20％の投資収益率を達成したいという目標を掲げたとしよう。利益額でいえば2億円である。図を用いることによって，もしこの2億円を生み出すには，6万4000台販売しなければならないことがわかる。

204　第III部　市場への対応

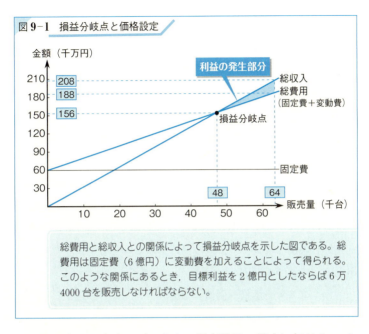

図9-1 損益分岐点と価格設定

総費用と総収入との関係によって損益分岐点を示した図である。総費用は固定費（6億円）に変動費を加えることによって得られる。このような関係にあるとき，目標利益を2億円としたならば6万4000台を販売しなければならない。

　価格を高く設定すれば，少ない販売数量で黒字に転じるので，損益分岐点は引き下げられる。ところが，需要量は低下するだろう。そこで，第6節で説明する価格弾力性や競争状況を考慮しながら，最終的に価格が決定されることになる。もっとも，販売数量はここでも見込みであり，その数量を達成しなければ当然，目標となっている利益も実現しない。販売数量を比較的予測しやすく，投資に対する適正な利益が求められる電力や水道などの公益事業では，この損益分岐点を用いた価格設定がよく行われている。

　なお，図9-1では議論を単純化するために，総費用も総収入も直線で描かれている。ところが現実の総費用は下に凸型の曲線，総収入は上に凸型の曲線となりやすい。それは，ある一定量を超

第9章　価格対応　205

えて販売数量を引き上げていくためには、無理な操業が余儀なくされ、そのために変動費がかえって割高となるからである。総収入においても、一定量を超えて販売するためには各種の値引きを余儀なくされるので、総収入は頭打ちとなっていく。

> **需要に基づいた価格設定方針**
売り手側のコストではなく、需要面つまり価値に対する買い手側の知覚に基づいて価格を設定しようとする方針もある。

　コストに基づくか需要（知覚価値）に基づくか、という2つの方法の流れの違いを比較してみよう。①はコストに基づいた価格設定方針を説明しているのに対して、②は需要に基づいた価格設定方針を説明している。2つの流れをみて、発想がまったく逆であることに気づくだろう。

　　　①コスト→価格→価値→顧客
　　　②顧客→価値→価格→コスト

　コストに基づいた価格方針をとる企業は、「自社製品は、設定された価格で購入するに値する」ことを消費者に説得しなければならない。つまり、設定された価格だけの価値があることを訴えなければならない。もちろん高すぎれば、独りよがりの価格設定となってしまう。ところが需要に基づいた価格設定方針においては、問題となっている製品に消費者がどれだけの価値を見出し、どれだけの需要を抱くのかということを出発点としている。受け入れられる価格が先に決定され、その後にコスト計算や利益計算がついてくる。

　実務的には、まず製品コンセプトを提示して、消費者の知覚価値が調査によって測定される。その結果をもとに価格が設定され、製品の仕様が決定されることになる。

> **競争に基づいた価格設定方針**

〈実勢価格〉コストや需要ではなく，競合製品につけられている価格に価格設定の方針を置いている企業もある。この実勢価格（going-rate price）を重視する方法では，市場での力関係やブランド・イメージなどが加味されるので，競合製品よりも高価格に設定することもあれば低価格に設定することもある。もちろん，同一に設定されることもある。新たな価格を提示する企業はプライス・リーダー，その価格に追随する企業はプライス・フォロワーと呼ばれる。通常は，業界におけるリーダー企業の価格に他の企業が追随するというパターンが多い。

〈入札価格〉入札価格（sealed-bid price）とは，販売者もしくは請負者を決定するために，競合する複数の企業が文書によって提示する価格のことである。そして，最も安い価格を提示した企業が当事者としての資格を有する。他社が提示しそうな価格を踏まえて自社製品の価格を設定するという意味で，入札価格も競争に基づいた価格設定方針と考えることができる。消費財の分野ではほとんど馴染みがないが，生産財の分野においては珍しくない。

入札価格を高く設定し落札できれば利益は大きいが，落札の確率は低くなる。逆に，入札価格を安くすれば落札の確率は高まるが，利益は低くなる。そこで，よく用いられるのが期待利益の考え方である。たとえば，入札価格が100万円のときに落札できる確率を60％とすれば，期待利益は60万円となる。ところが入札価格を90万円に下げれば，落札の確率は70％にアップする。この場合の期待利益は63万円である。さらに80万円にまで下げても確率が75％であるならば，期待利益は60万円にとどまる。このような計算を実施することで，最も期待利益の大きな価格を

入札時に提示することになる。

2 新製品の価格対応
●上澄み吸収価格戦略と市場浸透価格戦略

　新製品を市場導入するとき，企業がとるべき価格対応は大きく
分けて2つある。高価格を設定し，早い段階で利益を刈り取ろ
うという対応と，低価格を設定し，大きな市場シェア獲得の後に
利益を呼び込もうという対応である。

> 上澄み吸収価格戦略

　新製品に高い価格を設定し，価格にそれ
ほど敏感ではない消費者層に販売しよう
とする戦略である。この戦略を採用することによって，短期間に
大きな利益をあげ，当該新製品の開発に要したコストを迅速に賄
うことができる。市場における一番うま味のある部分をすくい取
る価格という意味から，上澄み吸収価格（skimming price）戦略と
呼ばれる。

　この価格戦略は，主として技術主導の企業によって実施されて
いる。たとえば，半導体を生産しているインテルでは，高品質の
ペンティアム・チップを当初およそ1000ドルで販売した。これ
らは，3000ドルを超える高級パソコンの部品として，パソコン・
メーカーに購入された。その後，インテルは毎年このチップを
30％ほど値下げし，新たな需要層の開拓を図り，利益の最大化
を実現することに成功している。

　同じような価格戦略は，ハイブリットカー，3Dプリンター，
4Kテレビなどにおいても確認することができる。この戦略が有
効となるためには，競合他社が模倣品を導入しにくく，製品品質

208　第 III 部　市場への対応

やイメージ面においてすぐれているなどの条件が必要である。

市場浸透価格戦略 価格にかなり敏感な消費者が多く，需要の価格弾力性が大きいと判断されるとき，導入時から市場を限定せず大きくとらえ，新製品を低価格で販売しようとする価格戦略である。早い段階で十分な利益を獲得することはできないが，大きな市場シェアを確保しやすい。そして，市場シェアが高まれば，規模の経済性や経験効果を利用してコスト面での優位性を築き，やがては大きな利益が生まれるようになる。市場へ迅速に浸透することをねらう価格設定という意味から，市場浸透価格（market penetration price）戦略と呼ばれる。

この価格戦略は，模倣されやすい新製品でよく採用されている。とにかく自社製品を一度購入してもらい，別の製品に消費者が流れることを防ぐのがねらいである。多くの消費者は最初に触れたブランドに愛着を覚え，別のブランドへスイッチすることに心理的な抵抗を感じやすい。これは，住み慣れた街を離れ，別の街に引っ越そうとするときの抵抗感にも似ている。製品の利用においてもこれに似た抵抗感があるため，安い価格を設定し，とにかく一度購入してもらうことが有効となる。

なお，新製品の導入にあたり一時的に価格を下げる戦略もある。これは導入価格（introductory price）戦略と呼ばれるが，一定期間を過ぎると本来の価格水準に引き上げられるため，市場浸透価格とは識別して理解しておく必要がある。

第9章 価格対応 209

3 製品ミックスを考慮した価格対応

●製品ラインにおける価格設定

ある企業が単一の製品だけを販売していることはまずない。む
しろ，複数の製品を販売していることのほうが一般的である。そ
こで，個々の製品に対してバラバラに価格を設定するのではなく，
扱っている製品全体として利益が最大となるような価格を設定し
なければならない。このような価格設定を製品ミックスを考慮し
た価格対応と呼ぶが，3つに分けて論じることができる。

**プライス・ライニング
戦略**

ウィスキー，ネクタイ，スーツなどの製
品では，低価格の普及品から高価格の高
級品までのバリエーションがある。と
ころが，これらの製品の価格をみてみると，3000円，5000円，
8000円のように，特定のブランドではいくつかの価格帯にまと
まっていることが多い。消費者はこうした製品に対して，心の中
に高いか安いかの妥当性を判断する何段階かの参照価格を有し
ている。そこで，その参照価格に合わせて価格を設定するプライ
ス・ライニング（price lining）戦略が有効となるのである。

価格帯が形成されていれば，消費者は自分の望む価格帯から製
品を選択すればよく，購買時における混乱を避けることができる。
一方，企業としては，低価格品を追加することでより上位製品の
高級感を強調したり，逆に高価格品を追加することにより下位製
品の安さを訴えることもできる。各価格帯は品質やグレードを代
表するので，消費者が混乱しないだけの間隔が保たれていなけれ
ばならない。

抱き合わせ価格戦略　さまざまなソフトウェアがインストールされたパソコン，アトラクション料金が含まれたテーマパーク入場券，そして朝食つきの宿泊パック。これらは，複数の製品やサービスが組み合わされて販売されている例である。このような場合，個別に購入するよりもかなり引き下げられた価格が設定されている。マーケティングでは，これを抱き合わせ価格（optional-product price）戦略と呼んでいる。単品で購入するよりも大きな金額となるので，消費者が安いと実感するだけの値引きがともなっていなければ効力を発揮しない。

キャプティブ価格戦略　ラスベガスのホテルの宿泊料金は，部屋の広さや豪華さに比べてかなり安く設定されている。これはホテル代での利益を度外視しても，カジノにおいて利益を得ればよいと考えているからである。同じような価格戦略はポラロイドによっても行われている。インスタント・カメラの本体価格を安く設定し，フィルムを販売することによって利益を得ているからである。

　キャプティブには「捕虜」や「とりこ」といった意味がある。メインとなる製品の価格を安く設定し，購入させることで一種の"捕虜"を確保する。そのうえで，付随して消費される製品の価格を相対的に高く設定し，そこで十分な利益を確保するという方針をキャプティブ価格（captive-product price）戦略と呼んでいる。

4　心理面を考慮した価格対応
●消費者心理をつかむ価格設定

　企業は消費者の心理面を考慮して価格対応を行うことがある。

たとえば，コスト・プラス法などの基本方針で，6000円前後の価格を設定すべきであることが導かれたとしよう。そのときマーケターは，若干低めの5980円にすべきか，そのまま区切りのよい6000円とすべきかといった判断を迫られるかもしれない。端数価格，威光価格，慣習価格と呼ばれる3つの価格設定は，消費者心理に応じた価格対応である。

端 数 価 格　480円のハンバーガーセット，5800円のセーター，2万9800円のカメラなど。われわれはさまざまな店頭で，9や8をともなった価格を目にすることができる。3万円であっても2万9800円であっても，実際の価格差は200円でしかない。3万円からすれば1%にも満たない。ところが消費者に与える心理的な印象は，2万円台であるか3万円台であるかという違いによって大きく異なる。

　消費者は9や8をともなった価格に対して，最大限に引き下げられているのだと感じる傾向にある。このように設定された価格をマーケティングでは端数価格（odd price）と呼ぶが，食品，日用雑貨，衣料品など幅広い製品分野で用いられている。端数価格が有効に働く製品では，図9-2（a）のような需要曲線を描くことができる。

威 光 価 格　消費者は品質を判断する基準のひとつとして価格を用いることがよくある。そこで，品質の高さやステータスを消費者へ訴えるために，意図的に高く設定された価格が威光価格（prestige price）である。たとえば，価格の高い宝石は品質も良く，価格の安い宝石は品質も劣ると判断される傾向にある。したがって，ある一定の水準よりも価格を低下させてしまうと，需要量はかえって低下することがある。

212　第 III 部　市場への対応

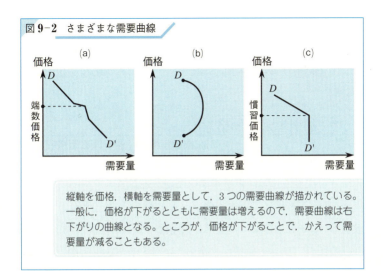

図9-2 さまざまな需要曲線

縦軸を価格，横軸を需要量として，3つの需要曲線が描かれている。一般に，価格が下がるとともに需要量は増えるので，需要曲線は右下がりの曲線となる。ところが，価格が下がることで，かえって需要量が減ることもある。

威光価格は，カルティエやロレックスのように，高級宝飾品や高級時計を販売する企業によってしばしば採用されている。購入頻度が低く，消費者が品質を判断しにくい製品において，この価格設定は向いているからである。威光価格が有効に働く製品の場合，図9-2(b) のような需要曲線を描くことができる。

慣習価格

缶入り清涼飲料（1992年までの長い間100円のままであった）のように，いくつかの製品においては，社会習慣上ある一定の価格が定まってしまうことがある。こうして形成された価格は，慣習価格（customary price）と呼ばれる。ひとたび慣習価格が形成されると非常に固定的となり，その慣習価格よりも低い価格を設定しても需要はあまり伸びず，逆に，その慣習価格よりも高い価格を設定すると需要は著しく低下してしまう。したがって，図9-2(c) のような需要曲線が描かれることになる。

慣習価格が形成されている製品の場合，原材料が騰貴し生産コストが上昇しても，品質をいくぶん低下させたり数量を減らすなどして価格は一定に保たれる。

5 割引による価格対応
●通常価格から引き下げる価格設定

航空チケットには，さまざまな価格が用意されている。たとえば，ANA で実施している「旅割」を利用すると，予約が早いと最大87％の割引を受けることができる（ANA ホームページ）。この種の割引チケットの場合，安さというメリットがある一方，購入後に便を変更できないというデメリットがある。

また，JAL 国際線では，「週末ステイ」と称する割引制度を導入している。中国や香港に行く場合，土曜日の現地滞在（宿泊）を含めると，正規料金に比べてかなり有利な割引価格でチケットを購入することができる（JAL ホームページ）。

マーケティングでは，価格をさまざまな条件のもとで割引し，需要を拡大したり利益を高めようと試みている。

現 金 割 引

企業間での売買は，ほとんどが掛けで行われている。そこで，支払いを先に延ばさず，ある一定期間内に代金を支払う買い手に対して，売り手は価格を割り引くことがある。売り手側としては，早い段階で現金を入手できるので資金繰りがよくなり，金利面や集金コスト面からしても有利である。このような売り手のメリットが買い手に還元され，現金割引（cash discount）として価格が割り引かれるのである。

また今日では，VISA やアメックスなどのクレジットカードを用いた消費が多くなっている。カードによる売上の場合，小売業者は売上額の数％をカード会社に支払うことになっているので，一部の小売業者は現金で支払う消費者に対して割引を認めている。

数 量 割 引

「1 個では 1000 円，5 個買えば 4500 円，10 個買えば 8000 円」などの価格設定がある。一度に多くの製品を購入した買い手には，1 個当たりの価格が引き下げられていることに気づくだろう。大量販売すると，売り手には在庫費用，販売費用，輸送費用などの面で有利となる。そこで，これらのメリットが数量割引（quantity discount）として買い手に還元され，価格が割り引かれるのである。

数量割引には 2 つの種類がある。非累積的数量割引と累積的数量割引である。前者は 1 回ごとの購入量が一定以上に達した場合に割引が実施されるというものである。これに対して後者は，定められた期間内の総購入量が一定以上に達した場合に割引が実施されるというものである。

数量割引は，この特典を得ようとする買い手に，同一の売り手からの購入を促すので，販売促進の領域で論じられることもある。

なお，一定量を超えた買い手に対して，価格ではなく数量で還元する方法がある。これは数量割引ではなく，増量販売として区別されている。

機 能 割 引

メーカーの多くは，卸売業者だけでなく小売業者にも製品を販売している。このような場合，取引相手によって異なる価格が設定されることがある。卸売業者と小売業者とでは，保管や輸送など遂行するマーケティング機能の内容において違いがある。そこで，多くの機能を

遂行する相手には，それだけ有利な価格を設定しようとするのが機能割引（functional discount）である。

たとえば，2000円の製品を消費者に販売しているメーカーがあったとしよう。このメーカーは，小売業者に対して30％の割引を実施し，卸売業者に対して，さらに10％を割り引いた価格を設定するかもしれない。この場合，小売業者に対する価格は1400円（2000円×0.7）で，卸売業者に対する価格は1260円（1400円×0.9）となる。

アロウワンスとリベート

メーカーが流通業者に対して実施する割引価格である。当然のことながらメーカーは，流通業者が自社製品を有利に扱ってくれることを望む。そこで，自社の意図に沿って行動してくれる流通業者には，アロウワンス（allowance）と呼ばれる一種の割引で還元することがある。具体的には，広告アロウワンスと陳列アロウワンスなどである。前者は，メーカーの意図に沿った広告を流通業者が実施した場合，後者は，メーカーの意図に沿った特別陳列を流通業者が実施した場合に，それぞれ支払われる。

とくにトレードイン・アロウワンス（trade-in allowance）といった場合には，旧モデルを利用している顧客に対して実施される割引のことを指している。「パワーポイント」や「ワード」などのコンピュータ・ソフトは，何回かのモデルチェンジを繰り返してきた。その折に旧モデルの所有者は，この割引制度によって非所有者よりも安い価格で新モデルを購入することができた。

なお，アロウワンスと類似したものにリベート（rebate）がある。アロウワンスが特定の製品に結びついた短期的な割引であるのに対して，リベートは流通業者との長期的な協力関係を維持するた

めに用いられる。つまりリベートは，流通業者の利益を金銭的に
メーカーが補填するという戦略であり，価格対応というよりも流
通対応としての性格が強い。

| 特売価格と季節割引 |

〈特売価格〉　通常時に表示されている価
格を一時的に引き下げ，需要の拡大をね
らう特売価格（sale price）も忘れてはならない。いわゆる"セール"
のことで，多くの小売業によって実施されている。

特売により価格を上下させることをハイ・ロー・プライシング
（H-LP）と呼ぶが，これには値崩れを引き起こし，通常価格で売
れにくくするなどのマイナス面もある。そこで，ウォルマートや
P＆Gのように，恒常的に価格を引き下げておくエブリデイ・
ロー・プライシング（EDLP）を支持する企業もある。EDLPには，
マーケティング・コストを引き下げたりブランド・ロイヤルティ
の低下を防ぐなどの効果がある。

なお，小売業が客寄せのために有名ブランドに特売価格を設定
することがある。単品での利益を度外視しても，多くの消費者を
吸引できれば店舗全体としては利益をあげることができる。こ
うした意図で値引きされる製品は，ロス・リーダー（loss leader）
と呼ばれる。

〈季節割引〉　需要の停滞する季節に行われるのが，季節割引
（seasonal discount）である。旅行会社や航空会社は，季節によっ
て料金を大きく変化させている。需要の多い季節には高価格を設
定し利益の確保をはかり，逆に，需要の少ない季節には季節割引
を行って需要を喚起するのである。

なお，季節割引と似た発想による割引として，一日における時
間帯や一週間における曜日に応じた割引がある。

第9章　価格対応　217

Column ⑨ エーエヌディー──支払条件へ注目した新しいビジネス

超高齢化社会の到来や診療報酬の改定など，今日の医療業界を取り巻く環境は大きく変化している。このような医療業界において，変革をもたらしているベンチャーがある。福岡県に本社を構える株式会社エーエヌディーだ。久保田洋充社長は，医療機関における経費削減とフリー・キャッシュフローの増加をもたらすサービスに可能性を見出した。

サービスの仕組みは以下のとおり。PET（陽電子放射断層撮影法）やMRI（磁気共鳴映像法）といった固定資産から，日常的に使用する医療資材，電子カルテなどの無形資産に至るすべてをエーエヌディーが医療機関に代わり購入する。医療機関は使用した分だけの医療資材費を手数料とともにエーエヌディーに後日支払えばいい。いわゆる富山の薬売り方式だ。一度に多額な支出がなくなり在庫費用も節約できるので，100〜200床程度の医療機関の場合，年間2000万円程度が削減され，フリー・キャッシュフローも改善される。このサービスを用いれば，医療機関は複数の医療資材ディーラーではなく，エーエヌディー1社とやりとりをすればよい。ディーラーとの価格交渉の必要もない。最も安い価格を示したディーラーの医療資材が，エーエヌディーを通じて医療機関に提案されるからだ。一般に，医療資材費削減のほうが手数料よりも多額になるため，医療機関は当該サービスを受け入れるのである。

先端医療機器の購入は患者数増加に結びつきやすい。ところが，高額機器であるため容易には購入できないし，金融機関も融資に難色を示す傾向にある。このようなとき，エーエヌディーのサービスが生きてくる。不整脈の診断に使用する先端医療機器「CARTO3」を導入したある医療機関は患者数を増やし，収益面でも大きく改善した。エーエヌディーは医療機関の支払い面でのニーズを的確にとらえ，革新的なビジネスを展開しているのである。

（出所：岩下仁・恩藏直人［2016］「ファイナンス発想に基づく医療マーケティングの革新」『マーケティングジャーナル』第141号，119〜138ページ）

218　第 **III** 部　市場への対応

6 需要の弾力性
●価格の変化と需要の関係

価格弾力性　ある製品の価格が引き下げられると，一般にその製品に対する需要量は高まる。セールなどで価格が引き下げられると，売れ行きが大幅にアップすることを思い起こしてほしい。価格を上下させたとき，その製品の需要量がどれだけ左右されるかを判断するために，需要の価格弾力性（price elasticity of demand）という概念がよく利用される。

AとBという2つの製品があったとしよう。図 9-3 は，2つの製品の価格が P_1 から P_2 に引き下げられたとき，需要量はどれだけ変化するのかを示している。製品Aにおいては，価格が引き下げられても需要量はあまり増加していない。一方，製品Bにおいては，Q_3 から Q_4 へと需要量は著しく増加している。

需要の価格弾力性は，

　　需要量の変化率（％）÷ 価格の変化率（％）

によって求めることができる。通常は価格の下落に対して需要量は高まるので，弾力性の値はマイナスになる。弾力性の値の絶対値が1より大きい場合には弾力的であり，絶対値が1より小さい場合には非弾力的であるという。製品Aのように，弾力性の絶対値が小さい場合には，価格を引き上げても需要量はあまり変わらないので，価格を引き上げることによって収入を高められる可能性がある。

交差弾力性　別の製品の価格が変化することによって，需要量に違いが生じるような製品もある。

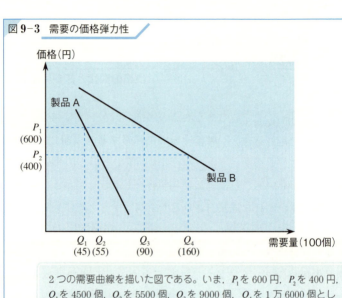

図9-3 需要の価格弾力性

2つの需要曲線を描いた図である。いま,P_1を600円,P_2を400円,Q_1を4500個,Q_2を5500個,Q_3を9000個,Q_4を1万6000個としよう。製品Aの弾力性は,

$$\left(\frac{Q_1-Q_2}{\frac{Q_1+Q_2}{2}}\right) \div \left(\frac{P_1-P_2}{\frac{P_1+P_2}{2}}\right)$$

という近似式で簡便に求めることができるので,[(4500−5500)÷{(4500+5500)÷2}]÷[(600−400)÷{(600+400)÷2}]=−0.5となる。また製品Bの弾力性は,[(9000−16000)÷{(9000+16000)÷2}]÷[(600−400)÷{(600+400)÷2}]=−1.4となる。

次のような事例を考えるとわかりやすい。天然ガスの価格が下落すれば,天然ガスをエネルギー源とする天然ガス空調や天然ガス自動車の販売量がアップするであろうことは容易に想像できる。同様に,ガソリン価格が騰貴すれば,ガソリンを燃料とする自動車の販売量は低下,もしくは小型車へと需要はシフトするだろう。また,エアコンの価格が下落すれば,電気ストーブや扇風機の販

売量は低下するかもしれない。

ある製品Aの価格変化に対して，別の製品Bの需要量がどれだけ変化するのかを把握するための概念が，需要の交差弾力性（cross elasticity of demand）である。需要の交差弾力性は，

製品Bの需要量の変化率（％）÷製品Aの価格の変化率（％）

によって求めることができる。このとき，交差弾力性がゼロより小さくなればなるほど，製品Aと製品Bとは補完製品の関係にあり，逆に，ゼロより大きくなればなるほど，製品Aと製品Bとは競争製品の関係にある。また，プラスでもマイナスでもゼロに近づけば近づくほど，製品Aと製品Bは独立製品の関係にある。

◤本章で学んだキーワード KEY WORD

変動費　固定費　損益分岐点　実勢価格　入札価格　上澄み吸収価格　市場浸透価格　導入価格　プライス・ライニング　抱き合わせ価格　キャプティブ価格　端数価格　威光価格　慣習価格　現金割引　数量割引　機能割引　アロウワンス　トレードイン・アロウワンス　リベート　特売価格　ロス・リーダー　季節割引　需要の価格弾力性　需要の交差弾力性

✐ 演習問題

1　ある製品Aの固定費は12億円で，変動費は1製品当たり2万5000円である。この製品の価格を4万円としたときの損益分岐点を求めてみよう。

2　ある製品Bを1000円で販売したところ，1ヵ月に7000個販売することができた。他の条件を一定にして，価格を600円に

第9章　価格対応　221

したところ，販売数量は 9000 個となった。この製品の価格弾力性を求めてみよう。

3 スーパーにおいてロス・リーダーとなりやすい製品を 3 つあげてみよう。

● 参考文献 ●

上田隆穂・守口剛編 [2004], 『価格・プロモーション戦略』有斐閣。

コトラー, P., G. アームストロング, 恩藏直人 [2014], 『コトラー, アームストロング, 恩藏のマーケティング原理』丸善出版。

杉田善弘・上田隆穂・守口剛編著 [2005], 『プライシング・サイエンス』同文舘出版。

ドイル, P. (恩藏直人監訳) [2004], 『価値ベースのマーケティング戦略論』東洋経済新報社。

ラジュー, J. = Z. J. チャン (藤井清美訳) [2011], 『スマート・プライシング』朝日新聞出版。

第10章 コミュニケーション対応

消費者への効果的な情報伝達

本章のサマリー

　企業がいかに素晴らしい製品を提供していても，消費者にその製品の存在を知ってもらわなければ販売には結びつかない。また，それぞれの製品が有するユニークな特徴や意味を消費者に正しく理解してもらわなければ，市場での競争を有利に展開することもできない。マーケティングにとって，コミュニケーション対応が重要とされる理由はここにある。企業は消費者に向けてさまざまな情報を発信し，消費者の認知度や理解度を高めていかなければならない。

　コミュニケーションというかぎり，企業は情報を発信するだけではない。企業が吸い上げる情報ももちろんある。しかし，消費者からの情報の収集や分析に関しては，すでに第4章「市場データ分析」において論じられている。したがって，本章では，企業から消費者への情報伝達を中心に論じる。

　具体的には，マーケティングにおけるコミュニケーションの意義や領域について理解してもらい，コミュニケーション・ミックスについて解説する。その後に，コミュニケーション手段としての「広告」と「セールス・プロモーション」について整理する。

1 マーケティングにおけるコミュニケーション

●コミュニケーション対応の枠組み

コミュニケーションを生じさせるためには，情報をやりとりする送り手と受け手が存在していなければならない。ところが，このコミュニケーションを正確かつ効率的に実施することは，けっして簡単なことではない。次のことを考えてみよう。同じ音や色であっても，受け手が異なれば違った意味を有するだろう。さらに同じ言葉であっても，人が違えば微妙に異なるニュアンスで受けとめられることもある。異国間であれば，もっと深刻な問題も生じやすい。シボレー社の「ノヴァ」（スペイン語で"進まない"を意味する）は，ブランド名が否定的な意味をもつために失敗してしまった。

マーケティングにおけるコミュニケーション対応の難しさは，まさに上で述べた点にある。とりわけ，企業活動の中心がグローバルな舞台へと移ってきているだけに，コミュニケーション対応の課題はますます重要性を高めている。

> コミュニケーション・モデル

コミュニケーションのプロセスをモデル化してとらえてみよう（図10-1）。マーケティングにおけるコミュニケーションでは，少なくとも9つの要素を検討しなければならない。

まず，「送り手」と「受け手」というコミュニケーションの当事者が両極に位置している。製品や企業活動に関するメッセージを消費者に送るという設定で考えれば，送り手は企業ということになる。もちろん，この設定における受け手は消費者である。

224　第 III 部　市場への対応

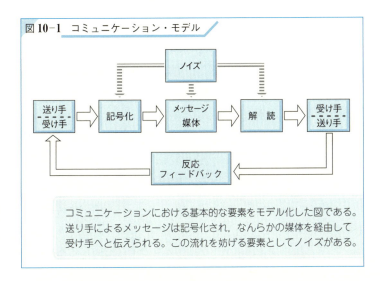

図10-1 コミュニケーション・モデル

コミュニケーションにおける基本的な要素をモデル化した図である。送り手によるメッセージは記号化され、なんらかの媒体を経由して受け手へと伝えられる。この流れを妨げる要素としてノイズがある。

次に、コミュニケーション手段としての「メッセージ」と「媒体」がある。メッセージとは企業が発信する情報や意味の集合体である。具体的には、広告内容などを考えればよい。媒体とはメッセージを送り手から受け手に伝えるチャネルのことであり、テレビ、新聞、パッケージなどである。

さらに、「記号化」「解読」「ノイズ」といった要素が加わっている。記号化とは、送りたいメッセージを記号に置き換える作業である。用いられる記号は、もちろん言語だけではない。駐車や喫煙を禁止するときに赤い丸に斜線のシンボルがよく用いられるが、これと同じように、企業はさまざまな言葉、シンボル、図柄、音を用いることで効果的なコミュニケーションを進めている。

送られてきたメッセージに対して、受け手がなんらかの意味を与える作業が解読である。この作業は、受け手のバックグラウンドによって大きく左右される。同一のメッセージであっても、男

性には好ましいが女性には不快だということがある。

解読との関連で，サブリミナル広告（subliminal advertising）について説明しておく必要がある。サブリミナルとは識閾下という意味で，受け手が意識的に解読できない広告をサブリミナル広告と呼んでいる。具体的には，何十分の 1 秒といった，ほんのわずかな時間だけ映像やメッセージをテレビや映画で流す。そして，受け手に自覚させることなく潜在意識下になんらかのメッセージをとどめさせ，将来の行動や意識に影響を及ぼそうと試みるのである。もっとも，効果という面では，しばしば疑問が投げかけられている。

ノイズとは，コミュニケーションのプロセスを妨げるあらゆる要素である。このノイズが存在することにより，受け手は送り手が送ったメッセージとは異なるメッセージを受け取ることになる。ノイズのために，受け手にメッセージがまったく到達しないことも少なくない。テレビやラジオの受信を悪化させる別の電波はいうまでもなく，テレビ広告時における家族との会話，販売員によって提供される誤った製品情報，競合製品の広告などもノイズとして考えなければならない。

最後に「反応」とは，メッセージによって引き起こされる受け手の変化であり，製品の購買，態度変容，非購買，投書などが考えられる。反応の一部は，「フィードバック」というかたちで送り手にまで到達する。この場合，コミュニケーションにおける送り手と受け手の位置関係は逆転する。

コミュニケーションの
反応プロセス

コミュニケーション対応では，受け手である消費者にどのような影響を与えたいと考えるのだろうか。すぐに思いつくの

が，ブランド名を知ってもらうことである。自社ブランドを知ってもらわなければ，市場競争という土俵にすらのぼることができないからである。だが，単にブランドの名称だけを覚えてもらえばよいというわけではない。ブランドについてのさまざまな特徴を知ってもらうことも必要である。最終的には，購買を発生させたいとマネジャーは考えているはずである。

そこで，コミュニケーションに対する消費者の反応プロセスを理解しておく必要がある。図10-2は反応プロセスをモデル化したものである。

AIDAモデルとは，消費者の反応が「注目」(attention)，「関心」(interest)，「欲求」(desire)，「行為」(action) の順で生じることを説明している。4つの反応の頭文字にちなんで命名されており，セールスマンによる販売プロセスを念頭において開発されたモデルである。まず消費者の注目を引き出し，製品に対する関心を高め，使ってみたい，所有してみたいという欲求を発生させ，最終的に購買行為に結びつけるという流れを説明している。独特なネーミングとわかりやすさのために，最もよく引用されている。

近年では，このAIDAモデルを見直し，ネット時代に適したAISASモデル が提唱されている。AとIはAIDAと同じだが，「探索」(search)，「行為」(action)，「共有」(share) においてネットで情報を探索したり，購買後に知人などと情報を共有したりする特徴をとらえている。

イノベーションの採用モデル (innovation adoption model) は，新製品などのイノベーションが，消費者に受け入れられるまでの段階をたどったものである。したがって，このプロセスの最終的な段階は，購買ではなく採用となっている。ここでいう「試用」

第10章 コミュニケーション対応　227

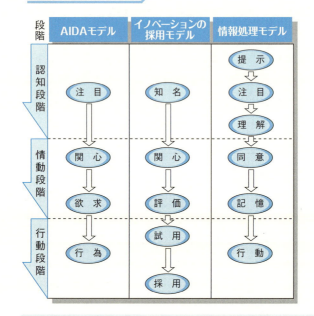

図10-2 反応プロセスのモデル

3つの反応プロセスをまとめた図である。一般に消費者は,認知段階と情動段階という2つの段階を経て,行動段階へと進んでいく。モデルによって,さらに各段階はいくつかに分類されている。

とは,試供品や実演販売によって引き起こすことができる。

　最後は,受け手が情報処理者もしくは問題解決者であることを前提とした情報処理モデル(information processing model)である。このモデルの大きな特徴は,「記憶」段階が明示されていることである。広告コミュニケーションの多くは,即時的な行動を引き起こすというよりも,購買が発生する時点において利用される情報を提供する。つまり,一定期間,情報を記憶させなければなら

ない。記憶を明示していることによって，このモデルは広告効果を検討するうえで，より現実的なものとなっている。

あらゆる製品において，図のようなモデルがあてはまるわけではない。第5章で論じた関与という切り口でみたならば，いずれのモデルも高関与を前提としている。したがって，日用雑貨のように関与水準の低い製品においては，図のような段階をたどることはなく，認知段階から行動段階へと直接進んでしまう。情動段階は行動段階の後に発生するか，時には発生しない場合もある。

2 マーケティング・コミュニケーションの領域
● 多様なコミュニケーション手段

コミュニケーション要素としての企業活動

企業はさまざまな手段を用いてコミュニケーション対応を実践することができる。たとえば，広告，セールス・プロモーション，人的販売，パブリシティ，製品，パッケージ，ラベル，CI（コーポレイト・アイデンティティ）などの手段がすぐに浮かび上がってくる。

もちろんこれだけではない。企業によるさまざまな後援活動は，消費者になんらかのメッセージを伝えることができる。たとえば，東京ディズニーランドの「ピーターパン空の旅」はNTTコミュニケーションズによって，「ポリネシアンテラス・レストラン」はキッコーマンによって，「スプラッシュ・マウンテン」は花王によって，それぞれオフィシャル・スポンサーとして支えられている。

製品の価格によっても，コミュニケーション対応をすることが

Column ⑩ 西川産業の Air (エアー)──色によるコミュニケーション

450 年を超える歴史を有する西川産業は，シニア層に対して確固たるブランド・イメージを有している。「羽毛ふとんの会社」「老舗」「高価格ではあるが高品質」といったイメージだ。ところが，若年層における知名度は低く，明確なイメージももたれてはいなかった。

西川八一行社長が考えたのは，新製品による古い組織文化の打破とブランド化である。特殊立体構造で表面が凹凸になっている Air は，寝ているときの体圧を分散し，圧迫による血行障害を緩和してくれる。そうした特徴を言葉だけで説明し，納得してもらうのは容易ではない。そこで，各層の色を変えることで特徴を視覚的に訴求した。

開発のきっかけは，西川社長がジョギングをしていて，前の走者の靴底を見たときであるという。近年のジョギング・シューズには，靴底に鮮やかな赤や青が施されている。シューズを履いている人には，使用時にそうした色使いを見ることはできない。では，何のためだろうか。当該製品の高機能性を消費者に伝えるためであり，言葉や触覚だけでは伝えにくい製品特性について，色というシグナルで視覚的にコミュニケーションしているのだ。

しかし社員の大半は，「寝具の掟（寝具は空間に溶け込むべき）に反する」「見えない部分に色を付けても意味がない」「色が奇抜で買う人がいない」など反対意見を述べていた。反対意見に対して，西川社長は「万人に受け入れられる必要はない」という信念をもっていたため，男性若年層にターゲットを絞ればよいと考えた。これまで，苦戦を強いられていた層である。広告では，サッカー選手の三浦知良やネイマールらに Air で得られる眠りの質を語らせ，ブランド・イメージを作り上げていった。

高機能寝具に対するニーズの存在を裏づけるデータもあった。西川産業が 2011 年に実施した調査によると，今の睡眠に対して不満を感じている人は 6 割を超えた。ヒット製品が生まれるた

> めにはニーズの存在が不可欠だが，ターゲット層に製品特性を
> 理解してもらう必要がある。Air の場合，従来の寝具業界では考
> えられない色使いで，理解に結び付くコミュニケーションに成
> 功したのである。
>
> （出所：日本経済新聞社「日経 MJ ヒット塾」でのヒアリングに基づい
> ている）

できる。「わが社は，安売りを重視しているのだ」「わが社は，最
高級品を提供しているのだ」といった企業の姿勢を価格に代弁さ
せることができるからである。

　自社製品に対して好ましい意識を抱かせるようにデザインされ
た店舗環境も，コミュニケーション要素である。ボディショップ
の店舗は，どこでも同じ雰囲気を保っている。細かい花柄プリン
トで有名なローラアシュレイの店舗においても，やはり独自の雰
囲気が漂っている。「ファッションにうるさい。だが，流行を追
いかけない」というライフスタイルをもつ顧客を対象としている
ので，店舗からは落ちついた雰囲気が伝わってくる。若者をねら
ったギャップやフォーエバー 21 などの店舗とは異なり，ローラ
アシュレイは若者から老人にまで幅広く支持されている。

　極端な表現をすれば，企業活動のすべてがコミュニケーション
であるともいえる。なお，広告，セールス・プロモーション，人
的販売，パブリシティの4要素は，マーケティングにおける4
Pのひとつ「プロモーション」として整理することもできる。

> **人的コミュニケーションと非人的コミュニケーション**

コミュニケーション対応は，人を通じて行う場合と人以外の媒体を通じて行う場合とに大きく分けることができる。

〈人的コミュニケーション〉　人的コミュニケーションとは，いわゆる人を通じて行うコミュニケーションである。人的コミュニケーション要素の代表は，人的販売（personal selling）である。企業はこの人的販売によって，自社製品や自社についての情報を伝達したり，販売を達成することができる。とくに販売を達成する段階において，人的販売は有効であるといわれている。顧客との親密なリレーションシップを築くうえでも重要である。

人的販売の担い手である販売員は，新たな顧客の開拓を主として行うオーダー・ゲッター（order getter），既存の取引関係の維持と強化を主として行うオーダー・テイカー（order taker），受注活動よりも顧客支援や販売支援を主として行うミッショナリー・セールスマン（missionary salesman）の3つに区別されている。

標的となる顧客とその周辺人物との間の口コミ効果（word-of-mouth influence）も，人的コミュニケーションのひとつとして忘れてはならない。新製品や高額な製品の場合，この口コミ効果は大きいといわれている。自動車やパソコンを購入する状況を思い起こしてみよう。多くの人は，オピニオン・リーダーと呼ばれる当該製品に知識を有する友人や仲間に意見を求めるはずである。

〈非人的コミュニケーション〉　人的な接触をすることなく行われるコミュニケーションのことである。この非人的コミュニケーションは，大別するとマス媒体，非マス媒体，雰囲気，イベントの4つを通じて行われている。

マス媒体とは，新聞，雑誌，ダイレクト・メールといった印刷

232　第 III 部　市場への対応

媒体，テレビやラジオといった電波媒体，広告板などである。これらは，いずれも広告媒体でもある。一方，非マス媒体とは，特定の消費者に宛てた手紙や資料などである。

雰囲気とは，店舗，事務所，什器，装飾など，販売が達成される環境のことである。

イベントとは，標的オーディエンスにメッセージを伝達するための催事である。広報担当者は，記者会見，展示会，見学会などを行うことにより，自社の新製品を理解してもらったり，会社そのものに対する好意的な態度を抱いてもらうように働きかけることが多い。このうち，報道機関に対する働きかけのことをとくにパブリシティ（publicity）活動と呼んでいる。パブリシティ活動の結果，新製品情報やイベント情報は新聞や雑誌に掲載される。一見すると広告とよく類似しているが，パブリシティには，①掲載の意思決定が媒体側にあり，②原則として無料であり，③客観性が高く受け手が信頼しやすい，など独自の特徴がある。

3 コミュニケーション・ミックス
● コミュニケーション媒体の上手な組み合わせ

マーケティング・コミュニケーションにおいては，媒体間のシナジーを発揮させることが繰り返し強調されてきた。広告やセールス・プロモーション（SP）などの要素を単独で展開するのではなく，相互に有機的に連動させながら展開せよというのである。もし媒体ごとに異なるメッセージを伝えたならば，消費者は企業イメージやブランド・ポジションに混乱を抱いてしまうだろう。そこで，テレビ広告と店頭における POP 広告を連動させた

第 10 章　コミュニケーション対応　233

り，製品のパッケージと折り込みチラシを連動させたり，といったことが頻繁に行われている。これはコミュニケーション・ミックスという言葉で表現されている。

コミュニケーション・ミックスの決定要因

広告，SP，人的販売，パブリシティなどのコミュニケーション要素は，どのようにウエイトづけられるのだろうか。各要素のウエイトは，業種によって大きく異なることはいうまでもなく，同一の業種内であっても企業によって異なっている。たとえば，エイボンはコミュニケーション予算の大半を人的販売とダイレクト・マーケティングに費やすのに対して，ヘレンカーチスは広告に重点を置いていた。同じことは，日本企業においても確認することができる。相対的にみて，ポーラは人的販売に力を注ぎ，資生堂は広告に重点を置いているだろう。

そこで，コミュニケーション・ミックスにおける各要素のウエイトを左右する要因を検討してみよう。

〈製品のタイプ〉　まず第1に製品のタイプがある。製品は，われわれ消費者が購入し消費する消費財と，部品や燃料などといった企業が購入する生産財とに分けることができる。図10-3は，広告，SP，人的販売，パブリシティという4つの主要コミュニケーション要素のウエイトが，製品のタイプによりどのように異なるのかを概念的に示している。消費財を生産している企業では，一般に広告を最も重視する傾向にある。そして以下，SP，人的販売，パブリシティと続く。ところが生産財を扱う企業では，人的販売を最も重視する傾向にあり，SPや広告はその後に続く。

〈プッシュ戦略かプル戦略か〉　採用する戦略がプッシュ戦略なのかプル戦略なのかによっても，コミュニケーション・ミックスは大

234　第III部　市場への対応

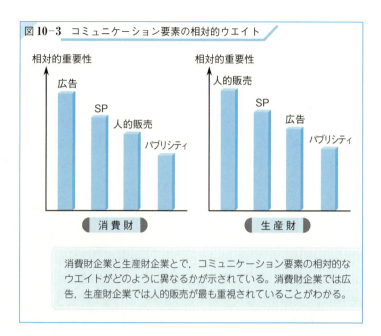

図10-3 コミュニケーション要素の相対的ウエイト

消費財企業と生産財企業とで、コミュニケーション要素の相対的なウエイトがどのように異なるかが示されている。消費財企業では広告、生産財企業では人的販売が最も重視されていることがわかる。

きく左右される。プッシュ戦略とは、メーカーが自社製品を卸業者に積極的に売り込むことからスタートする。続いて卸業者はその製品を小売業者へ、さらに小売業者は消費者へと販売する。プッシュ戦略のもとでは、流通業者を説得しなければならず、人的販売というコミュニケーション要素が最も重視される。そしてSPが次に重要となる。逆に、プル戦略においては、まず消費者の需要を喚起させ、そこからの吸引力によって、自社製品への注文を高めようとする。したがって、まず広告により消費者の需要を発生させなければならない。

もっとも現実には、どちらかの戦略だけを採用するということはまずない。多くの企業は2つの戦略を同時に採用し、どちらかの戦略に、よりウエイトを置くのである。

新しいコミュニケーション・ミックス

〈IMC とは何か〉 近年，ミックス（混合化）ではなく，さらに一歩進めたインテグレーション（融合化）への動きが求められるようになっている。インテグレーテッド・マーケティング・コミュニケーション（IMC）と呼ばれるこの動きは，企業のあらゆるコミュニケーション対応を管理し調整する責任者が，これまで企業内に存在していなかったことへの反省から生じた。

たとえば，広告によるメッセージは広告部門，人的販売によるメッセージは営業部門，パッケージによるメッセージは製品開発部門，パブリック・リレーションによるメッセージは広報部門といった具合に，それぞれ異なる部門で予算が編成され，目標が設定され，メッセージが作成されてきた。こうして作成されたメッセージは，ミックスという考え方のもとにこれまで調整されてきた。この作業手順は，「張り絵」を連想させる。さまざまに染色された紙を上手にミックスすることにより，美しい絵や模様を表現しようとするからである。

ところが IMC の作業手順は，むしろ「新色」を生み出すことに近い。新色を作り出すねらいは，個々の色の特徴を活かすというよりも，まったく新しい色を生み出すことにある。コミュニケーションにおいても同様で，IMC では複数の要素を融合させることにより，まったく新しいコミュニケーション効果を生み出すことをねらいとしている。

〈IMC への動き〉 IMC が重視されるようになってきた理由はなんだろうか。少なくとも次の 3 つの点が考えられる。

第 1 は，広告以外のコミュニケーション手段が相対的に重視されるようになったことである。とりわけ，SP の躍進がある。

1970年代後半から80年代にかけて，SP費は広告費に比べて急速に伸びた。イベントの重要性も高まってきた。その結果，広告だけに注意を払えばよいという時代ではなくなってきた。広告を中心に他の要素をミックスして展開していたコミュニケーションから，それぞれの要素を同一レベルでとらえ，融合する必要性が求められるようになったのである。

第2は，コミュニケーション効果の精緻な分析が可能になったことである。POSデータやスキャナー・パネル・データなどの情報が入手できることにより，単品別の販売情報がリアルタイムで収集でき，世帯別の購買情報も正確に把握できるようになった。もちろんこれらの購買情報は，広告やSPなどのコミュニケーション要素と絡めて分析できる。それぞれのコミュニケーション要素の効果や複数要素間の相乗効果が解明されていくにつれて，あらためてコミュニケーション対応における融合の重要性が浮かび上がってきたのである。

第3は，個人を対象としたマーケティングの発展である。多くの企業が，コンピュータを駆使することで膨大なデータベースを活用できるようになり，住所・氏名はもとより，所得，趣味，購買履歴，接触媒体などの個人情報を効率よく利用できるようになった。これにより，マスを対象としたマーケティングではなく，個人を対象としたマーケティングが急速に現実のものとなった。マスを対象としていれば，ターゲットの最大公約数に注目し，コミュニケーション要素をミックスするという考え方も意味がある。しかし，個人を対象とするならば，従来以上にコミュニケーション要素間の連動が求められるようになる。また，そうしなければ，真の個人を対象としたマーケティングを実現することはできない。

さらに近年では，クロスメディアと称する新しいタイプのコミュニケーション手法が用いられるようになっている。たとえば，テレビ広告で多くの人々に知らせ，「より詳細な情報についてはネットや翌日の新聞広告や新聞折り込み広告をご覧ください」といったものである。それぞれの媒体の長所をうまく活用し，短所を補うことで効率のよいコミュニケーションが展開できる。

4 広 告 対 応

● 広告の媒体・訴求内容・分類

電通の『日本の広告費』によると，わが国における総広告費は年間で6兆円を上回り，マスコミ4媒体だけでも2兆8000億円を超えている。毎年，莫大な金額が広告に費やされていることがわかる。この数年では，インターネット広告費が急速に伸びており，2009年には新聞広告費を追い抜き，その後も伸び続けている。表10-1は，2013年から15年までの媒体別広告費を示したものである。

広告（advertising）とはどのようにとらえたらよいだろうか。アメリカのマーケティング学者であるコトラーとアームストロング（P. Kotler and G. Armstrong）は，「明示された広告主によるアイディア，財，サービスに関する非人的な提示とプロモーションであり，しかも有料形態をとるもの」と定義している。つまり，①広告主が明示されており，②非人的な媒体を用い，③有料である，という3つの条件を具えている点に特徴がある。

広告とSPは，コミュニケーションにおける有力な手段であることに加えて，検討すべき課題も多い。そこで，それぞれ独立し

238　第 III 部　市場への対応

表10-1 媒体別にみた日本の広告費

広告費 媒体	広告費（億円）			構成比（％）		
	2013年	2014年	2015年	2013年	2014年	2015年
総広告費	59,762	61,522	61,710	100.0	100.0	100.0
マスコミ4媒体 広告費	28,935	29,393	28,699	48.4	47.8	46.5
新　聞	6,170	6,057	5,679	10.3	9.8	9.2
雑　誌	2,499	2,500	2,443	4.2	4.1	4.0
ラジオ	1,243	1,272	1,254	2.1	2.1	2.0
テレビメディア	19,023	19,564	19,323	31.8	31.8	31.3
地上波テレビ	17,913	18,347	18,088	30.0	29.8	29.3
衛生メディア関連	1,110	1,217	1,235	1.8	2.0	2.0
インターネット 広告費	9,381	10,519	11,594	15.7	17.1	18.8
媒　体　費	7,203	8,245	9,194	12.1	13.4	14.9
広告制作費	2,178	2,274	2,400	3.6	3.7	3.9
プロモーション メディア広告費	21,446	21,610	21,417	35.9	35.1	34.7
屋　外	3,071	3,171	3,188	5.1	5.1	5.2
交　通	2,004	2,054	2,044	3.4	3.3	3.3
折　込	5,103	4,920	4,687	8.5	8.0	7.6
ＤＭ	3,893	3,923	3,829	6.5	6.4	6.2
フリーペーパー, フリーマガジン	2,289	2,316	2,303	3.8	3.8	3.7
ＰＯＰ	1,953	1,965	1,970	3.3	3.2	3.2
電話帳	453	417	334	0.8	0.7	0.5
展示・映像ほか	2,680	2,844	3,062	4.5	4.6	5.0

主要な媒体別にみた日本の広告費である。マスコミ4媒体ではテレビと新聞の比率が相対的に高く，雑誌とラジオはそれほど高くはない。マスコミ4媒体以外では，インターネット広告費が急速に伸びている。

(注)　2014年より，テレビメディア広告費は「地上波テレビ＋衛星メディア関連」とし，2012年に遡及して集計。
(出所)　電通「日本の広告費」（http://www.dentsu.co.jp/knowledge/ad_cost/2015/media.html，2016年9月20日アクセス）。

た節を設けて解説を加えよう。

広告計画

マーケティング・マネジャーが広告を計画する場合，どのような点に留意すべきなのだろうか。人びとの関心を引く広告ならば良いというわけではないし，面白い広告ならばうまくいくというわけでもない。もちろん，個人的な好みで広告媒体や広告表現を選んではいけない。コトラーは，広告計画における5つの重要な決定項目をMという頭文字の単語で整理している。

まず第1に，計画している広告が果たすべきミッション（mission）を明確にすべきである。担当しているブランドの売上高を伸ばしたいのか知名率を高めたいのかによって，打つべき広告は大きく変わるはずである。設定されるミッションは，「ブランド認知を80％にする」「売上高を1.5倍にする」など，数値的な表現を用いた具体的なものであることが望ましい。第2に予算（money）である。広告費が少なすぎれば期待される効果は得られないだろうし，広告費が多すぎれば無駄になってしまう。一般には，予想される売上高に比率を掛けて広告費を設定したり，競争会社の広告費を参考にしながら自社の広告費を設定したりするなどの方法がとられているようである。

続いて決定されるべき項目は，メッセージ（message）と媒体（media）である。つまり，どのようなメッセージを，どのような媒体を使ってターゲットに到達させるのかという決定である。通常，特定のブランドは，次々に新しいメッセージを発信するというよりも，販売命題と呼ばれるひとつのメッセージに焦点を絞り込むとよい。自動車のボルボは長年にわたって安全性を訴えてきたことで知られている。そして，予定したリーチ（到達範囲）や

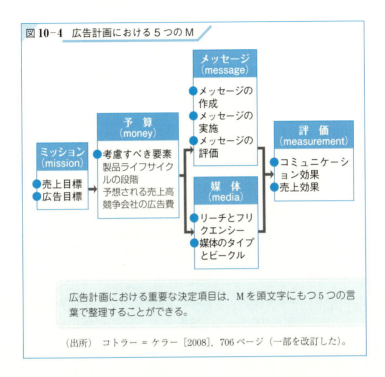

(出所) コトラー＝ケラー [2008], 706 ページ (一部を改訂した)。

フリクエンシー (露出頻度) を実現するために広告媒体が選択される。テレビ, 新聞, 雑誌などの媒体をどのようなウエイトで利用するのかに関する決定は, メディア・ミックスと呼ばれている。

最後の項目は評価 (measurement) である。広告が実施されたからといって, それですべてが終わったわけではない。ねらったとおりの広告効果が得られているかどうか, マーケティング戦略全体の中で期待どおりの働きをしているかどうか, などについて吟味すべきだからである。評価の結果は, 次回以降の広告計画に活かされることになる。広告計画に関する以上の流れは, 図10-4 にまとめられている。

| 広 告 媒 体 | 広告媒体とは，メッセージを対象者に到達させる伝達手段である。媒体（media）

というときには，新聞やテレビなどの一般的な手段を意味するのに対して，ビークル（vehicle）というときには，『朝日新聞』や『日本経済新聞』のように媒体における特定の銘柄を意味する。

広告媒体は 7 つに大きく分けることができる。テレビ，ラジオ，雑誌，新聞，屋外（道路脇のパネルや街頭のネオンサインなど），ダイレクト・メール（DM），インターネットである。各媒体には，それぞれ長所と短所がある（表 10-2）。誰をターゲットとするのか，広告される製品の特性は何か，どのような点を訴求したいのか，予算はどれくらいか，などを加味して媒体やビークルが決定される。

表 10-2 以外にも，さまざまな広告媒体がある。電車の駅に張られている「駅張り広告」や，電車やバスのなかにある「中吊り広告」などは，総称して「交通広告」と呼ばれる。小売店頭における掲示類は，「POP 広告」である。企業名や製品名入りのマッチ，カレンダー，手帳などは「ノベルティ」と呼ばれ，やはり広告媒体のひとつとして利用されている。なお，新聞に折り込まれている「折り込み広告」は，新聞広告と区別してとらえておく必要がある。

| トリプルメディア・マーケティング | メディアに対する新しい考え方によると，今日のメディアは大きく 3 つに分けてとらえるべきであるという。それは，①テ

レビや新聞のように企業が料金を支払って利用するペイド・メディア（paid media），②カタログや企業サイトのように自社で所有しているオウンド・メディア（owned media），③ Twitter のよう

表 10-2 広告媒体の長所と短所

	長 所	短 所
テレビ	● 広いカバレージ ● 広いリーチ ● 映像,音,動きをともなう ● 露出当たりの低いコスト	● セグメントしにくい ● 絶対的に高いコスト ● メッセージが短命
ラジオ	● 低いコスト ● セグメント可能	● 音のみの利用 ● メッセージが短命
雑 誌	● セグメント可能 ● 多くの情報を提供 ● メッセージが長命	● 視覚だけによる訴求 ● 広告変更などにおける低い 　柔軟性
新 聞	● 広いカバレージ ● 高い柔軟性	● 視覚だけによる訴求 ● メッセージが短命
屋 外	● 高い反復率 ● 高い注目率	● 特定の地点に限定 ● 少ない情報を提供
ダイレクト・メール	● 対象者の絞り込み可能 ● 多くの情報を提供	● 接触当たりの高いコスト
インターネット	● 低いコスト ● セグメント可能	● 比較的新しい媒体であり, 　利用者が限定的

広告における 7 つの主要媒体の長所と短所を比較した表である。こうした特徴を考慮して,広告担当者は媒体を選択しなければならない。

に消費者の自発的な情報発信において用いられるアーンド・メディア（earned media）である。

トリプルメディア・マーケティングでは,メディアを 3 つに分けるとともに,消費者もひとまとめにとらえるのではなく,自社と価値共創のできる一部の消費者を「サポーター」として取り出すことが提案されている。そして,企業から消費者へのコミュ

第 10 章　コミュニケーション対応　243

ニケーション（B to C）ではペイド・メディアが，企業とサポーターが価値共創において取り組むコミュニケーション（B with S）ではオウンド・メディアが，サポーターが消費者内に評判を伝播させるコミュニケーション（S into C）ではアーンド・メディアが有効になりやすい。つまり，企業と消費者という二者間の関係ではなく，企業，消費者，自社のサポーターという三角関係でマーケティング・コミュニケーションを考える必要がある。

今日の企業を取り巻く環境の変化は，さまざまなマーケティング活動の根本的な見直しを余儀なくさせている。とりわけマーケティング・コミュニケーションは，最も大幅な見直しが必要である。トリプルメディアの枠組みだけではなく，消費者のマインドやハートに訴え，さらにスピリッツ（精神）に訴えかける発想なども求められるかもしれない。前例にとらわれることなく，新しい発想や枠組みが必要である。

広告訴求内容と広告分類

何を消費者へ訴えているのかにより，広告はいくつかに分類することができる。

〈製品広告と企業広告〉　製品広告（product advertising）とは，特定のブランドについての広告である。われわれがテレビや雑誌でみる広告の多くは，特定のブランドを訴求したものである。たとえば，シャンプーの「メリット」や防臭剤の「消臭力」の広告を思い起こしてほしい。広告訴求内容は，ブランドそのものに関するものであり，生産者である花王やエステーについてはほとんど触れられていない。

製品広告に対応するものとして，企業広告（institutional advertising）と呼ばれるものがある。これは，特定ブランドについてではなく，広告主である企業について訴求した広告である。広告主

が，自社に対する消費者の望ましいイメージや好意度を高めることを意図した広告である。制度広告と呼ばれることもある。

製品広告と企業広告がミックスされたような広告も，頻繁に行われている。

〈情報提供型広告と説得型広告〉 広告は訴求内容における別の次元によっても類別できる。

製品情報について訴求した広告として，情報提供型広告（informative advertising）がある。新製品の導入時において最もよく利用され，主として一次需要の創造を念頭においている。たとえば，カー・ナビゲーション・システムが市場導入された当時，この製品が消費者にもたらす便益，使い方，価格などの情報を中心に訴えた情報提供型広告が用いられていた。

自社ブランドがいかに品質面やコスト面ですぐれているのかについて訴えた広告もある。これは説得型広告（persuasive advertising）と呼ばれるもので，競争の激しい市場においてよく利用され，二次需要の創造を中心的な目的としている。つまり，自社ブランドに対する需要を生み出し，ブランド選好を確立し，自社ブランドへのスイッチを発生させたり，購入に踏み切らせるなどの説得を目的とした広告である。

自社ブランドを忘れさせないようにすることをねらった広告がリマインダー型広告（reminder advertising）であり，成熟段階にある製品にとって重要とされている。コカ・コーラの広告は，情報を提供しているわけでもなく，消費者への説得をねらった広告でもない。すでに構築されているブランド・ロイヤルティを維持し，自社ブランドに対する意識の水準を高めておくための広告である。

第 10 章　コミュニケーション対応　245

自社ブランドと競合ブランドとを直接的あるいは間接的に比較した比較広告（comparison advertising）と呼ばれるものもある。アメリカでは，レンタカーのエイビス対ハーツ，口臭予防のリステリン対スコープの例をはじめ，盛んに行われている。日本でも比較広告は解禁されている。だがこの種の広告は，消費者の反感を引き起こし，かえってマイナスに影響することがあるので，わが国では競争相手のブランドを明示しない間接的な比較広告が中心となっている。

5 セールス・プロモーション対応
●セールス・プロモーションの範囲と種類

> セールス・プロモーションの範囲

シャンプー71％，醤油68％，スナック菓子50％。この数値は，わが国のスーパーマーケット6店におけるセールス・プロモーション（SP〔販売促進〕）時の売上比率である（表10-3）。シャンプーであれば，売上が生じたうちの7割以上においてSPが実施されていたことになる。スーパーで販売される製品だけではなく，耐久財やサービスにおいても，SPはマーケティングにおける重要なコミュニケーション要素のひとつとなっている。

ところがSPは，広告や人的販売と比べてその範囲が非常に広く，曖昧に認識されていることが多い。たとえば，アメリカ・マーケティング協会（AMA）の定義をみても「消費者の購買やディーラーの効率を刺激するマーケティング活動のうちで，人的販売，広告，パブリシティを除くもの」とされている。プロモーションのうちで，人的販売，広告，パブリシティを除いたすべてと

246　第 III 部　市場への対応

表10-3　スーパーマーケットにおける SP 時の売上比率

製品カテゴリー	SP 売上比率 (1993 年, %)
醤　油	68.0
サラダ油	77.2
マーガリン	67.9
ビスケット	63.5
スナック菓子	50.0
牛　乳	64.0
シャンプー	71.2
重質洗剤	84.4

売上が生じたときに，特別陳列，チラシ，値引きのいずれかが実施されていた割合である。多くの製品が SP 時に購入されていることがわかる。

（出所）　恩藏・守口 ［1994］，4 ページ。

いうことであり，多種多様なものが SP として扱われることがわかる。

〈3 つの SP〉　SP は「消費者向け SP」「流通向け SP」「小売業者による SP」の 3 つに大きく分けることができる。消費者向け SP と流通向け SP は，メーカーによって実施される SP である。言葉のとおり，消費者に向けられているのか，卸業者や小売業者に向けられているのかによって区別されている。消費者向け SP には「サンプリング」「プレミアム」「増量パック（通常のパッケージよりも容量の増やされたもの）」などが，流通向け SP には「特別出荷（10 ケースの注文に対して 11 ケース出荷するなどの特別な出荷条件）」「アロウワンス（流通業者が自社製品を広告してくれたり有利な陳列をしてくれた場合に支払う金銭的見返り）」などがある。

第 10 章　コミュニケーション対応　　247

小売業者による SP とは，小売業者が消費者に向けて実施する SP である。具体的には，「価格の引き下げ」「特別陳列（陳列棚の端などに置かれた特設棚に製品を大量に陳列すること）」などがある。

> **セールス・プロモーションの種類**

限られた紙幅で多様な SP 手段を論じることはとてもできない。ここでは，企業によってよく利用され，しかも重要性の高いと考えられる 3 つの SP 手段について少し詳しく説明しよう。なお，価格の引き下げも SP に含まれるが，これについては第 9 章を参照してほしい。

〈サンプリング（sampling）〉　サンプリングとは，消費者に試供品（サンプル）を配布することである。街頭でガムや清涼飲料，百貨店のなかで化粧品などの試供品をもらったことのある人は少なくないだろう。試供品は，各家庭へ郵便で送りつけられることもある。広告だけで競争製品との違いを訴えにくい製品，実際に利用することで便益を理解してもらいたい製品などにおいてよく用いられている。

〈クーポン（coupon）〉　ある製品に対して，一定額の値引きを約束した証書がクーポンである。クーポンを持参し，対象となっている製品を購入すれば，クーポンに記載されている金額の値引きを受けることができる。価格の引き下げではないので，クーポンをもっていない消費者は値引きを受けることができない。このクーポンは，新聞，新聞折り込み広告，雑誌などに刷り込まれており，メーカーによっても小売業者によっても配布されている。また最近では，店頭のレジで精算時に配布されたり，携帯電話を使って配信されたり，ホームページ内に掲載されていることもある（図 10-5）。

図 10-5 クーポンの一例

最近では,スマートフォンによってクーポンを入手することができる。

(出所) 日本 KFC ホールディングス株式会社ウェブサイト (http://www.kfc.co.jp/campaign/app_new/index.html?utm_campaign=app_new&utm_source=kfc, 2016 年 9 月 23 日アクセス)。

　日本では,1987 年に雑誌によるクーポン広告が,90 年に新聞によるクーポン広告が,91 年には新聞折り込み広告によるクーポン広告が解禁された。アメリカでは最も頻繁に利用されている SP 手段であるが,日本ではまだ普及段階にあるといえるだろう。

　〈プレミアム (premium)〉　プレミアムとは,いわゆる"おまけ"のことである。ビックリマンチョコの「シール」やチョコボールの「おもちゃのカンヅメ」などを思い起こせばすぐに理解できる。

第 10 章　コミュニケーション対応　　249

メーカーは，プレミアムをおとりとすることで，対象となっている製品の購入を促すことができる。プレミアムは，製品パッケージの内側に封入されている場合（インパック），パッケージの外側に添付されている場合（オンパック），さらに製品とは切り離して提供される場合（オフパック）がある。

▌本章で学んだキーワード▐　　　　　　KEY WORD

サブリミナル広告　反応プロセス　AIDAモデル　AISAS
モデル　イノベーションの採用モデル　情報処理モデル
人的コミュニケーション　人的販売　口コミ効果　非人的
コミュニケーション　パブリシティ　プッシュ戦略　プ
ル戦略　インテグレーテッド・マーケティング・コミュニケー
ション（IMC）　クロスメディア　広告計画　媒体　ビー
クル　トリプルメディア・マーケティング　製品広告
企業広告　情報提供型広告　説得型広告　リマインダー
型広告　比較広告　SP　サンプリング　クーポン　プ
レミアム

✐ 演習問題

1　すぐれていると思われるコミュニケーション対応の事例をひ
とつあげ，とくにミックスという視点で説明してみよう。

2　最近気に入っている広告を3つあげ，それらが「情報提供型
広告」「説得型広告」「リマインダー型広告」のいずれに属する
のかを検討してみよう。

3　「広告」「SP」「人的販売」「パブリシティ」という4つのコミュ
ニケーション要素のウエイトが製品，戦略方針などによってど
のように異なるのかについて，具体的な事例をあげながら説明
してみよう。

参考文献

恩藏直人・ADK R3 プロジェクト［2011］,『R3 コミュニケーション』宣伝会議。

恩藏直人・井上淳子・須永努・安藤和代［2009］,『顧客接点のマーケティング』千倉書房。

恩藏直人・守口剛［1994］,『セールス・プロモーション』同文舘出版。

岸志津江・田中洋・嶋村和恵［2008］,『現代広告論』新版, 有斐閣。

コトラー, P.＝K. L. ケラー（恩藏直人監修・月谷真紀訳）［2008］,『コトラー＆ケラーのマーケティング・マネジメント』第 12 版, ピアソン・エデュケーション。

第11章 流通チャネル対応

流通環境の変化に対応したチャネル戦略

本章のサマリー

　今日，流通チャネル対応は，マーケティング戦略のなかでも最も重要な意思決定課題になりつつある。第7章でもみたように，流通構造をめぐる環境は大きく変化している。それは独禁法をはじめとする法的環境の変化であり，大手スーパーやコンビニエンス・ストア，ディスカウント・ストアに代表される小売業の交渉力の拡大であり，消費者ニーズの多様化をはじめとする消費者行動の変化である。このような環境変化のなか，消費財メーカーは従来型の大量生産・大量流通体制を脱却し，時代に即した新たなチャネル・システムを築き上げていかねばならない。それは製販同盟であろうし，SCM（サプライ・チェーン・マネジメント）でもあろう。

　本章では，このような環境変化を念頭におきつつ，チャネル対応の戦略を，チャネル選択とチャネル管理の両面から検討する。まず，チャネル選択については，垂直的マーケティング・システム（VMS）の考察を中心に，取引費用の問題と販路集中度の話題を加えていく。次に，チャネル管理については，建値制とリベートによる従来型管理が効力を失うなか，新たな管理の方策を考える手がかりとしてパワー・コンフリクト論を検討する。そして最後に，これからのチャネル対応の方向性を，延期－投機の理論に沿って考察する。

252　第 III 部　市場への対応

1 流通チャネル対応の体系
●チャネル選択とチャネル管理

　流通チャネル戦略は，その国の流通構造に大きく規定される面があり，また複雑な組織間関係のマネジメントというその性格から，ひとたびチャネルを選択・構築したなら，そう簡単には大きな変更はしにくい。このような理由から，チャネル戦略は，4Pの他の戦略に比べ長期的かつ高度な意思決定を含んでいる。

　チャネル戦略の体系は，大きくはチャネル選択とチャネル管理に分けられる（本章では，チャネル評価はチャネル管理に含まれるものとする）。ここで，チャネル選択とは，自社製品をどのようなチャネルに流すのかということであり，そのなかには卸売業者を使うのか自前の販社（販売会社）をもつのか，また量販店を中心に売るのか多数の一般小売店で売るのかといった意思決定が含まれる。一方，チャネル管理は，選択・構築したそれらチャネルの効果的運用のためのすべての管理から構成される。

　以下では，とくに消費財メーカーを念頭におきつつ，チャネル選択とチャネル管理の戦略と理論を検討し，最後に，これからのチャネル対応の方向性を考察して結びとする。

2 チャネルの選択
●垂直的マーケティング・システムの構築

3つのチャネル政策　チャネル選択にかかわる代表的なチャネル政策としては，コープランド（M. T.

Copeland）が理論的基礎を築き，その後の研究者によって類型化された，開放的，選択的，排他的という3つのチャネル政策がある。

まず開放的チャネル政策は，食品や日用雑貨品など最寄品の流通に多くみられるもので，消費者の購買頻度の高さに適合するようにできるだけ多くの小売店に配荷し，そのために卸売業者も多く用いるものである。ただ，コントロール力は最も弱い。一方，排他的チャネル政策は，自動車などの専門品やいくつかのファッション・ブランドなどでみられるもので，ブランド・イメージの維持や消費者への高サービスの必要性から小売店を限定するものであり，コントロール力は最も強い。最後に選択的チャネル政策は，両者の中間的特徴をもつものである。

ただ，近年では，これら3つのチャネル政策が基本的に想定していたような伝統的チャネルから，より長期的な取引関係をめざして組織化される垂直的マーケティング・システム（VMS）にチャネルの中心が移行している。すなわち，従来のメーカー間競争から，近年では流通業をも巻き込んだ VMS 間競争に競争の重点が移行しつつあるのであり，この VMS の効果的構築が各メーカーにとって重要な戦略課題となっている。

垂直的マーケティング・システム（VMS）

垂直的マーケティング・システムには，統合度の高い順に企業システム，契約システム，管理システムという3つの類型がある。

まず，企業システムとは，特定の企業の資本のもとにチャネルの異なる段階が統合されているもので，メーカーによる自社卸売部門の設置（資生堂の資生堂ジャパンなど）や自社小売部門の設置

（山崎製パンのデイリーヤマザキなど），また小売業による自社卸売部門の設置（大手小売業のチェーン本部や物流センターなど）や自社製造部門の設置（大手小売業の PB の生産など）などがあげられる。

次に，契約システムとは，資本の異なる企業の間で契約によってチャネルの異なる段階が統合されているもので，代表的なものとして卸主宰ボランタリー・チェーン（国分グローサーズチェーンなど），小売主宰コーペラティブ・チェーン（CGC ジャパンなど），フランチャイズ・システム（モスバーガーなど）などがある。

最後に，管理システムとは，資本の異なる企業の間で厳密な契約によらずにチャネルの異なる段階がチャネル・リーダーのもとにゆるやかに統合されているもので，消費財メーカーのチャネルにおいてよくみられるものである。

これら 3 つの VMS のなかでは，企業システムがチャネル・リーダー（メーカーなど）のコントロール力が最も強く，長期的視点に立った戦略策定が可能である。反面，自社内の組織にするための投資が必要であり，また自社内組織のために環境変化に応じた機動的なチャネル戦略の変更がしにくいという面をもっている。一方，管理システムはちょうどこれとは反対の特徴をもっており，契約システムはその中間である。いずれの VMS を自社の流通チャネルとして構築していくかは，非常に重要な意思決定である。以下では，そのうちのいくつかについて検討する。

チャネル選択の意思決定課題

〈販社か卸か〉 消費財メーカーにとって，チャネル選択における意思決定課題には，卸段階では自前の販社をもつか（企業システム），卸売業者を用いるか（管理システム）というものがある。

第 11 章　流通チャネル対応　255

たとえばトイレタリー業界では、花王は自前の販社をもち、ライオンは卸売業者を利用している。

この問題に関しては、ウィリアムソン（O. E. Williamson）に代表される取引コストの研究がある。取引コストとは、製品・サービスの取引にともない取引参加者が負担しなければならない費用のことで、具体的には情報収集費用、取引契約締結にかかわる費用、取引契約の実行・確認にかかわる費用、危険負担にともなう費用などがある。取引コストが生じる理由には、取引当事者の「制約された合理性」と「機会主義的行動」がある。すなわち、経済学が想定するような完全情報をもたず、完全に合理的な意思決定もできない「制約された合理性」のもとにおかれている取引当事者は、取引契約などの複雑さが増してくると、その複雑さを克服するために多大な取引コストを必要とする。また、自社に有利に契約を進めようとする駆引きなどの「機会主義的行動」は、メーカーと卸の間の取引のように取引当事者の数が少数になってくるとますます顕著になり、これも取引の複雑さを増して取引コストを増加させる。そのようなとき、自前の販社をもったなら取引活動は企業内に内部化され、情報も容易に手に入り、機会主義的行動も減るので、取引コストは一気に減少する。しかし、もちろん販社を作るための投資負担やその管理のための費用（内部化費用）はかかる。したがって、取引コストと内部化費用を秤にかけて、取引コストが大きいならば自前の販社を作り、取引コストが小さいならば卸売業者を利用すればよいことになる。

この取引コスト・アプローチは必ずしも万能ではなく、販社か卸かという意思決定の際には、競合他社の VMS との競争分析なども必要となってくる。ただ、第6章でも触れたように、経営

機能の一部を企業外部から調達するアウトソーシングが展開されるなど，従来型の固定的な企業組織からより柔軟なネットワーク型組織が志向される現代において，経営にかかわるさまざまな機能を組織内に取り込むのか市場から調達するのかという「組織と市場」の問題に対して，この取引コスト・アプローチは有効なフレームワークを提供するものと考えられる。

〈系列小売店か量販店か〉 チャネル選択における意思決定課題のうち，小売段階に関するものとしては，系列小売店や一般小売店を開拓していくか（管理システム），量販店に集中するか（非VMS）などがある。たとえば，松下電器（現・パナソニック）における系列小売店と量販店の販売比率は，2003年度で42対58だと言われる（その後，量販店の割合は拡大傾向）。

この問題に関して住谷宏は，高集中度販路／低集中度販路という概念を用いて量販店対応の重要性を説明している。ここで販路の集中度とは，当該メーカーの売上が，取引額上位の小売業に集中している度合いのことである（産業組織論の買い手集中度も，この販路集中度も，ともに買い手側の集中度を記述するものではあるが，前者が業界全体からみたマクロの概念であるのに対し，後者は個別企業の販路からみたミクロの概念と考えられる）。

図11-1にみられるように，従来の低集中度販路においては，メーカー売上が多数の小規模小売店に分散していたのに対し，現在の高集中度販路においては，たとえば配荷店数の上位1割の店舗でメーカー売上の6〜7割を占めるように，売上の大きな部分が少数の量販店に集中しているのである。

今日までのチャネル戦略のパラダイムを，①配荷店数のアップ，②卸・小売の系列化，③取引条件の非標準化（個別対応）とまと

図11-1 低集中度販路と高集中度販路

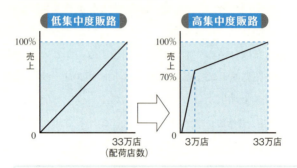

メーカー売上の大きな部分が少数の量販店に集中する現在の高集中度販路においては、配荷店数のアップなどの旧来の低集中度販路のパラダイムが機能しなくなっている。ただ、業界のリーダー企業は、全方位というその戦略定石から末端の小規模店にも配荷する必要があり、量販店と小規模店の間で難しい選択を迫られている。

(出所) 住谷編［1992］，33ページ。

めたうえで、それらはみな従来型の低集中度販路を前提としてはじめて効果を発揮するものであり、現在の高集中度販路においては意味をなさないと説明される。なぜなら、配荷店数についてみれば、低集中度販路においては配荷店数を増加させればさせるほど売上も増加したわけであるが、高集中度販路においては小規模店の配荷店数をいくら増やしても売上への貢献は少なく、かえって効率が悪くなるだけだからである。また、小売の系列化は、量販店やDS（ディスカウント・ストア）の台頭のなかでかえって戦略展開の足かせになるし、卸の系列化も高集中度販路になって小売への卸の販売力が低下するなかでその効果は低下している。そして、取引先ごとの個別対応も、現在の高集中度販路では交渉力

の高まった大手小売業の要求のエスカレートを招くだけだという。

したがって，現在の高集中度販路においては，一般小売店をひとつでも多く開拓して配荷店数のアップをめざしたり，系列小売店網を拡大していこうとする戦略は適合しないことになる。すなわち，チャネル戦略の重点が，多くの小売店を系列卸に管理させることを中核とする卸売業政策から，売上の多くの部分が集中している量販店政策へ移ってきているのである。この量販店対応の方向としては，取引条件の非標準化戦略（量販小売業ごとに対応を変える），取引条件の標準化戦略，取引条件の標準化とそれ以外での個別対応（リテイル・サポートなどの個別対応），共通の利害の追求（発注・配送・在庫方法の共同開発など）などの戦略オプションがあげられている。

3 チャネルの管理
●変化するメーカーのチャネル管理

チャネル選択に関する意思決定を行うことによって最適なチャネルが選択・構築されたとしても，それだけでは不十分であり，それらチャネルがチャネル・リーダーのもとで適切に管理・運営されてはじめて最大の効果を発揮することになる。

日本の流通構造におけるチャネル・リーダーは，戦前の卸から戦後は大規模寡占メーカーが取って代わり，その大量生産体制を背景に卸・小売を系列化して，メーカー主導の流通チャネルを構築していった。たとえば，松下電器（現・パナソニック）は1957年に全国的に販社の設立を開始するなど，いち早く卸の統合，小売店の系列化に成功し，家電業界での地位を不動のものにした。

第 11 章　流通チャネル対応　　259

その後，高度成長期の波に乗って急成長した大手スーパーがそれら大規模メーカーへの拮抗力として出現し，現在では，製品分野によっては大規模小売業がチャネル・リーダー的役割を果たしている。

以下では，まずメーカー主導型チャネルにおけるメーカーのチャネル管理の方策を概観し，その後，パワー・コンフリクト論を考察するなかから今後の管理の方向性を検討する。

メーカーによるチャネル管理の方策

メーカーのチャネル管理の方策には実にさまざまなものがあるが，その核心は建値制とリベートによる価格維持政策であった。

消費財メーカーにとって小売実売価格の維持は，利益を確保するためにも，またブランド・イメージを維持するためにも非常に重要な課題であるが，それを実現するのが建値制とリベートによるチャネル管理である。第7章でもみたように，建値制は流通業者に一定のマージンを保証するもので，これによって流通業者はチャネル・リーダーであるメーカーの要求を受け入れ，価格維持に協力するのである。また，競争が激化し物流費などが上昇してくるとマージンを保証することが難しくなるが，そのようなときにはリベートや販促費などを支給することによって，流通業者のマージン分を保証し価格維持に協力させるのである。

メーカー主導型チャネルが全盛であった時代には，メーカー，卸，中小小売というチャネル・メンバーすべての目的が一致していたこともあり，この建値制とリベートのチャネル管理は非常に効果を発揮していた。しかし，高度成長期に大手スーパーが急成長し，さらに近年，量販店やDSが台頭するなかで，建値制と

リベートによるチャネル管理の有効性が失われていった。かつて，資生堂や花王の販社と化粧品 DS との訴訟問題などが新聞を賑わせたことがあるが，独禁法の運用が強化され，再販制度が廃止される方向に進むなかで（指定再販商品は 1997 年 3 月に全廃），これらの価格維持政策を中核としたメーカーのチャネル管理の方法は根本的に変革されねばならない時期にきている。

　それでは，どのような管理の方策があるのだろうか。ひとつには，第 7 章でみたオープン価格制がある。これは，消費者にとって製品比較の準拠点がなくなり購買がしにくくなるという批判や，自ら価格づけのできない中小卸を排除するものだという批判などがあるが，消費財メーカーにとっては，至上命題の価格維持を最も阻害する DS に対して「希望小売価格から○割引き」という表示をできなくさせるという意味で，大きな打撃を与えることが可能な方策である。ただ，このような個別の対処法ではなく，管理の基本的方向性を変えていくようなパラダイム転換がいま望まれている。そこで参考になるのが，いわゆるパワー・コンフリクト論である。

パワー・コンフリクト論

　パワー・コンフリクト論とは，スターン（L. W. Stern）に代表されるチャネルへの社会システム論アプローチのなかで精力的に研究が進められたもので，チャネル・システムにおけるパワーの源泉やコンフリクト発生のメカニズムを説明する理論である。

　ここで，パワーとは他のチャネル・メンバーのマーケティング戦略変数をコントロールできる能力のことであり，①保持するパワー資源と，②それらパワー資源に対する他のチャネル・メンバーの依存度（もしくは評価），の関数と考えられる。たとえ

ば，セブン-イレブンは豊富な POS 情報とそれらを分析した情報パワー資源を保持しているが，消費財メーカーが独自の売れ筋情報をもたず商談においてセブン-イレブンの情報に依存せざるをえないとすると，セブン-イレブンのパワーは大きなものとなる。一方，メーカーが独自の情報をもっているなら，セブン-イレブンのパワーは小さくなる。

このパワー資源には，報酬，制裁，正統性，一体化，専門性，情報という 6 つのものがある。報酬パワー資源には，リベートやアロウワンス，テリトリー制による特定地域の独占的販売権の付与など多くのものがある。メーカーのもつ製品自体も，最も基本的な報酬パワー資源と考えられる。また，制裁パワー資源にも，マージンの縮小などから，問題となった出荷停止などまでこれまた多くのものがある。正統性パワー資源とは，たとえば，チェーン本部がフランチャイジーに対してもつような，パワー保持に正統性が認められる資源であり，一体化パワー資源とは，系列小売店がメーカーに対してもつような，チャネル・メンバーに一体化したいと思わせるような資源である。さらに専門性パワー資源には，メーカーのもつ店舗管理の諸技術などがあり，情報パワー資源には，製品情報や技術情報，また POS 情報や顧客情報などがある。

これらパワー資源によるチャネル管理のメカニズムは，基本的に報酬-罰則メカニズムによっており，チャネル・リーダーの期待に沿う行動に対しては報酬を，期待に反する行動には罰則を与えるものである。そして，この報酬-罰則がどれだけの効果を発揮するかは，チャネル・リーダーの保持するパワー資源への依存度によって変化する。たとえば，家電メーカーのもつ製品群（報

酬パワー資源）への仕入依存度が高い系列小売店に対しては，家電メーカーは大きなパワーをもつことになる。また，大手スーパーのもつ販売力（報酬パワー資源）への販売依存度が高い食品メーカーに対しては，大手スーパーは大きなパワーをもつことになる。同様に，メーカーのもつ製品情報やリベートへの小売の依存度が高ければメーカーがパワーをもち，小売の POS 情報・顧客情報へのメーカーの依存度が高ければ小売がパワーをもつことになる。

一方，コンフリクトとは，チャネル・システム内に生じる対立のことであり，メンバー間の目標不一致，役割分担の不調和，現実認識の不一致などがその発生原因である。たとえば，資生堂や花王の販社と DS との間のコンフリクトは，価格維持が目標のメーカー系販社と低価格販売が目標の DS との間の目標不一致が原因である。コンフリクトが起きると，安定した VMS の維持ができなくなるので，チャネル管理の観点からはその適切な制御が非常に重要である。このコンフリクトの制御戦略には，交渉戦略，境界戦略（コンフリクト当事者の両組織の境界に位置するセールスマンなどに処理を行わせる），相互浸透戦略（両組織の人事交流などを行う），超組織戦略（第三者機関の裁定をあおぐなど）などがある。

パワーによる報酬−罰則のメカニズムを中心に，システム内にコンフリクトが生じた場合には適切な制御戦略を行うというのが，パワー・コンフリクト論が示唆するチャネル管理の方向性である。

以上，パワー・コンフリクト論をみてきたわけであるが，大手メーカーだけが巨大なパワーをもっていた時代から，大手小売業も同様に巨大なパワーをもつようになった現在においては，従来型の報酬−罰則メカニズムによるチャネル管理だけでは不十分で

ある。むしろ，社会システムとしてのチャネル・システムの効果的運用のためには，スターンらの社会システム論で措定された4つの行動次元のうち，パワーとコンフリクト以外の2つ，すなわち役割（機能の分担にかかわる）とコミュニケーションをも考慮した戦略展開が必要となってこよう。この問題については，節をあらためて論じよう。

4 これからのチャネル対応
●延期－投機理論の考え方

近年のチャネルをめぐる環境変化には目をみはるばかりである。大手流通業のPBによる価格破壊に加え，メーカーと小売業の製販同盟や生販統合，さらにSCM（サプライ・チェーン・マネジメント）やSPA（製造小売）など，メーカーも卸も小売もチャネル・メンバーのすべてが新たなチャネル対応の方策を模索している状況である。

製販同盟にしろ，SCMにしろ，従来型のチャネル・リーダーによる一方的管理というよりは，スターンらの社会システム論でも重要とされたチャネル・メンバー間の役割分担やコミュニケーションの効率アップに基づく，システム全体としてのパワーアップをめざしたものである（その議論のなかで，「対立から協調へ」といったキーワードも出てきている）。

このようなメーカーと流通業の共同行動の方向性を考えるうえで参考となるのが，延期－投機の理論である。

| 延期－投機の理論 | 延期－投機の理論とは，バックリン（L. P. Bucklin）によって体系化された理論で， |

264　第 III 部　市場への対応

| 図 11-2 | 延期－投機の理論による生産・流通システムの決定 |

次元＼領域	生 産	流 通
時 間	受注生産 ／ 見込み生産	短サイクル ／ 長サイクル
空 間	分散生産 ／ 集中生産	分散在庫 ／ 集中在庫

各セルは，延期／投機の2分法で表現されている。生産および流通活動に関する意思決定を実需発生点近くまで引き延ばすのか（延期），それ以前に前倒しするのか（投機）によって，生産・流通システムは大きく変わってくる。

（出所）　矢作［1994］，68ページ。

延期と投機という2つの原理によってチャネル・システムの構成を説明するものである。ここで延期とは，製品の生産から消費に至る一連の流れのなかで，製品形態の確定と在庫形成を消費現場に近い点まで引き延ばすことを意味し，反対に投機とは，消費現場から遠い点で前倒しして製品形態の確定と在庫形成を行うことを意味している。単純化していうと，延期とは，実需が把握されるまでできるだけ製品の生産を引き延ばし，実需があるたびにこまめに店舗への納品を行うものであり，これによって消費者ニーズに適合した生産・流通体制ができあがる。一方，投機とは，実需の把握を待たず，需要予測などに基づく計画的生産によってできるだけ早く製品を生産し，できるだけ早くまとめて店舗へ納品するものであり，これによってメーカーは大きな規模の経済性を得ることができる。

　図11-2は，矢作敏行によって示された，延期－投機の理論

第 11 章　流通チャネル対応　　265

に基づく生産・流通システムの代替案である（以下では，矢作[1994]の論述に沿って内容を検討する）。

図にみられるように，延期か投機かという意思決定は，生産活動と流通活動という2領域についてあり，それぞれがまた時間と空間という2次元をもっているので，合計4つの意思決定を行うことになる。

まず，生産活動の時間の側面についてみれば，延期の原理にしたがうなら実需が発生してから生産する受注生産を，投機の原理にしたがうなら実需発生以前の計画に基づく見込み生産になる。受注生産は在庫リスクはないが，納期が遅くなる。また小ロット生産なのでコストが高くつく。一方，見込み生産はその逆となる。

空間の側面では，延期型の場合，消費者の購買地点に近接させるため多数分散生産となり，投機型の場合，原材料の集積地近くで生産するため少数集中生産となる。延期型の分散生産では，原料・部品・半製品の物流が販売地点近くまで行われるので，物流費が節約でき，製品化後の納品リードタイムも短くなるが，規模の経済性が失われる。一方，投機型の集中生産はその逆となる。

次に，流通活動の時間の側面では，納品リードタイムと店頭在庫期間という2つの要因がある。延期の原理にしたがうなら，発注を購買時点近くまでできるかぎり引き延ばす短い納品リードタイムを，また店頭在庫期間が短くなる上流集中在庫とそこからの小ロット流通をとることになる。一方，投機の原理にしたがうなら，発注を前倒しで行う長い納品リードタイムを，また店頭在庫期間が長くなる下流集中在庫とそのための大ロット流通をとることになる。延期型の場合には流通業者のコストは小さくなり，投機型ではメーカーのコストが小さくなる。

空間の側面では，延期型の場合，在庫位置が消費者の購買地点の店舗に近づく分散在庫となり，投機型の場合，店舗から離れた所に地理的に集中させる集中在庫となる。分散在庫では配送費用・配送時間が短縮されるが，配送拠点が増えるため在庫水準は上昇し，各種流通費用も増大する。集中在庫はその逆となる。

メーカーとしてはできるかぎり投機の原理にしたがった生産・流通活動を行い，規模の経済性を獲得しようとする。すなわち，集中した場所で見込み生産を行い，集中在庫を長サイクルで流通に流すことによって，規模の経済を享受するとともに，リスクは流通にかぶせるのである。それに対し，小売の立場からすると，延期の原理にしたがいたいことになる。すなわち，実需にあわせてメーカーに受注生産を行わせ，分散生産・分散在庫で店舗の近接点に商品をもってもらい，短サイクルの配送で在庫負担を軽減してもらうのである。

従来のメーカー主導型チャネルにおいては，上記の投機の原理によるチャネル・システムが支配的であった。しかし，近年のように消費者ニーズやライフスタイルが多様化し，CS（顧客満足）が重視される状況のなかでは，意思決定を消費現場に近づけるなんらかのかたちの延期の原理の導入が必要である。ただ，小売業だけが延期の原理を導入して発注を実需ぎりぎりまで遅らせても，メーカーや物流の体制が延期の原理によって再構築されていないと，納品が遅れるだけである。すなわち，延期の原理は，メーカーや小売業がそれぞれ個別に導入してもなかなか成功するものではなく，チャネル・システム全体で取り組んではじめて効果を発揮するものであり，ここにこそ近年の製販同盟やSCM，また「対立から協調へ」などといわれる取り組みの必然性があるので

第 11 章　流通チャネル対応　267

Column ⑪　ユニクロとしまむら──流通チャネルの革新

　日本のアパレル業界で流通チャネル革新を成し遂げたユニクロとしまむらであるが，そのビジネスモデルはまったく異なる。

　ユニクロは，完全 SPA（製造小売）であり，流通チャネルの「製」（生産機能），「配」（中間流通機能），「販」（小売機能）のすべてを自社内に一気通貫としてもち，市場での販売情報を即座に生産工場につなげることによって，非常に効率的なシステムを作り上げた。完全自社オリジナルの SPA 商品は，企画を外すと大きな損失を被るものだが，ユニクロでは，当初は中国の工場，近年は，さらにアジア全域の工場から，「単品大量 MD」（1 アイテム当たり数万〜数十万のロットで調達）を行うことによって，破壊的な低価格を実現している。さらに，中国などのパートナー工場に技術指導をする匠プロジェクトによって，低価格で高品質を達成し，ベーシック・カジュアルでは圧倒的な競争力を身につけた。

　一方，しまむらは，「多品種・多アイテム・少量品揃え」の集荷型小売業で，標準店でユニクロの約 100 倍の 4 万〜5 万アイテムを，婦人服なら 1 アイテム当たり 2 着までと徹底している。MD 政策の特徴は，「売り切れ御免」で，常に新商品で売場鮮度を高めている。取引先は約 500 社で，しまむらが，「返品なし，未引き取りなし，赤黒（下代を下げさせての再納入）なし」の業界一クリーンといわれる取引を行うので，優先的に売れる商品が集まってくる。それら商品を，宅配便の 4 分の 1 のコストといわれる自社物流網で，頻繁に売れる店へ移動させる店間移動によって，売り切っていくのである。そのことは，同業他社の半分以下といわれる値下げ率 4.9%（2006 年 2 月期）に表れている。

　このようにまったく異なるビジネスモデルの両社であるが，共通しているのは，卸に頼らない流通システムを作り上げた点である。それが両社の今日の競争力を作り上げたと考えられる。

（出所：月泉博［2009］，『ユニクロ vs しまむら』日本経済新聞出版社）

ある。

　たとえば，花王をはじめ最近の消費財メーカーのロジスティクス戦略においては，在庫投資は集中在庫のメリットをもたせつつ（投機），納品リードタイムや店頭在庫期間では短縮化を図る（延期）というように，流通の時間次元で延期の原理を導入している。また，セブン-イレブンなどの CVS（コンビニエンス・ストア）の弁当や調理パンでは，受注生産に近いかたちで分散生産がなされるなど延期の原理が導入され，流通面でも短サイクル・分散在庫の延期型流通システムが確立してきている。いずれの場合も，店頭販売情報を生産段階に頻繁かつ正確に投入する情報システムと，その指示のもとで機動的に運営される物流システムがそれらの基礎をなしている。その意味で，情報システムの構築は，製販同盟，SCM の必要不可欠な要素である。

チャネル・コンピタンスの時代へ

戦後の消費財メーカーの拡大のなかで，流通チャネルのリーダーは消費財メーカーであり，彼らの構築した大量生産・大量流通のシステムのもと，メーカーの流通チャネル対応はいかに効率的なチャネル運営を行うかというチャネル管理に焦点が置かれていた。1960 年代に台頭した大手スーパーは，メーカーに対する拮抗力としてチャネル・システム内のパワー構造を大きく変えたが，システム自身は依然としてメーカーの大量生産・大量流通の枠内にとどまっており，焦点はやはりチャネル管理にあった。それが近年の消費者行動の多様化と，インターネットを含む情報システムの飛躍的発展のなかで，生産・流通システム自身も大きな変革を遂げるべき時代になっている。製販同盟や SCM，また e コマースのめざすゴールは，旧来の大量生産・大量流通シ

ステムを超えた，より顧客ニーズに密着した新たな流通チャネル
の構築にあると考えられる。

ハメル（G. Hamel）とともにコア・コンピタンス（企業の中核的
競争力）概念を提出したプラハラード（C. K. Prahalad）によると，
当該企業だけによるコア・コンピタンスに加え，拡張された企業
群（当該企業に加え，サプライヤー，提携企業を含む）によるコン
ピタンス構築が必要だと言う（C. K. プラハラード゠V. ラマスワミ
[2000]「カスタマー・コンピタンス経営」『DIAMOND ハーバード・ビ
ジネス・レビュー』11 月号）。この拡張された企業群によるコンピ
タンスとは，言ってみれば，チャネル・コンピタンスとでも呼ぶ
べきものであり，まさに製販を巻き込んだ新たなチャネル・シス
テムがその中心になると考えられる。さらに近年では，ネットや
スマホの普及のなか，そこにいかに消費者を巻き込むかがポイン
トとなっており，セブン＆アイのオムニチャネルなど多くの取り
組みもみられる。

製販同盟や SCM が叫ばれ，ファッションの SPA やネットチャ
ネルなどが脚光を浴びる現在，まさにチャネル・コンピタンスが
問われる時代になっているのだと考えられる。

◀ **本章で学んだキーワード** ▮　　　　　　　　　　KEY WORD

開放的チャネル政策　　排他的チャネル政策　　選択的チャネ
ル政策　　垂直的マーケティング・システム（VMS）　　企業
システム　　契約システム　　管理システム　　取引コスト
高集中度販路／低集中度販路　　チャネル・リーダー　　建値
制　　リベート　　パワー・コンフリクト論　　SCM　　SPA
延期－投機の理論　　チャネル・コンピタンス

270　　第 III 部　市場への対応

演習問題

1. 高集中度販路における消費財メーカーのチャネル管理の戦略は、今後どうあるべきか考えてみよう。
2. メーカー、卸、小売それぞれのパワーの源泉を列挙してみよう。また、それぞれにおいて最も大きなパワーとなるものはなんだろうか。
3. 消費財メーカーにとって、大手小売業と戦略同盟を結ぶ際のメリットとデメリットを考えてみよう。

参考文献

石井淳蔵［1983］,『流通におけるパワーと対立』千倉書房。

江尻弘［1983］,『流通系列化』中央経済社。

住谷宏編［1992］,『大転換期のチャネル戦略』同文舘出版。

三村優美子［1992］,『現代日本の流通システム』有斐閣。

矢作敏行［1994］,『コンビニエンス・ストア・システムの革新性』日本経済新聞社。

矢作敏行［1996］,『現代流通』有斐閣。

圓川隆夫編著「2015」,『戦略的 SCM』日科技連出版社。

第12章 競争対応

競争優位のための戦略対応

本章のサマリー

マーケティングの 4P は，マーケティング・ミックスと呼ばれるように，ひとつのシステムとしてまとまってこそ最大の戦略的パワーを発揮する。本章で取り上げる競争対応の戦略は，それらマーケティング・ミックスの最適なシステム構築を方向づけるものである。

まず競争対応の枠組みを押さえたうえで，ポーターの 3 つの基本戦略，製品ライフサイクル別戦略，競争地位別戦略を順に検討していく。ポーターの 3 つの基本戦略は，各企業が競争優位をいかに獲得するかにかかわるものであり，マーケティング・ミックスの根本的方向づけを行うものである。後の 2 つの戦略は，製品ライフサイクル別戦略が，製品のライフサイクルという動態的な切り口からのマーケティング・ミックスの管理にかかわる戦略であるのに対し，競争地位別戦略は，ある一時期のシェア順位という構造的な切り口からのミックス管理にかかわる戦略である。

これら競争対応の諸戦略が，各企業の 4P 戦略を方向づけ，マーケティング・ミックスとしてのシナジー（相乗）効果を引き出していく。

272　第 III 部　市場への対応

1 競争対応の枠組み

● 4P を方向づける戦略指針

　前章までの 4 章で，マーケティング戦略の基本である 4P のそれぞれについてその内容を検討してきた。これら 4P 戦略はそれぞれターゲット顧客と最も適合するかたちで構築されるわけであるが，序章でも述べたように，全体として効果的なマーケティング・ミックスを構成するためには，4P の間での適合も非常に重要である。

　しかし，たとえば，高級品が高価格，専門店，専門雑誌と適合し，普及品が中価格，スーパー，テレビ CM と適合するように，4P 間の適合パターンには複数のものが考えられる。それではどの戦略パターンを採用すればよいのだろうか。それを方向づけるのが，本章の競争対応の戦略である。

　ランバン（J.-J. Lambin）によると，現代のマーケティングの体系は，経営戦略的色彩の強い戦略的マーケティングと，従来からの 4 P の管理にかかわるマーケティング・マネジメントから構成される。そして両者を橋渡しするのが，競争対応の戦略（ランバンの用語では展開戦略）である。すなわち，製品ポートフォリオ管理によって各事業部への基本的投資行動が決定されたのを受けて，各 SBU（戦略事業単位）ごとに事業戦略が策定されるが，この事業部別の競争対応の戦略が，マーケティング（4P 戦略）を中核とする各機能戦略を方向づけるものなのである。

　以下では，競争対応の戦略として，まずポーターによって示された競争の 3 つの基本戦略を，続いて製品ライフサイクル別の

第 **12** 章　競　争　対　応　　273

戦略を，そして最後に競争地位別の戦略を検討する。

2 ポーターの3つの基本戦略
●コスト・リーダーシップ，差別化，集中

ポーター（M. E. Porter）によると，企業の競争戦略は，他社に対する競争優位のタイプ（コスト優位か差別化か）と戦略ターゲットの幅（広いか狭いか）に基づき，①コスト・リーダーシップ，②差別化，③集中（コスト集中および差別化集中）という3つの基本戦略に分類される（図12-1）。

これらポーターの3つの基本戦略は，各企業が競合他社との

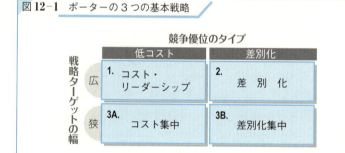

図12-1 ポーターの3つの基本戦略

競争優位の確立の仕方は，生産サイドの効率化によるコスト・リーダーシップと，需要サイドへの効果的対応による差別化とに大きく分けられる。また，ターゲットを狭く限定し，経営資源を集中することによっても競争力は高まる。ただ，この場合も，集中しただけでは競争優位は得られず，コスト集中もしくは差別化集中を達成して初めて競争優位が確立される。

（出所）ポーター［1985］，16ページ。

間にいかに差別的優位性を築き上げるかを決定するものであり，これら戦略選択の意思決定は，その後の４Ｐ戦略を大きく規定するものである。

コスト・リーダーシップ戦略

まず，コスト・リーダーシップ戦略は，３つの基本戦略のなかでは最も明快な戦略である。なぜなら，コストという判断基準の明快な尺度上での低コストが目的となるからである。コスト削減の対象になるのは，生産コストのほかに調達コスト，流通コスト，開発コスト，情報コスト，その他すべてのコストが考えられる。そのための戦略変数（企業が操作可能な戦略手段）は，ポーターによると，規模の経済性，操業度，チャネルとの共同行動・垂直統合，参入時期（先発・後発），技術投資等々，すべての企業活動が考えられる。

以上のうち，どの次元が重要かは業界によって異なるが，たとえば，近年，電機や自動車業界におけるOEM（相手先ブランドによる生産）や，食品や日用雑貨品業界におけるNB（ナショナル・ブランド）メーカーのPB（プライベート・ブランド）受託などが多くみられるのは，操業度の向上による生産のコスト優位の獲得をひとつの目的とした戦略展開だと考えられる。

差別化戦略

次に，差別化戦略は，消費者が欲するなんらかの次元において，自社を他社から差別化する戦略である。差別化の対象として，製品のほかに，販売チャネル，広告・販促，アフターサービス体制，その他多くの企業活動が考えられる点は，コスト・リーダーシップ戦略と似ている。しかし，コスト・リーダーシップ戦略がすべての戦略次元で，「低コスト」という単純明快な目的を設定できるのに対し，

第12章　競争対応　275

差別化戦略は一筋縄ではいかない。それは，差別化されているかどうかを最終的に決定するのが消費者だからである。

消費者が製品・サービスから得るベネフィットはコスト・パフォーマンス（パフォーマンス／コスト）と言い換えられるが，消費者が差別化されていると感じるのは，他社製品に比べ，消費者が支払うコスト（分母）が低いか，消費者が得るパフォーマンス（分子）が高いときである。ここで消費者のコストには，単に支払った製品価格だけでなく，維持コストや取り替えコスト，また買物コストや各種の時間コストなど多くのものが含まれる。たとえば，車の低燃費は維持コストを低下させる差別化であるし，飲料の大容量ペットボトルは小容量のものを複数回買う手間を省くということで買物コストを低下させる差別化である。

一方，消費者の得るパフォーマンスをあげるための方策は，製品や属性によってその難しさが異なる。たとえば，車の馬力は大きいほどパフォーマンスは高いし，電話のワンタッチダイヤルのメモリー数も多いほどパフォーマンスは高い（もちろん限界効用は逓減する可能性がある）。しかし，車のデザインで丸型と角型のどちらがパフォーマンスが高いか，電話の色で黒と白のどちらがパフォーマンスが高いかは即座には判断できない。それは，馬力やメモリー数が優劣を客観的に判断できる思考型属性であるのに対し，デザインや色は優劣を客観的に判断できない感情型属性だからなのである。

この感情型属性には，五感にかかわる色・デザイン，香り，味，音，手触り，そしてイメージが含まれる。したがって，香水の香りの差別化，ヨーグルトの味の差別化，ファッション・ブランドのイメージの差別化などは，同様に，非常に難しく創造性を要す

る作業である。思考型属性の場合も，感情型属性の場合も，差別化戦略の展開にあたっては，消費者調査およびその分析によって消費者のニーズがどこにあるかを把握することが基本である。しかし，感情型属性の最大の難しさは，思考型属性と異なり消費者のニーズの位置が非常に変化しやすいという点である。たとえば，昨日まで丸型の車がいいといっていた人が今日には角型の車に乗っていたり，ミニスカートが似合っていた女性が急にロング丈のスカートをはき始めるといったことは日常茶飯事である。変化するニーズをとらえるのは非常に難しい。

しかし，この可変的という特徴が，反対に狙い目ともなる。すなわち，感情型属性は，企業からの働きかけによっても変化しうるのである。パリやミラノ，ニューヨーク，東京などで開かれる春夏や秋冬のコレクションのショーは，ファッションに対する消費者の可変的なニーズに働きかけるものである。このように感情型属性の差別化については，単に消費者調査に基づく戦略だけでなく，むしろその製品・業界のプロとしての企業の側からの提案に基づく戦略が非常に重要である。

集中戦略　　第3の集中戦略は，ターゲットを業界平均より狭く限定し，そこに集中する戦略であり，競争優位のタイプによってコスト集中と差別化集中に分けられる。どちらの集中戦略をとるにせよ，狭いターゲットに集中することによって，そのターゲットに最適な戦略を展開することが可能になる。そのターゲットでの競争相手には広いターゲットを対象としている企業もあるだろうが，彼らは全対象ターゲットでの最適化を図るため，集中戦略の企業が対象とする特定ターゲットに最適な手はなかなか打てない。たとえば，自動車業界で

第12章　競争対応　　277

図12-2　集中戦略におけるターゲットの限定法

| | | 買い手のタイプ | | |
		保険会社	銀　行	投資会社
製品の種類	データベース	A社, B社	A社	A社
	モ　デ　ル	B社		
	コンサルティング	B社		C社

ターゲットの限定の仕方には，買い手をその特性に応じて直接細分化する方法と，製品を細分化して特定製品への顧客層に集中する方法の2つがある。要は，製品一市場のマトリックスのなかで，自らが最も競争優位を発揮できるセグメントを探し出すことである。

(出所)　ポーター［1985］，319ページ。

ポルシェはターゲットを高級スポーツカー市場に集中しているが，そのターゲットに対しトヨタはスープラなどしか提供できなかった。こうした妥協をしなければならない理由には，コストの問題や企業イメージの問題などがある。このように広ターゲット企業は特定ターゲットに対し最適な戦略を打ちづらいわけであり，そこが集中戦略企業の狙い目となる（トヨタはこのジレンマに対処するため，2005年にレクサス・ブランドを立ち上げた）。

　ターゲットの限定の仕方は，買い手（組織購買者・最終消費者）と製品という2つの方向が考えられる。たとえば，企業向けの情報サービスを考えた場合，図12-2のようなターゲットの選択方法が考えられる。ここでA社は，データベースという製品をすべての買い手に販売しており，製品視点の集中戦略である。それに対し，B社は，保険会社という買い手にすべての情報サービスを提供しており，買い手視点の集中戦略である。一方，C社は，投資会社にコンサルティングを売っており，両視点を組み合わせ

278　第III部　市場への対応

た集中戦略である。消費財では，音響製品を考えた場合，たとえばスピーカーだけを生産・販売するのが製品視点の集中戦略であり，マニア向けに高級音響製品をフルラインで生産・販売するのが消費者視点の集中戦略である。

　もちろん，集中戦略が必ずしも成功するというわけではない。成功のためには，集中する買い手または製品が，他の買い手または製品に比べて異質でなければならない。すなわち，買い手のニーズが大いに異なるか，製品の生産・流通方法が大いに異なることが必要である。したがって，たとえばある企業が，フローズンヨーグルトの生産・販売に集中しようとしても成功する可能性は少ない。なぜなら冷菓ということで，アイスクリーム市場と買い手のニーズが近く，また流通チャネルも非常に近いからである。広ターゲット戦略の企業からすれば，複数ターゲット間に関連性が見出せれば，集中戦略の企業に対抗可能である。この例では，アイスクリーム購買層とフローズンヨーグルト購買層は関連性が高いので，両者を扱う大手メーカーは豊富な品揃えによる流通への効果的な提案によって，フローズンヨーグルトへの集中戦略企業を駆逐することができる。

　集中戦略企業の競争相手は，広ターゲット戦略企業だけではない。さらに細かい集中戦略をとる新たな新規参入企業との競争も待ち受けている可能性がある。たとえば，図12-2でデータベースを保険会社・銀行・投資会社に販売しているA社は，顧客を保険会社だけに限定し，保険会社に最も適合するデータベースだけを扱うD社が出現した場合，大きな打撃を受けることだろう。したがって，ターゲットの広さについては，絶え間なくチェックすることが必要である。

第12章　競争対応　279

3 製品ライフサイクル別戦略
●動態的な競争対応への視点

**製品ライフサイクルの
とらえ方**

ポーターの3つの基本戦略が、競争優位
をどのように確立するかという企業の根
本的な競争対応を規定するものであった

のに対し、製品ライフサイクル別戦略は、製品のライフサイクル
の展開にともなうマーケティング・ミックス構築の動態的な方向
づけを行うものである。

すでに第8章でみたように、すべての製品には導入期・成長
期・成熟期・衰退期という製品ライフサイクル（product life cycle
〔PLC〕）がある。導入期には製品の認知が、成熟期にはブラン
ド・ロイヤルティの確立が重要なように、PLCの各段階におい
てマーケティング戦略の基本的目的は異なり、それが各段階の
マーケティング・ミックスの構成を大きく規定することになる。

このPLCのとらえ方には、いくつかの次元がある。たとえば、
東芝のノートパソコンの dynabook を考えた場合、そこには、製
品クラスとしてのパソコンのPLC、製品形態としてのノートパ
ソコンのPLC、ブランドとしての dynabook のPLCがある。こ
こで、製品クラスは第6章で分析した、いわゆる業界（市場）に
対応し、製品形態は業界内のサブ市場に対応し、ブランドはそれ
ら市場の構成要素である。パソコンをフルラインで提供している
企業には製品クラスのPLCがまず重要であろうし、ノートパソ
コンへの集中戦略をとっている企業にはノートパソコンのPLC
が、さらに各企業のブランド・マネジャーにはブランドのPLC

280　第 III 部　市場への対応

表 12-1　PLC の段階別の特徴・目的・戦略

		導入期	成長期	成熟期	衰退期
特徴	売　上	低	急成長	ピーク	低　下
	コスト	高	平　均	低	低
	利　益	マイナス	上　昇	高	低　下
	顧　客	イノベーター	初期採用者	大　衆	採用遅滞者
	競争者	ほとんどなし	増　加	安　定	減　少
マーケティング目的		知名とトライアル	シェアの最大化	利益最大化とシェア維持	支出削減とブランド収穫
戦略	製　品	ベーシック製品	製品拡張サービス, 保証	多様なブランド, モデル	弱小アイテムのカット
	価　格	コスト・プラス法	浸透価格	競合者対応	価格切り下げ
	チャネル	選択的	開放的	より開放的	選択的：不採算店舗の閉鎖
	広　告	初期採用者とディーラーへの知名	大衆への知名と関心喚起	ブランドの差別的優位性の強調	コア顧客維持必要水準まで削減
	販　促	トライアルをめざし集中実施	消費者需要が大きいため削減	ブランド・スイッチをめざし増加	最小限に削減

PLC の段階別に企業内環境（売上・コスト・利益）と企業外環境（顧客・競争者）が異なり，それらをもとに各段階のマーケティング目的が設定され, その目的を達成するのに最適な 4P 戦略が策定される。

（出所）　Kotler, P.［1994］, *Marketing Management*, 8th ed., Prentice-Hall, p. 373.

が重要である。

　表 12-1 は，PLC の各段階別の特徴やマーケティング目的，マーケティング戦略をまとめたものである。これは基本的には，製品クラス（業界・市場）の PLC を想定して整理されたものであるが，若干の修正を加えれば製品形態の PLC やブランドの PLC

にも応用可能である。

製品ライフサイクル段階別の対応

表のマーケティング目的の欄にあるように，各段階別にマーケティング目的が異なっており，それに規定されて各段階の最適なマーケティング・ミックス（4P）が方向づけられる。

すなわち，新製品の知名とトライアルが最大目的となる導入期においては，広告・販促に力点を置きつつ，ベーシックな製品で入り込めるチャネルから徐々に展開していく。次に，競争が激しくなり，シェアの最大化が目的となる成長期には，価格を下げ，チャネルを広げていくことが中心になる。続いて，成長率が鈍化して売上拡大が難しくなり，利益最大化とシェア維持が目的となる成熟期においては，多様なブランドやモデルの展開を中心に，広告・販促を増やしてブランド・ロイヤルティを高めていく。最後に，支出削減とブランド収穫が目的となる衰退期には，コスト削減に向けてのあらゆる戦略を4P全般にわたって行う。

このようにすべての製品にはPLCがあり，その段階に応じて基本的戦略が異なってくるわけである。すべての製品にPLCがあるということは，いかなる製品といえどもいつかは衰退期を迎える可能性があるということでもある。したがって，製品ミックスの構成にあたっては，各製品・ブランドのPLCの状況を考えながら最適なミックスを作り上げていかねばならない。たとえば，カルピス食品工業（現・カルピス）は，1980年代にカルピスの売上減少によって大きな打撃を受けていた。それまでのカルピスの強さに安住し，それに次ぐ新しい製品開発を怠ってきたからであった。市場から支持を得ていた濃縮飲料の，そのなかでも無敵のカルピスといえども，売上が減少する時期がくるのである。した

282　第III部　市場への対応

がって，基幹製品が成熟期を謳歌している間に，そこで得た利益をもとに新製品を導入・育成していくことが製品ミックスの展開のうえで必要である。カルピス食品工業では，1989 年に成長製品の機能性飲料オリゴ CC を市場導入することによって，製品ミックスのアンバランスを解消していった（その後，健康志向の流れに対応し，97 年にアミール S，2002 年に健茶王を発売）。

> **デファクト・スタンダードをめぐる競争**

以上の PLC 別戦略は，基本的にすべての製品（とくに消費財）に適用できるものであるが，電機やコンピュータなどのハイテク製品分野においては規格という新たな問題がそこに加わってくる。

家庭用 VTR において，ソニーのベータマックスがビクターの VHS に敗れたのはあまりにも有名な話であるが，このように互換性のない規格同士の競争は，一般的な製品の競争と異なり，オール・オア・ナッシングの競争になりやすい。すなわち，デファクト・スタンダード（事実上の標準）の座を勝ち得るかどうかによって，早期に，それも決定的な決着がついてしまうのである。

このような規格競争での敗者には，通常の製品間競争と異なり挽回のチャンスがない。挽回するためには，ソニーの 8 ミリビデオのように，新たな規格によって競争をしかけていくしかないのである。この規格競争の勝者となっていくためには，性能面の競争優位に加えて，規格のファミリー企業をいかに作り上げるかが重要である。たとえば，2000 年代に世間を騒がせた次世代 DVD の業界標準規格獲得へ向けての競争状況（ソニー，松下などのブルーレイディスク〔BD〕と東芝などの HD-DVD）など，その例は至るところで見出されよう。このように規格が大きな役割を果

たすハイテク製品においては，PLC の導入期におけるファミリー企業の育成とデファクト・スタンダードの獲得が，他のいかなるマーケティング目的よりも決定的に重要である。

4 競争地位別戦略
●構造的な競争対応への視点

　PLC 別戦略が，PLC の 4 段階別の 4P 戦略を方向づけるものであったのに対し，競争地位別戦略は，市場におけるシェア順位という競争地位別の 4P 戦略を方向づけるものである。表 12-1 でみたように，競争者数が安定し，市場の競争地位が固まってくるのは成熟期なので，この競争地位別戦略は，とくに PLC の成熟期に妥当する戦略といえる。

　競争地位はそのシェア順位に応じて，リーダー，チャレンジャー，フォロワー，ニッチャーの 4 類型に分けられる。すなわち，業界のトップ企業のリーダー，2 番手企業のチャレンジャー，3 番手もしくはそれ以下のフォロワー，そしてシェアは大きくないが集中戦略をとるニッチャーである（本章では 3 番手企業をフォロワーとするコトラー〔P. Kotler〕らの分類に基本的に従ったが，3 番手でもチャレンジャーやニッチャーという場合もありうる）。表 12-2 は，競争地位別の競争対応および 4P 戦略をまとめたものである。

リーダー企業の競争戦略

市場のトップ企業のリーダーは，現在の最大シェア，最大利潤，名声を維持することが目標となるため，競争の基本方針は市場内のすべてに対応する全方位型となり，ターゲットもすべての顧客を対象とするフルカバレージとなる。この基本方針

284　第 III 部　市場への対応

表 12-2 競争地位別戦略

競争地位	市場目標	競争対応戦略 競争基本方針	需要対応戦略 市場ターゲット	需要対応戦略 マーケティング・ミックス政策
リーダー	・最大シェア ・最大利潤 ・名声・イメージ	全方位	フルカバレージ	・製品：中～高品質を軸としたフルライン化 ・価格：中～高価格水準 ・チャネル：開放型チャネル ・プロモーション：中～高水準，全体訴求型
チャレンジャー	・市場シェア	差別化	セミフルカバレージ	・製品 ・価格 ┓対リーダー ・チャネル ┛との差別化 ・プロモーション
フォロワー	・生存利潤	模 倣	経済性セグメント	・他社並み・以下の品質 ・低価格水準 ・価格訴求チャネル ・低プロモーション水準
ニッチャー	・利 潤 ・名声・イメージ	集 中	特定市場セグメント （製品・顧客層の特化）	・製品：限定ライン，中～高品質水準以上 ・価格：中～高価格水準 ・チャネル：限定型・特殊型チャネル ・プロモーション：特殊訴求

> フルラインかつフルカバレージ戦略をとるリーダー企業は，各市場セグメントに対してはなんらかの妥協をせざるをえない場合がある。その点が，チャレンジャー企業の差別化戦略の，そしてニッチャー企業の集中戦略の狙い目となる。

（出所） 嶋口・石井［1995］，214 ページを若干修正。

に，4P 戦略は方向づけられる。フルカバレージを達成するために，製品戦略はフルライン，チャネル戦略は開放型，プロモーション

も中～高水準となる。また，売上・利潤のトップを維持するために中心顧客は大衆層となり，名声の維持も考慮して，製品戦略・価格戦略は中～高水準に設定される。

リーダーの戦略定石には，周辺需要拡大，非価格競争，同質化対応がある（嶋口・石井［1995］）。

第1の周辺需要拡大とは，業界全体の需要を底上げしていく戦略である。当該製品への需要を拡大できた場合，その新規拡大分が現在のシェア構成に応じて各企業に分配されるとしたら，結果的にリーダーの取り分が最も大きくなり，リーダーのメリットが一番大きい。しかし，さらに重要なポイントは，この新たに獲得された顧客層は，新製品の普及過程研究（第5章参照）にいう「後期大衆」などである場合が多いという点である。当該製品の採用時期が遅い彼らは，当該製品に対する関与が相対的に低い層と考えられ，そのような低関与・低知識の消費者は，ブランド・イメージなどからトップ・ブランドを購入する可能性が高い。その結果，リーダーの取り分は，現在のシェア構成以上に高まることが大いに予想されるのである。業界団体による需要拡大キャンペーンなどをテレビなどでみることがあるが，それによって拡大した需要から最も恩恵を受けるのがリーダー企業である。

第2の非価格競争は，リーダーがとくに遵守すべき定石である。なぜなら，価格競争は最大シェアのリーダーに利潤縮小のダメージが最も大きいだけでなく，確立したブランド・エクイティやイメージの低下をももたらすからである。このように価格引き下げ戦略は，競合他社の報復的もしくは追随的価格引き下げを招き，泥沼の価格競争に陥ることがあるので，非価格競争がリーダーの戦略定石となるのである。ただ，この戦略定石の前提には，

価格引き下げには他社が追随してくる，という考え方がある。したがって，この前提が成り立たない場合には，リーダーといえども価格競争が可能となる。たとえば，ハンバーガー業界のマクドナルドは，リーダーであるにもかかわらず，1998年以来期間限定で，また2000年からは平日限定で，ハンバーガーおよびチーズバーガーを半額の65円，80円で販売し，売上・利益とも大いに伸ばした（2005年からは，「100円マック」を開始して成功）。このように他社が効果的に追随できない場合には，リーダー企業も価格競争を仕掛けていくことは可能である。

　第3の同質化対応は，簡単にいえば，他社のまねをする，ということである。たとえば，ビール業界において当時の3位，4位メーカーであるサッポロビールとサントリーは，1994年から翌年にかけて，麦芽比率を減らした低価格の発泡酒という新ジャンルの製品を発売し，上位メーカーに対する差別化戦略を展開した。それに対し，リーダー企業のキリンビールは，市場が成長してくるのを待っていたかのように，1998年に同じく発泡酒市場に参入するという同質化戦略をとり，あっという間にほぼ半分のシェアをおさえるに至った（2005年には，第3のビールにおいても，先発のサッポロビールに対して，同じく同質化戦略でシェアトップに躍り出た）。このようにリーダー企業は，同じことをやっても（同質化戦略をとっても），販売力やブランド力，技術力や生産力の優位性によって，下位企業に勝つことができるのである（このようなリーダー企業による同質化戦略の成功例は，後発優位〔第8章参照〕の代表的な成功例ともとらえられる）。

　〈リーダー企業のアキレス腱〉　しかし，リーダー企業が常に同質化対応の戦略をとれるわけではない。規格競争の場合と対流通業競

争の場合は，簡単にはいかない。

　たとえば，家電のほとんどの製品でトップシェアを誇るパナソニック（旧・松下電器）が，ビデオカメラで1994〜96年にシェア3位に甘んじていたのは，当時のシェア1位，2位のソニーおよびシャープが8ミリであるのに対し，松下はVHS-Cであるという違いもひとつの要因であった。8ミリ陣営とVHS-C陣営は異なる戦略グループを形成しており，このような規格の差異による場合は，移動障壁は非常に高く，8ミリを市場導入すればソニーに肉薄する可能性がある松下としても同質化対応を行いにくかったのである（その後，ビデオカメラのデジタル化の流れのなかで，ようやく1997年に松下は2位の座を奪回した）。

　一方，1992年頃から食品や日用雑貨品業界を中心に，大手流通業の低価格PBが市場を席巻したが，このような対流通業との競争の場合も同質化対応は行いにくい。たとえば，ダイエーは1992年に，プレミアムアイス市場にPBのセービングアイスクリームバニラを470ミリリットルで299円と，乳業3社製品の特売時価格と比べてもかなり安い価格設定で導入したが，このような低価格戦略に対し乳業3社は同一価格帯の製品を提供して対抗することはできなかった。その理由は，メーカーのNB戦略と流通業のPB戦略とは戦略グループがまったく異なり，移動障壁もきわめて高いため，同質化して規模の差で対抗することが事実上不可能だからである。

　同じ土俵で戦っているかぎりは，リーダーの地位は同質化対応などによってかなり安泰であるが，異なる規格からの競争やコスト構造のまったく異なる流通業のPBからの競争に対しては，意外ともろい面があるのである。

288　第III部　市場への対応

> **チャレンジャー企業の競争戦略**

次に，2番手企業のチャレンジャーは，リーダーのシェアに追いつくことが目標となるため，4Pを含めすべての局面でリーダーとの差別化によってシェア拡大を図っていくことになる。ただ，経営資源でリーダーに劣るため，ターゲットはセミフルカバレージから始めざるをえない。

このように，チャレンジャーの戦略定石はリーダーとの徹底した差別化であるが，いくら差別化した戦略を展開しても，発泡酒や第3のビールの例のように，リーダー企業が同質化対応をしてくれば，せっかくの苦労が水の泡である。ではどうすればよいか。答えは，「同質化できない差別化」をめざすことである。

これは近年では，チャネル戦略において典型的にみられるものである。たとえば，損害保険業界では，リスク細分型自動車保険が1997年に認められたのを受けて，アメリカンホーム保険やチューリッヒ生命などが同種保険を電話やインターネットによる通販によって展開し，上位企業のシェアを侵食している。それに対し，上位企業の同質化の動きは鈍い。その理由は明らかで，損害保険業界では，営業部員や代理店網の大小が，これまで業界の市場地位を大きく決めてきており，トップに近い企業であればあるほど，それらのチャネルが強固なものとなっている。したがって，それら営業部員や代理店のことを考えると，いくらネット通販が急成長したからといって，おいそれとは同質化できないのである。同様な状況は，パソコン市場におけるデルコンピュータ（電話やネットによる直販）の動きにみてとれる。チャネルを維持する必要のあるNECや富士通にとって，デルコンピュータの戦略をおいそれとは同質化できないのである。

Column ⑫ リーダー企業の強みを弱みに変える
「ミノルタの α‐7000」

戦略の基本は弱いところを攻めることである。しかし，ブランド力や資金力に優るリーダー企業の弱みをみつけることは非常に難しい。そこで発想の転換である。いままで太刀打ちできないと諦めていたリーダー企業の強みを，弱みに転化させる方策を考えるのである。1985年に一眼レフカメラ市場で前年のシェア5位から，一気にトップに駆け上がったミノルタの戦略にその一例をみることができる。

当時，一眼レフ市場では，長年にわたって，キヤノンが不動のトップであり，ミノルタは大きく離されていた。その理由のひとつは，交換レンズにあった。すなわち，一眼レフ市場では，A社の交換レンズを購入した顧客は，次もA社のカメラを購入する確率が高く，その結果，上位メーカーのシェアはますます強固になっていくという傾向をもっていた。

それが，ミノルタが1985年に発売したAF（自動焦点）一眼レフカメラ「α‐7000」によって，状況は一変した。この「α‐7000」は，駆動モーターをボディに組み込んだ本格的なAF一眼レフカメラであり，画期的な技術革新で，カメラボディとレンズとの接合部であるマウントを，従来とは一新していた。マウントを変えることは，従来の交換レンズが使えなくなることを意味し，他メーカーがAF一眼レフカメラの市場導入に踏み切れなかった最大の理由もここにあった。実際，キヤノンがAF機能の研究開発に従事したのは，ミノルタより数年早かったが，本格的なAFカメラの実現のためにはマウント変更が必要であり，それは，市場におけるキヤノン・レンズ愛好家を裏切ることになり，キヤノンにはできない意思決定であった。

こうして，キヤノンにとっての強みであった多くのキヤノン・レンズ愛好家を，新製品導入を妨げる弱みに変えることによって，ミノルタの α‐7000 は一気にシェア・トップに駆け上がった。

（出所：山田［1995］）

290　第 III 部　市場への対応

もうひとつ代表的なものが，先にもみた規格戦略に関するものである。シェアを逆転された当時の松下が同質化戦略で対応できなかったのは，VHS-Cと8ミリというように規格が異なっていたからである。その意味で，トップ企業と異なる規格で市場を創造することができたなら，そのチャレンジャー企業の差別化戦略は，同質化されにくい非常に強力なものとなるわけである。

フォロワー企業の競争戦略

続いて，3番手以下企業のフォロワーは，トップ企業の座を窺うほどの経営資源は持ち合わせていないため，まずは着実に利潤をあげていくことが目標となる。そのためには，リーダーなどの成功した戦略を模倣し，製品開発その他のコストを極力抑えることが重要である。ターゲットは，中心市場での競争には勝てないので，中～低価格志向の経済性セグメントを中心にねらい，それにあわせた4P戦略を展開することになる。

フォロワーの戦略定石は，リーダーをはじめ成功企業の模倣を低価格で実現することにある。ただ，圧倒的にコスト優位な上位企業に対して，より低価格で対応することは難しく，結局，上位企業が力を入れない収益性の低い低価格市場に追い込まれることにもなりかねない。むしろ，フォロワーは模倣と同時に資源蓄積と研究開発に努め，シェアがある程度ある企業はチャレンジャーを，シェアの小さい企業はニッチャーをめざしていくべきであろう。たとえば，1980年代半ばにシェアが10％を割り込み，フォロワー的な状況にいたアサヒビールは，1987年にスーパードライを開発・市場導入することによって，チャレンジャー的ポジションに移行していった。

ニッチャー企業の競争戦略

最後に，ニッチャーは，シェアではなく利潤と名声・イメージを目標として集中戦略をとる。すなわち，ターゲットは特定市場セグメントに限定し，そこに到達するためにチャネルおよびプロモーションは特殊になることもある。また，製品および価格は高めをねらうことが多く，高収益をめざす。

このニッチャーの戦略定石は，集中による特定市場でのミニリーダー戦略である。消費財では，高級車，高級服，高級オーディオなど，高品質・高価格市場へのニッチャー戦略がよくみられる。たとえば，上述したプレミアムアイス市場への流通業の低価格PBの発売に対し，乳業系メーカーなどの大手が特売への積極的対応などなんらかの低価格対応をとらざるをえなかったのに対し，彼らより高価格のプレミアムアイスによって同市場に集中しているハーゲンダッツは，価格を堅持し，ニッチャーとしての強みを発揮していた。

一方，産業財では，集中戦略のところで述べた情報サービスのように，必ずしも高級市場に集中するわけではなく，特定顧客へのターゲット限定や特定用途向け製品への集中などがみられる。いずれにしろ，集中した市場においてはニッチャーはリーダーなのであり，そのニッチ市場内においてはリーダーの3つの戦略定石が使えることになる。

以上，4P戦略を方向づけ，マーケティング・ミックスとしてのシナジー効果を発揮させる競争対応の戦略をみてきた。いろいろな戦略例を検討してきたが，要は通時的な流れ（PLCなど）のなかで，また共時的な構造（競争地位など）のなかで，いかに競

争優位を確立するかというグランド・デザインをもてるかどうかにかかっている。そのためには，近視眼的でない，長期的でダイナミックな戦略眼が必要である。

本章で学んだキーワード　KEY WORD

ポーターの3つの基本戦略　コスト・リーダーシップ　差別化　思考型属性　感情型属性　集中　製品ライフサイクル別戦略　デファクト・スタンダード　競争地位別戦略　リーダー　チャレンジャー　フォロワー　ニッチャー

演習問題

1　ひとつの製品を取り上げ，その製品のライフサイクルの進行に応じて，市場における競争戦略がどのように変化したかを調べてみよう。

2　業界をひとつ取り上げ，各企業を4競争地位に分類したうえで，それぞれの企業が行っている戦略と戦略定石との異同を検討してみよう。

3　業界の2番手以下の企業をひとつ取り上げ，その企業が業界トップになるための競争戦略案を作成してみよう。

●参考文献●

青島矢一・加藤俊彦［2012］,『競争戦略論』第2版，東洋経済新報社。

コトラー, P.（村田昭治監修，小坂恕・疋田聡・三村優美子訳）［1996］,『マーケティング・マネジメント』第7版，プレジデン

ト社。

嶋口充輝・石井淳蔵［1995］,『現代マーケティング』新版, 有斐閣。

ポーター, M. E.（土岐坤・中辻萬治・小野寺武夫訳）［1985］,『競争優位の戦略』ダイヤモンド社。

山田英夫［1995］,『競争優位の［規格］戦略』ダイヤモンド社。

山田英夫［2004］,『逆転の競争戦略』新版, 生産性出版。

ランバン, J.-J.（三浦信・三浦俊彦訳）［1990］,『戦略的マーケティング』嵯峨野書院。

第 IV 部

市場との対話

第 13 章　サービス・マーケティング

第 14 章　ソーシャル・マーケティング

第 15 章　関係性マーケティング

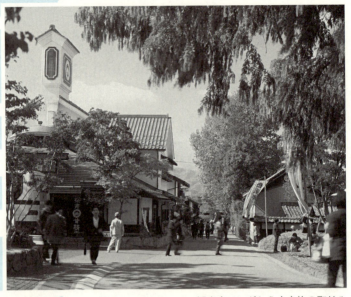

観光客でにぎわう小布施の町並み
（時事通信フォト提供）

第13章 サービス・マーケティング

サービス業のマーケティング戦略

本章のサマリー

われわれの身の回りには，さまざまなサービスが存在している。航空会社，鉄道会社，保険会社，銀行，広告会社，不動産会社，コンサルティング会社，監査法人，法律事務所，ホテル，テーマパーク，レンタル会社，美容院など，これらはいずれも形のないサービスを提供している。サービスを提供している会社がマーケティングを実践する場合，どのような問題点があるのだろうか。形のある製品のマーケティングと比べて，どのような違いがあるのだろうか。これらの点を理解してもらうことが本章のねらいである。

具体的には，まずサービスの重要性について触れ，有形財と無形サービスとの関係をいくつかの分類論をあげながら解説する。そして，サービスの特徴を5つの視点で整理する。マーケティング戦略という観点では，伝統的なマーケティングをエクスターナル・マーケティングとし，新たにインターナル・マーケティングとインタラクティブ・マーケティングという2つのマーケティングの重要性について理解してもらう。

1 サービスの重要性とマーケティング
●経済のサービス化とサービス・マーケティング

サービスの重要性

サービスに関するマーケティングが盛んに論じられるようになった背景として、経済全体にみられるサービス化と消費者によるサービス支出への高まりがある。こうした傾向は、わが国だけのことではなく、アメリカをはじめとする先進諸国に共通している。とくにアメリカでは、サービス産業がすでに国内総生産（GDP）の8割に達しており、日本でも7割を超えている。世界的にみても、すでに6割を上回っている。単身世帯の増加、高齢化社会への移行、自己志向の高まり、女性の社会進出、豊かさの高まり、こうした変化はいずれもサービス業を成長させる要因となっている。

　学問分野としてのマーケティングは、シャンプーや乗用車など形のある製品の販売と関連して発展してきた。マネジリアル・マーケティングが高度化された時期に、有形財が消費支出の中心だったこと、目にみえ実体が把握しやすかったこと、などがその理由である。だが、サービス業の発展を直視し、学問としてのマーケティングの発展を考えたならば、サービスに関するマーケティングがますます重要となることは明らかである。

サービスとは何か

サービスとは、どのようにとらえたらよいだろうか。これまでの説明である程度理解できると思うが、本章で扱うことになる領域をここで確認しておこう。

　多くの場合、サービスと有形財との識別は困難である。われわ

298　第**IV**部　市場との対話

れの回りをみても，多くの有形財はサービスをともなっているし，逆に，サービスのほとんどが有形財のサポートを必要としている。たとえば，コンピュータ・メーカーはコンピュータという有形財を販売しているが，修理などのサービスを提供することが多い。また，レンタカー会社は自動車のレンタルというサービスを提供しているが，自動車という有形財が不可欠である。

アメリカ・マーケティング協会（AMA）の定義によれば，「サービスとは，販売のために提供される，もしくは，財の販売と結びついて提供される諸活動，便益，満足」である。この定義にしたがえば，娯楽，ホテル，美容などはもちろん，販売員による助言や援助などもサービスに含まれる。つまり，単にサービスという場合には，耐久財にともなうアフター・サービスのように，販売の中心としての有形財に付随しているサービスも含まれることになる。これらすべてをサービス・マーケティングとして検討することは，かえって焦点を曖昧にしてしまう。

そこで本章では，対象とされるサービスがあくまで販売の中核に位置している“サービス業”のマーケティングを中心に論じることにする。たとえば，配送を考えた場合，宅配便はサービス・マーケティングの対象に含めるが，有形財の販売をともなっている酒店による日本酒の配達は含めない。信用供与に関しても，クレジット会社による信用供与は含めるが，小売店による製品の販売にともなう信用供与は含めない。一般に，無形の活動や便益を販売の中心におく企業はサービス業と呼ばれているので，サービス・マーケティングとは，サービス業のマーケティングと表現することもできるだろう。

なお，教会，政府，学校，病院などの非営利組織もサービスを

第13章　サービス・マーケティング　　299

提供している。非営利組織にも営利組織と同様にマーケティングを適用することができるが，これに関しては固有の課題も多いので第14章のソーシャル・マーケティングの箇所で扱う。

2 サービスの分類

● 3 つの分類基準

有形財がいくつかに分類されるように，サービスの分類も試みられている。サービスに関する具体的なマーケティング課題を論じる前に，サービスの分類を提示することにより，サービスへの理解を深めておこう。

設備ベースか人ベースか

サービスは，「設備ベース」であるのか「人ベース」であるのかによって識別することができる。前者ではサービスの提供において設備が中心となっているが，後者では人間が中心となっている。たとえば，ドライクリーニングと税務処理を考えてみよう。どちらも消費者にサービスを提供しているが，ドライクリーニングでは業務用洗濯機という設備を欠くことができない。だが，税務処理では，税理士の専門的な技術・知識が重要なのであって，オフィスや計算機は付随的なものにすぎない。

設備ベースと人ベースとに分けたならば，次に，サービス提供者の熟練度によって分類することができる（図13−1）。設備ベースの側は「自動化」「相対的に非熟練オペレーターによる操作」「熟練オペレーターによる操作」に分かれ，人ベースの側は「非熟練労働者」「熟練労働者」「専門家」に分かれる。

300　第 **IV** 部　市場との対話

図 13-1 提供者の特徴によるサービスの分類

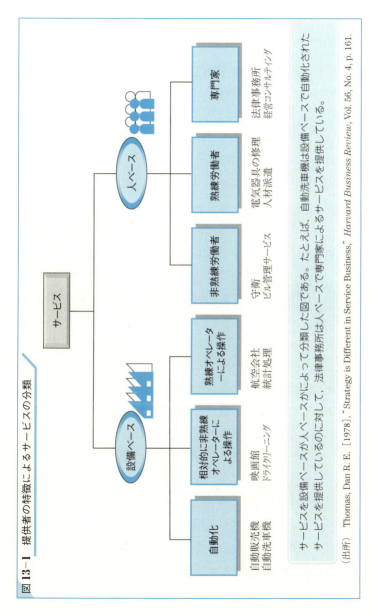

サービスを設備ベースか人ベースかによって分類した図である。たとえば、自動洗車機は設備ベースで自動化されたサービスを提供しているのに対して、法律事務所は人ベースで専門家によるサービスを提供している。

(出所) Thomas, Dan R. E. [1978], "Strategy is Different in Service Business," *Harvard Business Review*, Vol. 56, No. 4, p. 161.

サービスへの顧客のかかわりあい

サービスへの顧客のかかわりあいといった視点で，サービスを識別することもできる。すなわち，サービスが提供される際，顧客がその場に居合わせる必要性があるのかないのかが問題となる。

美容院や自動車教習所などは，顧客のかかわりあいの度合いがきわめて高いが，時計の修理やドライクリーニングといったサービスでは顧客のかかわりあいをほとんど必要としない。一般に，消費者とサービスとの直接的な接点が少なければ少ないほど，システムの効率を高められる可能性がある。小口貨物事業の効率化によって成功をおさめた宅配便は，その典型例といえるだろう。

受け手が誰で，サービスの本質は何か

サービスの受け手とサービスの本質とによって，4つに分類する考え方もある（図13-2）。サービスの受け手とは，サービスを直接受ける対象であり，人の場合と物財の場合とがある。サービスの本質とは，サービスの行為が有形であるのか無形であるのかによって識別される。

レストランや理髪などは，人に向けられる有形サービスである。これは，人々の身体へのサービスと考えることができる。同じように，教育や映画なども人に向けられる。だが，サービスの行為は無形であり，人々の精神へのサービスである。

物財に向けられるサービスには，造園と庭の手入れや荷の輸送などのような場合と，会計処理や法律相談などの場合がある。前者は財や有形資産といった有形物に向けられるのに対して，後者は無形資産に向けられている特徴がある。

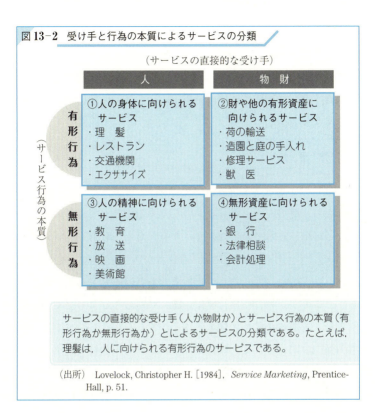

図 13-2 受け手と行為の本質によるサービスの分類

(出所) Lovelock, Christopher H. [1984], *Service Marketing*, Prentice-Hall, p.51.

3 サービスの特性
●有形財との5つの違い

　有形財のマーケティングもサービスのマーケティングも，基本的には同一であるという考え方がある。消費者へ便益や満足を与えるという点をみても，有形財とサービスとでは違いがない。だが，サービスにはいくつかの特性があるために，有形財のマーケティングでは論じられなかった新たな問題や課題が浮かび上がっ

ていることも否めない。

ここではサービスの特性を，無形性 (intangibility)，品質の変動性 (quality variability)，不可分性 (inseparability)，消滅性 (perishability)，そして需要の変動性 (fluctuating demand) という 5 つに分けて説明する。

| 無 形 性 |

サービスの特性でまず理解しなければならないのが無形性である。サービスの購入者は自分が購入するサービスを事前に，見たり，味わったり，触れたり，聞いたり，香りをかいだりすることができない。

たとえば，香水や乗用車のような有形財と，教育や旅行のようなサービスを比較してみよう。消費者が新しい香水を買う場合，香りをかぐことができるし，乗用車であれば試乗することができる。ところが，教育や旅行では，購入するものとまったく同一のサービスをあらかじめ体験することができない。パンフレットや案内係の説明によって，教育のカリキュラムや旅行ルートを知ることはできる。だが，実際にその教育を受けたり旅行に参加してみなければ，提供されるサービスの内容や質を具体的に評価することはできない。

このようなサービスの無形性は，有形財以上に広告やプロモーションを困難とする傾向にある。有形財の場合よりも，アイディアやコンセプトを消費者に伝達しにくいからである。そこで，サービスの有形性を高めることで，サービスの差別化を高める戦略がよく試みられる。どのようなサービスを提供しているのかではなく，誰がサービスを提供しているのかといった点をプロモーションで強調するのはそのひとつである。たとえば航空会社は，優秀なパイロットや親切な客室乗務員を広告で訴求し，サービス

304　第 **IV** 部　市場との対話

をその提供者に結びつけることによって有形性を高めている。また，保険会社によって配布されるプラスチック・カード，ホテルが殺菌済みのグラスに施すラップなど，サービスの内容を表現する「有形象徴物」を考案することもできる。さらに，有形財と同様にブランドを冠することもできる。

品質の変動性　ビールやシャンプーといった有形財では，画一された生産プロセスによって標準化された製品を継続して提供することが可能である。だが，サービス業では，同一品質のサービスを連続して提供することが難しい。

　たとえば，遊園地や経営コンサルティングを考えてみよう。遊園地へ入った人々は，その日の天候によって，楽しむことのできるショーや乗り物が異なるかもしれない。同一人物によって提供されるコンサルティングでも品質は一定でない。コンサルタントのコンディション，得意分野であるか否かなどでコンサルティングの結果は大きく異なるだろう。野球やサッカーの例は，もっとわかりやすい。観客は，料金を払った試合が接戦となるかワンサイド・ゲームになるかを事前に知ることはできない。同じ料金を払っていても，試合ごとでサービスの内容は異なるのである。

　このようなサービスにおける品質の変動性は，消費者のリスクと不確実性を高める。したがって，サービスの提供者は，さまざまなかたちで品質管理を実施しなければならない。

　まず，従業員の採用を慎重に行い，彼らを常に訓練しなければならない。ホテルやファストフード店の接客などは，訓練によって一定の水準が保たれている。また，人の代わりに機械が導入されることもある。宅配便会社では，荷を送り先別に分ける作業に機械を導入し，誤配率を低下させている。銀行がATM（現金自動

第 13 章　サービス・マーケティング　305

預入支払機）を導入し，業務の正確性と迅速性を高めていること
もサービスの品質管理と考えてよい。

　他にも，多くのサービス会社では顧客満足度を定期的に測定し，
その結果をサービスの品質管理に活かしている。

不可分性　有形財は，前もって生産・販売され，そ
の後に消費される。これに対して無形の
サービスでは，生産と消費が同時に行われる。そのために，売り
手からサービスを切り離すことができない。

　洗剤と飛行機による移動を比較してみよう。洗剤は，工場で生
産され，卸売業者や小売業者を経て消費者が購入し，その後，消
費される。生産と消費は，明確に分かれていることが理解できる。
だが，飛行機で移動するというサービスの場合には，あらかじめ
チケットを買っておいても，実際にサービスを消費するのは予約
した飛行機が離陸してからである。飛行機による移動のサービス
は，飛行機の運行から切り離して考えることができない。

　サービスにおけるこうした不可分性は，有形財とは異なった
マーケティングを要求する。

　流通段階が単純だということはそのひとつである。サービスは，
生産と消費が同時なので，移動したり保存することができない。
したがって，直接的な流通による販売が中心とならざるをえない。
サービスの流通はダイレクトであるが，保険の外交員や旅行代理
店のように販売仲介者を介入させることはできる。彼らは，保険
や旅行といったサービスを販売するとともに，同時に自らのサー
ビスをも販売しているのである。

　サービスの生産と消費とが同時であることは，消費者にサー
ビスの提供される時点に居合わせることを要求する。そのため，

306　第 **IV** 部　市場との対話

サービスの提供者と受け手である顧客との相互関係が重視され，提供者の印象や施設内の雰囲気が，当該サービスを評価する際の鍵となる。美容院，法律事務所，エステティック・サロンなどが，オフィスや調度品へ注意を注いでいるのはそのためである。

サービスの不可分性は，立地の問題とも関連している。観劇や法律相談といったような専門性の高いサービスの場合，消費者は時間と旅費をかけて遠くまで出向くことにそれほど抵抗はないだろう。だが，銀行，クリーニング，美容院に遠方まで出かける消費者は少ない。そこで多くのサービスは，消費者への接近を図るべく分散した立地を求めている。

消滅性

サービスの特性として，消滅性も検討しなくてはならない。シャンプーや自動車は，売れるまで在庫しておくことができる。だが，ホテルの空室や劇場の空席は，翌日あるいは別の機会に回すことができない。つまり，サービスは提供されている時点で消滅し，失われた期待収益は再び取り返すことができないのである。

有形財のマーケティングに比べて，サービスのマーケティングで需要と供給を管理することが重視されるのは，この消滅性に起因するところが大きい。需要と供給の管理については，需要の変動性の部分で解説する。

需要の変動性

サービスの需要量は，季節，週，さらには一日の時間帯によってかなり変動する。次の例を考えてみよう。スキーリフトの利用期間は冬季に集中しており，夏季にはほとんど利用されることがない。逆に，遊園地のプールは夏に利用され，冬の間は閉鎖されているところが多い。電車やバスのような交通機関では，季節による需要の変動は少な

いが，一日の時間帯による需要の変動は大きい。安定したサービスの提供を行うためには，ある期間に遊休させていても，需要のピーク時に耐えられる供給能力を準備しておかなければならない。

サービスの消滅性と需要の変動性に対応するために，次のような需要管理と供給管理が提案されている

〈需要管理〉　①価格を引き下げる。電話の夜間割引，遊園地への夕方入場の割引などがこれに当たる。ピーク時の需要を非ピーク時へと移動させる働きがある。②非ピーク時の需要を活性化させる。リゾートホテルにおけるテニスパックやゴルフパック，ファストフード店における朝食メニューなどは，非ピーク時の需要を創造するために開発されたものである。③補完的なサービスを開発する。多くのレストランでは，カクテルラウンジを設置することで，食事の待ち時間を快適に過ごさせる工夫をしている。④予約システムを導入する。これによって，ピーク時の需要を別の時間帯へ事前に移動することができる。美容院やレストランでよく利用されている。

〈供給管理〉　①パートタイムの従業員を利用する。ピーク時に供給能力を高めることができる。②供給効率を高める。ファストフード店では，ピーク時に本質的な業務に集中し，非ピーク時に仕込み，清掃などを行う工夫をしている。③消費者のサービスへの参加を高める。一部のレストランは，朝食においてセルフサービスを導入している。④供給設備を共有する。いくつかの病院は，高額な医療機器を共同で購入している。⑤拡張をねらって投資をする。需要の増加をあらかじめ見込んで，ホテルや遊園地は周辺地域を購入している。拡張を念頭においたエアコンや上下水道の設計も供給管理の一環である。

4 サービス業のマーケティング戦略
● サービスにおける 4P と品質向上

マーケティング・ミックス

　サービスのマーケティングと有形財のマーケティングは，けっして異質なものではない。かといって，サービスの特性のために，同じように進めてよいわけではない。サービス業のマーケティング・ミックスを進める際，われわれが注意すべき点を価格，チャネル，プロモーションに分けて説明しておこう。

　〈価　格〉　サービスでは，価格（price）といった用語の代わりに，さまざまな用語が用いられている。大学や各種学校における授業料（tuition），銀行における利子（interest），弁護士に支払う弁護料（fee），保険契約における保険料（premium），そして遊園地などでの入場料（admission）がそれである。こうした表現からもわかるように，サービスの価格決定は，有形財以上に多様な環境下で行われることが多い。

　サービスの価格で特徴的なのは，交渉による価格設定が比較的多いことである。これは，労働集約的なサービスでとくに顕著である。サービスにおける品質の変動性があったり，顧客に応じて提供するサービスが異なったりするからである。有形財で馴染み深い価格決定方法が有効ではないことも考えられる。需要志向の価格決定はサービスの需要予測が困難なので適切ではないし，コスト志向の価格決定もサービスの原価計算が困難なのでやはり有効ではない。つまり，サービスにおける価格決定は，有形財ほど科学的にはなりにくいのである。そこで，企業側は消費者にどの

第 13 章　サービス・マーケティング　　309

ような価値を提供できるかに基づいて，消費者と交渉を行う。

サービスの消滅性を考えると，自社サービスへの需要が低ければ，値下げを検討することも重要である。ただし，適切な値下げ幅をあらかじめ決定しておかなくてはならない。消費者は，有形財の場合以上にサービスの品質を評価することが困難なので，価格をもって品質を判断する傾向が強い。安易に価格を引き下げると，低価格イコール低品質といった評価を下されるおそれもある。

〈チャネル〉　サービスの特徴のひとつである不可分性によって，サービスで検討されるチャネルの問題は非常に限定される。一般に，有形財と比べて，サービスのチャネルは短く単純である。会計，修理，法律などのように，中間業者を通さず直接顧客に販売されるサービスも多い。仮に，中間業者がサービスのチャネルに介在していても，彼らの役割は輸送，保管，荷役ではなく，需要の創造と維持が中心である。サービスにおける中間業者の代表例としては，保険や旅行の代理店がある。

立地数に関しては，消費者の利便性から一般に多いほど望ましい。だが，立地数を増加させれば，サービスの品質管理が困難になり，生産性が低下する危険性もある。銀行のキャッシュサービス・コーナーや空港における保険の自動販売機は，品質を一定に保ちながら販売地域の拡大を可能としている。

〈プロモーション〉　有形財のマーケティングでは，販売される財そのものが評価対象となっているので，抽象的なイメージを訴求することによって販売成果を高められる可能性がある。これに対して，サービスのマーケティングでは，サービスが抽象的な存在なので，なんらかの評価対象を訴求することによって具体性を高められる。

310　第 IV 部　市場との対話

たとえば，化粧品と飛行機を比較してみよう。化粧品は有形財なので，消費者は色やデザインを容易に認識できる。したがって，広告ではあえて自社ブランドの属性を訴求するよりも，イメージを訴求するほうが有効になる。一方，飛行機では，サービスそのものである「離陸時の角度」や「飛行速度」などを訴求する広告はほとんど意味がない。むしろ，客室乗務員の応待や安全性などがもっぱら強調されている。サービスでは，伝えにくいサービスの内容を訴求するよりも，消費者が具体的に評価できる信頼性，親近感，礼儀正しさなどを訴求したほうが有効なのである。

　また，サービスの無形性のために，広告の継続性は有形財の場合よりも重要となる。消費者は，抽象的な「コト」よりも具体的な「モノ」のほうが想起しやすい。したがって，サービスのプロモーションでは，自社サービスをなんらかの「モノ」に結びつけたメッセージをできるだけ反復しなければならない。

インターナル・マーケティングとインタラクティブ・マーケティング

　サービス業においては，上で述べてきたような4Pを中心とする伝統的なマーケティングに加えて，別の次元におけるマーケティングも重視しなければならない。伝統的なマーケティングをエクスターナル・マーケティング（external marketing）とすれば，別の次元のマーケティングとはインターナル・マーケティング（internal marketing）とインタラクティブ・マーケティング（interactive marketing）と呼ぶことができる。

　〈インターナル・マーケティング〉　サービスを提供する企業は，高い顧客満足を得るために，顧客と接するあらゆる従業員を訓練し，彼らを動機づけなければならない。もちろん個々の従業員は，サービスを提供するチームの一員であるという自覚を強くもたな

ければならない。たとえば，経営不振に陥っていたスカンジナビア航空では，ヤン・カールソンの指揮のもと，全従業員が特別のサービス・トレーニングを受けたといわれている。トレーニングの内容もさることながら，会社が彼らに莫大な時間と資金を投じたという事実によって従業員の士気は高まり，サービス本位の会社へと変身していった。スカンジナビア航空を短期間で再建したヤン・カールソンは，サービス業における最前線の従業員の重要性を「真実の瞬間」という言葉で説明している。

またディズニーランドでは，すべての従業員がキャストと呼ばれ，全員がディズニーワールドにおけるショーを演じるメンバーとして位置づけられている。そのため，アトラクションの運営者は「アトラクション・キャスト」，通りの清掃係は「カストーディアル・キャスト」，駐車場における自動車誘導の担当者は「パーキングロット・キャスト」としての役割を演じることになる。こうしたマーケティングは，企業とその従業員との間の問題であり，組織内部のマーケティングであるために，インターナル・マーケティングと呼ばれている。

優れたインターナル・マーケティングを実施するためには，CSとともにいかにして従業員満足（ES：employee satisfaction）を高めるかが大きな鍵になっている。高いCSを実現するためには，まず高いESを実現しなければならないと指摘されている。

〈インタラクティブ・マーケティング〉　有形財の知覚品質は，その財がどのように入手されたのかということにそれほど左右されないが，サービスの知覚品質は，売り手と買い手との相互作用に大きく依存している。そこで，従業員と顧客との間に位置するマーケティングとして，サービス業ではインタラクティブ・マーケティ

Column ⑬ マーケティング発想で躍進するクラブツーリズム

　旅行商品のインターネット購入が進む一方，高齢化が進行しているわが国において，クラブツーリズムは伝統的な旅行会社とは異なる発想が必要であると考えていた。そこで，旅行に対して高いモチベーションを有し，アクティブに活動するシニア世代をターゲットに，テーマを旅行に結び付け，顧客同士の交流の場を作り出すという方針を打ち出した。旅行に対する顧客のニーズが，「どこに行くか」よりも，「どこで，誰と，何を，どのように楽しむか」に変化してきていたからだ。テーマには，登山・ハイキング，歴史，写真撮影，祭などがあり，各テーマはレベルやニーズによって細かく分けられている。たとえば，登山・ハイキングでは，健康のための軽いウォーキングから本格的な登山体験といった具合だ。顧客の興味や目的をもとにターゲット層をさらに細かく絞り込み，単に目的地へ出向くだけではなく，より大きな経験価値を生み出している。

　クラブツーリズムの創業は 1980 年，高橋秀夫氏が近畿日本ツーリスト渋谷営業所で，旅のダイレクト・マーケティング事業をスタートさせたことに始まる。1990 年代初頭より「テーマのある旅」を戦略の柱に据えていた。共通の趣味や目的をもった顧客同士の交流の場を「クラブ」と表現し，仲間づくりや生涯学習に貢献してきた。1999 年には，2010 年までに 1000 のクラブに発展させようとする「クラブ 1000 構想」が発表され，2004 年にはクラブツーリズム事業が近畿日本ツーリストから独立し新会社として発足，高橋氏が会長に就任した。

　ターゲットの絞り込みと独特のスタイルが功を奏し，市場が減少傾向にあるなか，クラブツーリズムは着実に業績を伸ばしてきた。2013 年 1 月には，近畿日本ツーリストと経営統合した。会員数は 300 万世帯に上り，約 7 割は 50 歳以上のシニア世代だ。単なる観光旅行の手配業という枠を越えて，顧客同士が親睦を深めるためのコミュニティ・サービスを提供しているのである。

（出所：大平進・恩藏直人［2013］「こころの豊かさを届けるツーリズム・ビジネス」『マーケティングジャーナル』第 130 号，125 ～ 138 ページ）

第 13 章　サービス・マーケティング　313

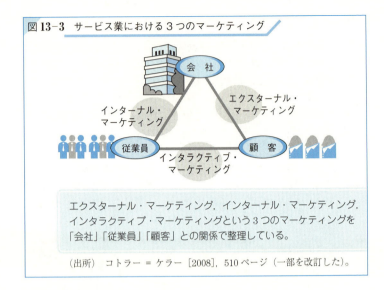

図13-3 サービス業における3つのマーケティング

エクスターナル・マーケティング、インターナル・マーケティング、インタラクティブ・マーケティングという3つのマーケティングを「会社」「従業員」「顧客」との関係で整理している。

（出所） コトラー＝ケラー［2008］，510ページ（一部を改訂した）。

ングが重視されている。

スカンジナビア航空には，40人からなる市場調査部門があって，少数の経営幹部の意思決定をデータ面で支えていた。ところが，現場重視の姿勢を現実のものとするために，顧客に接している従業員に現場の意思決定を委ねるようになり，この調査部門は不要な存在となっていった。問題が生じる度に経営幹部の意向を確かめていたら迅速性が失われてしまい，貴重な顧客との接点で顧客に満足を与えることができないからである。

ディズニーランドでも，顧客と従業員の接点が重視されている。従業員は客に何かを尋ねられたとき，けっして「それは私の仕事ではない」といってはならないと教え込まれる。また，従業員には厳しい身だしなみの規定があり，男性は髭を生やしてはならないし，長髪も禁じられている。女性も爪を長く伸ばしたり，派手

な色のマニキュアをしてはならない。さらに,大きな髪飾り,濃いアイ・メイキャップ,長く垂れ下がったイヤリングも禁じられている。

コトラーとケラー (P. Kotler and K. L. Keller) は,上で述べてきた3つのマーケティングを図13-3によって整理している。

本章で学んだキーワード　　　KEY WORD

無形性　品質の変動性　不可分性　消滅性　需要の変動性　需要管理　供給管理　エクスターナル・マーケティング　インターナル・マーケティング　インタラクティブ・マーケティング　従業員満足（ES）

演習問題

1　映画館は,「無形性」「消滅性」「需要の変動性」などのサービスの特徴に対して,どのような対応をしているのか説明してみよう。

2　ディズニーランドのように,すぐれたサービス・マーケティングを行っていると思う企業をひとつあげ,その理由を整理してみよう。

3　有形象徴物の例をいくつかあげてみよう。

参考文献

伊藤宗彦・髙室裕史編著 [2010],『1 からのサービス経営』碩学舎。
恩藏直人 [1998],「コンセプトと仕組みの革新——東京ディズニーランド」嶋口充輝ほか編『顧客創造』(『マーケティング革新の時代』1),有斐閣。

コトラー，P. = K. L. ケラー（恩藏直人監修・月谷真紀訳）［2008］，
　『コトラー＆ケラーのマーケティング・マネジメント』第12版，
　ピアソン・エデュケーション。

フィスク，R. P. = S. J. グローブ = J. ジョン（小川孔輔・戸谷圭子
　監訳）［2005］，『サービス・マーケティング入門』法政大学出版局。

山本昭二［2007］，『サービス・マーケティング入門』日本経済新
　聞出版社（日経文庫）。

第14章 ソーシャル・マーケティング

マーケティングと社会のかかわり

本章のサマリー

マーケティングと社会とのかかわりを考えるソーシャル・マーケティングには，非営利組織のマーケティングと，社会志向のマーケティングという2つの流れがある。

本章では，まず非営利組織のマーケティングについて，従来からの営利企業のマーケティングとの違いを中心に検討する。非営利組織が提供するサービスの最大の特徴は，それに対する消費者ニーズが相対的に小さいことと，提供サービスを消費者ニーズにあわせて変更しにくい点にあり，それらが非営利組織のマーケティングを難しいものにしている。

続いて，営利企業の行う社会志向のマーケティングについて，社会責任のマーケティングと社会貢献のマーケティングに分けて考察する。前者は，企業の本業をとおしての社会とのかかわり，後者は，本業以外での社会とのかかわりという違いはあるものの，ともに企業が企業市民として社会のなかで存続・成長していくためには是非とも必要なものである。

最後に，企業におけるマネジリアル・マーケティングとソーシャル・マーケティングの統合のひとつの形としての CSR マーケティングを提示する。

1 ソーシャル・マーケティングとは
●ソーシャル・マーケティングの２つの流れ

ソーシャル・マーケティング（social marketing）とは，そのま
ま訳すと社会的なマーケティングということになるが，そこには
大きく分けて２つの流れがある。

ひとつは，コトラー（P. Kotler）に代表される流れで，4P をは
じめとするマーケティングの諸概念・諸技法を，これまでのよう
に営利企業だけでなく，教会や病院といった非営利組織にも適用
していこうとするものである。その意味で，コトラーのソーシャ
ル・マーケティングは，非営利組織のマーケティングとも呼ばれ
る。

いまひとつは，レイザー（W. Lazer）に代表される流れで，4P
を中核とするこれまでのマネジリアル・マーケティング（いわゆ
るマーケティングのこと）に，そこに欠けていた社会的責任や社
会倫理といった社会的視点を導入していこうとするものである。
その意味で，社会志向のマーケティングと呼ぶことができよう。

これらは，ともにアメリカで，1960 年代後半から相前後して
展開されたものである。当時のアメリカは，ベトナム戦争が長
期化するなか，学生運動や公民権運動，さらにコンシューマリズ
ムなどリベラルな時代精神が横溢し，既存体制への不満や大企
業への批判が展開されていた。大企業への批判はマーケティング
への批判でもあり，その批判に応えるかたちで，上記の２つの
ソーシャル・マーケティングが生み出されたとみれないこともな
い。すなわち，大企業のマーケティングへの批判を，非営利組織

318　第 **IV** 部　市場との対話

にも適用できることを示すことによってかわすのが，非営利組織のマーケティングであり，その批判を受けとめ，社会的視点を加えていこうとするのが，社会志向のマーケティングと考えることができる。いずれにせよ，なんらかのかたちで，社会とのかかわりを模索していったのが，ソーシャル・マーケティングであるということができよう。

　以下では，まず非営利組織のマーケティングについて，次に社会志向のマーケティングについて考察し，最後にマネジリアル・マーケティングとソーシャル・マーケティングの統合のひとつの方向性としてCSRマーケティングを検討する。

2 非営利組織のマーケティング
●マーケティングの適用領域の拡大

　非営利組織のマーケティングとしてのソーシャル・マーケティングは，営利企業を対象に開発されたマーケティングの諸概念・諸技法を非営利組織にも適用しようという意味で，マーケティングの適用領域の拡大ととらえられる。ここで非営利組織には，病院，大学，教会，美術館，政府・地方公共団体，NGO（非政府組織）などさまざまな組織が考えられる。要は，営利企業以外のすべての組織が含まれると考えて差し支えない。

　以下では，まず非営利組織のマーケティングの特徴を，従来のマーケティングと比較しながら検討し，続いて非営利組織のマーケティングのもつ課題を，ニーズ対応・コンセプト提案というキーワードとともに検討する。

第14章　ソーシャル・マーケティング　319

> **非営利組織のマーケティングの特徴**

基本的フレームワークは従来からのマーケティングが適用されているのだが，対象とする組織や提供物が営利企業の場合と大きく異なるために，非営利組織のマーケティングにはいくつかの独自の特徴がある。それらの特徴を，営利企業のマーケティングと比較しながら示すと，表14-1 のようになる。

〈消費者〉　まず，消費者関連の特徴としては，消費者データと消費者ニーズにおいて大きな違いがある。

消費者に関するデータは，営利企業の場合は一次データも二次データも豊富に利用できるが，非営利組織では利用できるデータが非常に少ない。一次データを調査によって収集しようとしても，非営利組織が知りたい消費者データは消費者の価値観にかかわるものであったりするので，消費者から信頼できるデータを引き出すのは難しい。また，二次データについては，有用なものがほとんどないのが現状である（出生率や疾病率，また人口構成など全般的な傾向値のデータくらいしかない）。

消費者ニーズについては，営利企業の場合，基本的に自社製品へのある程度のニーズは存在するわけだが，非営利組織の提供サービスについては，ゼロ需要（無関心）であったり，負の需要（嫌悪）であったりすることがある。たとえば，美術に関心のない人は美術館に寄付などしないであろうし，発展途上国での免疫普及プログラムで行われる予防接種は「痛い」などの理由で受けたくない人もいるだろう。

次に，4P 関連の特徴を，順にみていこう。

〈提供サービス〉　営利企業の製品・サービスと異なり，非営利組織のサービスは消費者ニーズにあわせて変更することが困難なも

320　第 IV 部　市場との対話

表 14-1　非営利組織のマーケティングの特徴

	非営利組織の マーケティング	営利企業の マーケティング
消費者情報 ・一次データ ・二次データ	信頼できるデータ収集困難 ほとんどなし	多様な収集法 豊　富
消費者ニーズ	ゼロ需要・負の需要など	ある程度の需要
製品・サービス	固定的 パフォーマンスの評価困難	可変的 パフォーマンスの評価容易
価　　格	不適切な高価格など	適正価格
プロモーション	無形サービスの訴求困難 広告費用少	多様な展開
流通チャネル	手紙・電話，eメールなど	多様な展開

> 非営利組織が提供するのは主にサービスなので，そのマーケティングは基本的には，第13章でみたサービス・マーケティングの特徴をもっている。ただ，消費者ニーズがゼロ需要や負の需要であったり，提供サービスを消費者ニーズにあわせて変更しにくい点などから，さらに難しい課題を抱えることになっている。

（出所）　Kotler, P. and R. E. Andreasen［1991］, *Strategic Marketing for Nonprofit Organizations*, 4th ed., Prentice-Hall, pp. 28-29, を参考に作成。

のが多い。消費者のニーズが変わったからといって，それにあわせて教会の教義を変えるわけにはいかないし，消費者がロック志向だからといって，交響楽団がロック調に編曲されたベートーヴェンの「運命」を演奏することはない。提供サービスは非常に固定的であり，この面で消費者志向にすることはきわめて難しい。

　また，提供サービスのパフォーマンスを評価するのが難しい点は，営利企業以上である。非営利組織が提供するのは基本的に無形のサービスなので，営利サービス業と同様に，メーカーの扱

う製品に比べてパフォーマンスの評価はもともと難しい。大学の教育サービスや病院の医療サービスのパフォーマンスの評価は，サービス業の場合と同様の困難さをともなうだろう。また，たとえば非営利組織の活動の大きな部分を占める寄付金獲得活動を考えてみると，その見返りに非営利組織が提供するサービスのパフォーマンスは，簡単には，そして短期的には評価できない抽象的なものである。

〈価　格〉　価格については，非営利組織の豊かでない財政状況から不適切に高い価格づけがなされていることがある。コンサートや美術館のチケット代金はほぼ適切な価格づけと考えられるが，それら文化組織や大学その他非営利組織への寄付は，消費者が享受するベネフィットに比べて適切な価格づけとはいい難い。寄付をすることから消費者が得る最大のベネフィットは，「寄付という善行をしている」「寄付先の組織と一体感を感じる」という満足感であるが，それに対して消費者が払うことが期待される寄付額は多大なことが多い。

また，上述したように，提供サービスのパフォーマンスがみえにくい点も，適切な価格づけを妨げている。たとえば，発展途上国の各種予防医療プロジェクトを考えてみると，消費者にとって現在健康であるのは，それら予防医療のおかげであるかどうかが判断できない（すなわち，予防医療のパフォーマンスがみえにくい）ため，予防医療に対して支払う金銭的・精神的コストを高すぎると感じることがある。コストが高いと感じるのは，サービスを受ける消費者よりもサービスを提供する組織が受けるベネフィットのほうが多い場合にもみられる。たとえば，節電キャンペーンを考えてみると，節電するという精神的コストを最も払っているの

は各消費者でありながら，最もベネフィットを受けるのは国や電力会社なのである。

〈プロモーション〉　プロモーションについては，営利企業の製品に比べて，無形の提供サービスを訴求していくことが難しい。無形サービスという点では営利企業のサービスと同様であるが，非営利組織の財政状況から考えて，営利サービス業のようなマスメディアでの展開は一部の組織を除いて非常に難しい。ただ，近年のインターネットの伸長は非営利組織にとって朗報であり，ホームページやブログ，またTwitterやFacebookなどで多様な展開を考えることができるようになった。

〈流通チャネル〉　流通チャネルについては，チャネルを消費者との接点と考えると，営利製造業に比べても，営利サービス業に比べても非常に少ない。営利企業のように，日々，消費者に対してビジネス活動をしているわけではないので，結局，手紙や電話，またeメールなどが中心になる。

　以上のなかでは，とくに消費者ニーズがゼロ需要や負の需要であることが多い点と，提供サービスが消費者ニーズにあわせて変更しにくい固定的性格をもっているという2点が，非営利組織のマーケティングを非常に難しいものにしている。この点について，ニーズ対応とコンセプト提案というキーワードとともに，もう少し深く検討してみよう。

ニーズ対応とコンセプト提案

　マーケティングとは何かと問われれば，それはニーズ対応とコンセプト提案のウェル・バランスだと答えることができる。

　たとえば，CVS（コンビニエンス・ストア）のマーケティングを考えると，それはまさにニーズ対応である。POSによって消費

者のニーズを汲み上げ，死に筋商品をカットして，売れ筋商品を並べる。また，消費者がワイシャツが欲しいといえばワイシャツを置き，おでんも熨斗袋も置く。消費者の利便性に貢献するものは何でも置くわけで，ある意味で村のよろず屋のようなものである。しかし，ニーズ対応だけを押し進めると，その企業でなければという独自性がなくなり，ただの御用聞きになってしまう危険性がある。

一方，パリやニューヨークなどの春夏・秋冬コレクションに出展される有名デザイナーの服は，対極のコンセプト提案と考えられる。彼らが考える最高の素材で，最高の色とデザインのファッションを，時にライフスタイルまで含めたかたちで，コンセプト提案していく。コンセプトをわかってくれる人にだけ買ってもらえればそれで十分だと，モデルたちにまとわれた服がいっているようにもみえる。しかし，この方向でやりすぎると，コンセプト提案は独りよがりの自己満足に陥ってしまう。

したがって，企業のマーケティングには，ニーズ対応とコンセプト提案の両者が必要になってくるのである（そのバランスについては業界や製品，また企業によって異なると考えられる。たとえば，1990年代のノートパソコン業界を考えた場合，世界最薄・最軽量を訴求する東芝dynabookは，ややニーズ対応型，それに対し，CCDカメラを内蔵させるなど新しい遊び心あふれる使い方を提案するソニーVAIOは，ややコンセプト提案型ととらえられる）。実際，CVSも各社独自のコンセプト提案を同時に行っているし，デザイナーたちも消費者ニーズを汲み上げる努力を怠っているわけではない。すべての企業にとって，ニーズ対応とコンセプト提案は車の両輪をなしているのである。

324　第 IV 部　市場との対話

> **非営利組織のマーケ ティング方法**

そこで，非営利組織のマーケティングを考えてみると，それはある意味で，究極のコンセプト提案型マーケティングである。教会は自己が信じる最高の教義をコンセプト提案し，大学は建学の精神を，交響楽団は最高のクラシック音楽を，そして発展途上国の予防医療プログラムは最高の医療をコンセプト提案している。ここで，それらコンセプトを喜んで受容してくれる消費者が，組織の存続・発展に十分なほど多数であれば何も問題はない。しかし，先にみたように，消費者ニーズはゼロ需要や負の需要，そうでないにしても低迷需要であることが多い。その場合，営利企業のマーケティングでは，消費者ニーズに基づいて提供製品のリポジショニングを行ったりして需要の回復を図る。しかし，これまた先にみたように，非営利組織の場合，提供サービスを消費者ニーズにあわせて変更しにくい固定的性格をもっている。これは教会の教義などを考えれば，一目瞭然であろう。

それではどうすればよいのだろうか。成功するマーケティングを展開するためには，なんらかのかたちでニーズ対応の戦略を付加していかねばならない。基本的提供サービスは変えられないので，とるべき戦略の方向性は，派生的サービスなどを消費者ニーズに対応させることになる。たとえば教会の場合，教義は変えられないが，日曜ごとにボランティアによるコンサートを開いて，消費者の歓心を集めて寄付を募ることなどが考えられる。

ただ，派生的サービスのニーズ対応だけだと限界があるので，時に基本的サービスを若干ニーズ対応させねばならないこともある。しかしその場合は，戦略展開を慎重に行わないと，かえって逆効果になることがある。先ほどの交響楽団の例でいうなら

第 14 章　ソーシャル・マーケティング　325

ば，ロック調の「運命」を演奏することは不可能だが，消費者の好む曲目でプログラムを組むことは可能である。実際，たとえばニューヨークのクラシック音楽シーンにおいてもこういったかたちのニーズ対応が行われており，その結果，消費者が好む古典派やロマン派の大作曲家たちの作品が並ぶことになる。しかし，そのためにアメリカの作曲家や新しい作品が脇に押しやられ，新しい展開のみられない面白味のないステージが続いていると批判されたりしている。基本的サービスの変更はリスクをともなうのである。

このように，基本的サービスを消費者ニーズにあわせて変更することが容易でない非営利組織の場合は，そのマーケティングの展開は非常に難しい。また，非営利組織の財政基盤の大きな部分を支える寄付金獲得活動は，消費者ニーズがゼロ需要に近いことも多いので，そのマーケティングも非常に難しい。このような非営利組織の場合は，まず徹底した細分化マーケティングを展開することが基本であろう。組織への理解のある消費者から，まったく無関心の消費者まで細分化して，それぞれに適したコミュニケーション活動を展開することが望まれる。基本的サービスが変更できない分，それ以外の派生的サービスやマーケティング活動ではニーズ対応することが重要である。さらに，次節で取り上げるメセナやフィランソロピーなどの社会貢献のマーケティングへの関心が高まる状況のなかで，一回限りの寄付依頼でない，長期的視点に立った企業との関係作りも必要となってこよう。

一方で，ある程度基本的サービスをニーズ対応させることができ，それらサービスへの需要もある程度ある場合は，本書で解説しているマーケティングの諸概念・諸技法がかなり利用できる

326　第 IV 部　市場との対話

（たとえば，大学のマーケティングや病院のマーケティングなど）。

3 社会志向のマーケティング
●企業の社会責任と社会貢献

社会志向のマーケティングとしてのソーシャル・マーケティングを考えるとき，そこには2つの次元がある。すなわち，社会責任のマーケティングと社会貢献のマーケティングである。

1960年代のコンシューマリズムの展開のなかで批判されたのが，欠陥車の問題や排ガスの問題，また空き缶がもたらす自然環境の破壊などであり，企業の社会的責任が厳しく問われたのであった。その意味で，社会志向のマーケティングは，まず企業が自らの社会責任をいかに全うしていくかという社会責任のマーケティングから始まったと考えられる（近年のCSR〔corporate social responsibility〕の流行もこの流れに位置づけられる：2003年が，日本の「CSR元年」といわれる）。

一方，企業と社会とのかかわりは，単に本業の提供製品における安全性や環境への配慮という社会責任を果たすだけでなく，本業以外のメセナ（文化支援）やフィランソロピー（慈善活動）の活動によって社会に貢献していくというものもあり，それが社会貢献のマーケティングである。

以下では，まず社会責任のマーケティングについて，続いて社会貢献のマーケティングについて検討する。

社会責任のマーケティング

ケネディ大統領は，1962年に「消費者の利益保護に関する特別教書」のなかで，消費者の守られるべき4つの権利として，

第14章　ソーシャル・マーケティング　327

①安全が守られる権利，②知らされる権利，③選択する権利，④意見が反映される権利をあげたが，この消費者の権利を企業側からみてみると，それはすなわち企業の社会責任である（国際消費者機構は，健全な環境の権利など，さらに4つの権利を加えている）。

以下では，企業が果たすべき社会責任のうち，とくに重要と考えられる製品の安全性，環境問題対応，情報公開という3つの切り口から社会責任のマーケティングを考察する。

〈製品の安全性〉 アメリカの著名な消費者運動家ラルフ・ネイダー（Ralph Nader）は，1966年に『どんなスピードでも自動車は危険だ』（Unsafe at Any Speed）という衝撃的なタイトルの本で，速さやスタイルのみを追求して安全性を顧みない自動車会社へ警鐘を鳴らしたが，この製品の安全性の問題は，企業が果たすべき最も基本的な社会的責任である。

製品の安全性に関する近年の話題としては，1994年6月に成立し，翌95年7月から施行されたPL法（Product Liability Law〔製造物責任法〕）がまずあげられる。ここで，製造物責任とは，製品の欠陥によって消費者が生命・身体・財産に受けた損害に対し，製造業者など（たとえば，OEM供給を受けているメーカーや委託生産させたPBを販売する流通業者も含まれる）が負わなければならない特別の損害賠償責任のことである。消費者が受けた被害について，従来，日本では，民法の過失責任規定に基づく不法行為の追及はできたが，消費者側が製品供給側の過失を立証することが非常に難しく，消費者に非常に不利な状況であった。それに対し，このPL法では，欧米のPL法に比べるとまだ消費者に不利な状況は続いているものの，製造業者に過失はなくても消費者が製品の欠陥を証明すればよいことになった。

328　第IV部　市場との対話

ここで，PL法のいう欠陥には，設計上の欠陥，製造上の欠陥，指示・警告上の欠陥の3つがあげられている。したがって，企業としては，法的な安全基準を満たした設計を行い，QC活動などにより製造上の不具合を排除し，取扱説明書に使用上の注意や警告文を遺漏なく記載するなどの対策を行うことが必要である。ただ，企業が一社で製造物の欠陥の可能性のすべてを予測し対処することは事実上不可能であるので，業界全体としてのルール作りや紛争処理のためのPLセンター（医薬品PLセンターなど）の設置など，業界としての取組みが不可欠である。

一方，2001年に日本で最初のBSE（牛海綿状脳症）の発生が確認されて以来，スーパーでの偽装表示問題ともあいまって，近年，消費者の間で，食品のトレーサビリティ（traceability〔生産履歴〕）に対する関心が大いに高まっている。これら動きに呼応するかたちで，セブン＆アイをはじめとする小売業や，石井食品などの食品メーカーにおいて，食品の生産履歴を消費者自身がチェックできるシステムが開発・導入されてきている。また，2005年には，食品安全管理の国際規格としてのISO22000（食品安全確保手法としてのHACCPを，品質管理の国際規格ISO9001と両立可能な規格にしたものともとらえられる）が発効し，トレーサビリティも含め，食品の「安全性」という品質をつくりあげるべき企業にとって，有効な指針となった。

このように，自社が生産し，また提供する製品の安全性は，まさに企業が果たすべき最も基本的な品質責任なのであり，これへの対処を怠ると，関連会社の偽装表示事件でトップ・ブランドの地位を失った某企業のように，市場から退出させられる危険性さえもつことになるのである。

第14章　ソーシャル・マーケティング　　329

〈環境問題対応〉　ローマクラブが，人口爆発と経済成長がこのま
ま続けば地球環境に破滅的事態が起こると報告したのが，1972
年の「成長の限界」であった。以来，地球環境問題は，冷戦後の
世界における最重要の問題のひとつになっていった。当然，企業
としても，環境問題への対応が重要な経営課題となっている。

　企業の環境問題対応にかかわる近年の話題としては，環境管
理・環境監査がある。環境管理とは，個別企業における環境保
全・改善のための行動計画の策定とその実行の管理のことであり，
環境監査とは環境対策に関する企業情報の公開と外部者によるそ
の監査である。かつて写真フィルムの基準でお馴染みだった ISO
（国際標準化機構）は，環境管理システムと環境監査に関する国際
規格として ISO14000 シリーズを策定し，1996 年には環境管理
システム規格 ISO14001 が発効した。日本でも通産省（現・経済
産業省）が ISO14000 シリーズに準拠して日本工業規格（JIS）の
一部として，1996 年に環境 JIS を制定した。ISO14000 の規格自
体に強制力はないが，品質管理および品質保証に関する ISO9000
のときにもみられたように，規格の認証書取得が政府調達の条件
になるなど，取得しないと国際ビジネスで不利になることが予想
され，日本のメーカーも対応を急いでいる。さらに，環境保全対
策にかかる費用とその効果を算出し，金額で示す環境会計への
関心が高まり，日本でも多くの企業が環境報告書を作成・開示し
ている（2000 年には，環境庁が「環境会計ガイドライン」を公表し，
その後，環境省として，2002，2005，2007，2012 年に改訂版を出し
ている）。

　この環境対応の問題をマーケティング視点からとらえるとき，
それはコスト（価格）との兼ね合いが大きな課題となる。たとえ

ば，1995年末の特定フロン全廃を前にして，93年の年末商戦に，家電各社はフロン規制対応の冷蔵庫を売り出したが，開発費負担や材料費の上昇で価格は平均して1割程度高めに設定せざるをえなかった。このように環境にやさしい製品を作るとコストが高くなることが多く，利益を減らす覚悟がないかぎり価格は高くなる。価格上昇に見合うベネフィットの向上があれば消費者は進んで高価格を払うだろうが，「環境にやさしい製品」という価値がそれだけのベネフィットを現在の日本の消費者に与えるかどうかは若干疑問である。したがって，短期的にはさらに別の機能を付加して総合力でベネフィットの向上を訴えたり（野菜を長期保存できる新技術を搭載した三菱電機など），価格コンシャスでない消費者層をメインターゲットにしたり（系列販売店網のMASTで重点販売商品とした当時の松下電器など）といった戦略展開が必要となるだろう。

ただ，アメリカで生まれたLOHAS（lifestyles of health and sustainability〔健康と環境を考えるライフスタイル〕）という考え方が，日本にも紹介され徐々に浸透しているように，今後は，日本においても，多少高くても環境にやさしい製品を購入する層が増えていく可能性が高いと考えられる。その意味では，これからの企業にとって，環境対応はまさに重要な基本戦略となってこよう（LOHASの中核を担うカルチュラル・クリエイティブス〔cultural creatives；生活創造者〕は，社会学者のレイ〔P. Ray〕らの全米15万人の調査によると，アメリカではすでに成人の26％に達しているといわれる）。

〈情報公開〉　情報公開は，国・自治体について議論されることが多いが，企業にとっても非常に重要な課題である。

たとえば，アメリカのPL裁判では互いに相手方に関連情報の提供を要求する情報開示が進んでいるし，環境監査では企業の環境対策関連情報の公開が要求される。後者については，将来的には，環境会計を公開した環境報告書が財務諸表並みに社会や消費者から求められてくることも予想される。情報公開は，企業にとってもひとつの社会的流れである。

この情報公開については，誰に対する情報公開か，という視点が重要である。今日，企業の経営は，多くのステイクホルダー（利害関係者）との関係構築が，ひとつの主要テーマになっている。すなわち，目前の顧客だけでなく，株主（投資家）や従業員（含む求職者），また取引先や社会・地域など，関係を結ぶべき対象は多岐にわたり，したがって，情報公開もそれらステイクホルダーごとに考えていく必要がある。

このうち，株主に対する情報公開は，近年，IR活動の活発化のなか，財務諸表はいうに及ばず，企業によっては，環境報告書やサスティナビリティ報告書，またCSR報告書など，多くの情報公開を進めている。SRI（socially responsible investment〔社会的責任投資〕）の考え方などが普及するなか，多くの正確な情報を公開しないと投資を受けることが難しくなってきているわけであり，投資を得るというメリットのために情報公開しているということもできる。それに対して，顧客に対しては，先にみた牛肉偽装事件をはじめ，自動車のリコール隠し事件やマンションの耐震強度偽装問題など，企業と消費者の情報非対称性（企業に比べ消費者のもつ情報が少ないということ）に乗じて，情報公開を怠る企業が後を絶たない。また労働に対する情報公開についても，たとえば，求職者が企業の公開情報に基づいて企業比較をすることは

332　第 **IV** 部　市場との対話

まだまだ難しいといわれるように，十分に進んでいるとはいえないのが現状である。

　情報公開は多様なステイクホルダーとの長期的な関係作りの基礎を形成するものであり，投資獲得という短期的メリットのある対株主（投資家）だけでなく，顧客や従業員（求職者），さらに地域社会に向けても，長期的視点に立って進めていく必要がある。

社会貢献のマーケティング　社会責任のマーケティングが企業が果たすべき基本的責任を扱うのに対し，社会貢献のマーケティングは企業が果たすことのできるプラスアルファの貢献を扱うものである（たとえば，フィリップ・モリスは，社会責任の面では世界最大のタバコ会社ということで消費者のマイナス評価を受けているが，ニューヨークのメトロポリタン歌劇場やカーネギーホールをはじめ多額の文化支援によってプラスの評価を得ている）。

　以下では，代表的な社会貢献として，メセナとフィランソロピーを取り上げて考察する。

〈メセナとフィランソロピー〉　メセナとは文化芸術の擁護と援助のことであり，企業の支援方法としては，冠コンサートなど特定イベントへの直接的支援と，設立した財団を通じての支援とがある。一方，フィランソロピーとは慈善活動のことであり，主な内容としては，医療，福祉，教育などへの寄付活動や奉仕活動がある。欧米に比べメセナもフィランソロピーも低調な日本であったが，メセナについては1990年2月に企業メセナ協議会が発足して啓蒙・普及活動に乗り出し，またフィランソロピーについても同年11月に経団連が1％クラブを設立して可処分所得もしくは経常利益の1％以上を寄付する運動を行っている。ただ，メセナ

Column ⑭ 育児休業者の職場復帰を支援する「wiwiw（ウィウィ）」

「会社に対して，何の役にも立てていない」。

育児休業を経て職場復帰した女性社員が，休業中に入れ替わったメンバーや，前とは少し違う業務の進行具合にとまどう例は多いだろう。グループ全体の社員数およそ2万5000人のうち，7割が女性という資生堂でも，女性社員の登用や育児休業制度の充実は最重要の課題のひとつであった。ただ，育児休業制度が充実し，1年半など長期の休業が可能になる一方で，新たな弊害が生まれてきた。それが冒頭に挙げた，職場復帰後の無力感であった。

そのようななか，資生堂が開発したのが，2000年の社内公募制度での提案をきっかけに生まれた，育児休業者の職場復帰を支援するインターネット・プログラム「wiwiw」である。育児休業者に対し，自宅でExcelやTOEICなどを学べるオンライン講座を提供し，あわせて会社とコミュニケーションがとれる専用掲示板なども用意する。開発のヒントは，日米の育児休業に対する考え方の違いにあったという。日本では，育児休業はブランクとみられていたのに対し，アメリカでは，むしろブラッシュ・アップの期間としてとらえられており，その期間を生かし資格取得にはげむ女性の姿に衝撃を受けたという。wiwiwはその後，資生堂社内で多くの女性社員から支持を受け，2002年6月からは社外へも販売され，2006年には株式会社wiwiwとなる（16年時点で，全国615社に導入）。

CSR論議の流行のなかで，持続可能な発展のためには，経済・環境・社会のトリプル・ボトムラインが重要といわれる。このうち，日本企業は環境問題対応（リサイクルや化学物質対策など）は得意な一方，社会問題対応（失業，女性，高齢化，教育など）については欧米企業に大きく後れをとっているといわれる。そのようななか，資生堂から生まれたwiwiwは，日本が不得意であった社会問題対応のCSR活動において，ひとつのモデルを提示した成功例ととらえられる。

（出所：髙巖＋日経CSRプロジェクト編［2004］，『CSR 企業価値をどう高めるか』日本経済新聞社）

やフィランソロピーがファッションとして流行っていた当時に比べ，その後のバブル崩壊の過程で経費削減が叫ばれるなか，それらの活動が先細りになっていった感は否めない。

マーケティング戦略の視点からメセナやフィランソロピーをとらえると，それらはまずコミュニケーション戦略の一構成要素と考えられる。スポーツでの冠大会を含めた冠イベントへの支援活動などは，まさに PR 活動である。コミュニケーション戦略のひとつととらえられているからこそ，バブル崩壊後の広告予算カットの影響をもろにかぶるのである。それに対し，欧米企業の場合は，個人や団体が教育や医療，環境保全や文化のために寄付金を拠出したり奉仕活動を行ったりする伝統があり，一コミュニケーション戦略を超えた，より本質的な企業使命のなかにメセナやフィランソロピーが位置づけられているようである。

4 マネジリアル・マーケティングとの統合
●企業の利益と社会の利益の一致に向けて

コトラー流のソーシャル・マーケティングは非営利組織のマーケティングであるので，営利企業としてはレイザー流のソーシャル・マーケティング（社会志向のマーケティング）を経営のなかにビルトインしていく必要がある。しかし，企業内ではすでにマネジリアル・マーケティングが展開されているわけであり，両者の統合が必須課題となる。

レイザー（村田編 [1976] 所収論文）は，その国の経済発展のレベルが両者の重要性を規定すると述べている。開発途上にある国においてはマネジリアル・マーケティングを適用するのが望まし

第 **14** 章　ソーシャル・マーケティング　　335

い一方で，物質的ニーズがかなり満たされた国においてはソーシャル・マーケティングの適用が適切であるというのである。すなわち，経済発展のレベルに応じてソーシャル・マーケティングの必要性が増してくるわけである。ただ，なかなか社会責任・社会貢献のマーケティングが根づかない日本の現状（このことは近年の大手電機メーカーによる不正会計や大手自動車メーカーによる燃費偽装などをみれば明らかであろう）をみていると，経済発展に加えて，文化発展の程度もソーシャル・マーケティングの必要性に大きく影響を与えていそうである。

しかし，欧米で環境問題や社会問題への企業の取組みが問われ，また発展途上の国々でも環境への意識が人々の間で生まれるなか，ユニリーバやネスレなどのグローバル企業は，経済・環境・社会のトリプル・ボトムラインの達成をめざす CSR 活動を世界において着実に展開している。そしてそれら活動によって，彼ら企業は，欧米でも途上国でも，ややもすれば経済に偏りがちな日本企業よりはるかに高い支持を得ている可能性がある。日本企業においても，日本国内にこの先もとどまるのならいざ知らず，世界に進出し，グローバル・ブランドを形成することを望むのならば，経済と環境・社会のバランスのとれたマーケティングの展開は，まさに喫緊の課題となっているのである。

そのようななか，日本マーケティング協会が提案したのが「CSR マーケティング」という考え方である。

CSR マーケティング　　同協会では，2005 年に設置した CSR マーケティング研究会（主査：三村優美子青山学院大学教授）で多くの議論が戦わされたが，そのひとつの成果が，表 14-2 である。

336　第 IV 部　市場との対話

表14−2 CSRマーケティングの枠組み

顧客＼価値	既存（経済的）	新規（社会的）
既存（経済的）	従来型マーケティング	CSRマーケティング①
新規（社会的）	CSRマーケティング③	CSRマーケティング②

経済的顧客に経済的価値を提供していた従来型マーケティングに対し，CSRマーケティングは，ターゲットを社会的顧客にまで拡大し，提供価値を社会的価値にまで拡大している。

（出所）　高橋・丹沢・花枝・三浦 [2011]，156ページ。

　マーケティングとは，「顧客」への「価値」の提供と考えられるが，この社会性を重視したCSRマーケティングでは，「顧客」が「社会的顧客」に，また，「価値」が「社会的価値」にまで拡大していくのである。

　すなわち，従来型のマーケティングが，既存の経済的顧客（いわゆる消費者）に，既存の経済的価値（いわゆる製品・サービス）を提供していたのに対し，このCSRマーケティングでは，顧客と価値が拡大することによって，3つの新しいマーケティングが生まれるのである。

　まず，CSRマーケティング①とは，顧客は既存の経済的顧客のままに，彼らに新規の社会的価値を提供するマーケティングである。代表的な例としては，ブランド戦略において，機能的価値・情緒的価値に加えて，第3の社会的価値（リサイクル対応，原材料安全性など）を加えることや，チャネル戦略におけるCSR調達や物流のモーダルシフト，などが考えられる。ヴォルヴィックの「1L for 10L」など，コーズ・リレーテッド・マーケティン

第14章　ソーシャル・マーケティング　337

グ（社会的課題の解決をめざすマーケティング）も，製品に社会的価値を付加しており，代表的な戦略といえる。主力製品やサービスの本業に社会性を加味するという意味で，本業 CSR マーケティングとも呼べる。

　次に，CSR マーケティング②とは，新規の社会的顧客に，新規の社会的価値を提供するマーケティングである。本業とは異なる社会的活動をするもので，CSR で一番よく取り上げられる活動である。何を行うかについては無限の可能性があるため決定基準が大変重要であるが，次の 3 つの決定法が考えられる。まず，(1)「本業からの拡大」であり，本業に関わる社会的課題を選択するものである（食品メーカーなら食育，自動車・自転車メーカーなら安全教育，など）。次に，(2)「ターゲットからの拡大」であり，本業ターゲットのもつ社会的課題を選択するものである（女性をターゲットにするエイボン・プロダクツが乳がん撲滅のピンクリボン・キャンペーンを協賛する，など）。最後が，(3)「地域貢献」であり，本社・工場所在地の周辺顧客への地域貢献である（夏祭りの開催や，地域の緑化推進活動の支援，など）。企業が専門外の社会的活動を行うという意味で，非本業 CSR マーケティングとも呼べる。

　最後に，CSR マーケティング③は，新規の社会的顧客に，既存の経済的価値を提供するマーケティングである。これには災害などの被災地への現物（本業製品）緊急援助や，さまざまな団体への寄付活動がある。後者の寄付の相手先団体についても無限の可能性があるわけだが，上記 CSR マーケティング②でみたように，本業やターゲットからの拡大，また地域貢献がその際の決定基準になると考えられる。これは，寄付型 CSR マーケティング

とも呼べる。

　従来型のマーケティングに、これら3つのCSRマーケティングをビルトインしていくことによって、両者の統合が図られ、ポーターのいうCSV（企業と消費者・社会の共通価値創造）が実現される。

　消費者がマズローの第6の欲求である「自己超越の欲求」に一部到達しているといわれる現在，マーケティングも単に経済的価値を提供するだけでなく，さらに社会的価値を，それも消費者を取り巻く社会全体にまで提供していくことを常に視野に入れていくことが不可欠と考えられる。そのような21世紀の新時代において，CSRマーケティングは，私たちにひとつの道筋を示すものと期待される。

本章で学んだキーワード　　　　　　　　KEY WORD

ソーシャル・マーケティング　　非営利組織のマーケティング
社会志向のマーケティング　　コンシューマリズム　　ニーズ
対応　　コンセプト提案　　社会責任のマーケティング　　社
会貢献のマーケティング　　CSR　　メセナ　　フィランソロ
ピー　　PL法　　環境管理・環境監査　　ISO　　環境会計
CSRマーケティング　　コーズ・リレーテッド・マーケティン
グ　　CSV　　自己超越の欲求

演習問題

1　非営利組織をひとつ取り上げ，その組織を成功に導くマーケティング・プログラムを作成してみよう。

2　環境問題に関して，企業のマーケティングができる戦略的対

応を列挙してみよう。

3 CSR マーケティングがうまく展開できている企業を探し，その成功の秘密を考察してみよう。

●参考文献●

コトラー, P.（井関利明監訳）[1991],『非営利組織のマーケティング戦略』第一法規出版。

コトラー, P. = E. L. ロベルト（井関利明監訳）[1995],『ソーシャル・マーケティング』ダイヤモンド社。

高橋宏幸・丹沢安治・花枝英樹・三浦俊彦 [2011],『現代経営入門』有斐閣。

西尾チヅル [1999],『エコロジカル・マーケティングの構図』有斐閣。

藤井敏彦 [2005],『ヨーロッパの CSR と日本の CSR』日科技連出版社。

村田昭治編 [1976],『ソーシャル・マーケティングの構図』税務経理協会。

第15章 関係性マーケティング

相互作用重視のマーケティング

本章のサマリー

わが国の多くの市場が成熟しているなかで，従来の環境適合的なマーケティング・パラダイムの有効性が問われる状況が増えている。時代は fit（環境適合）から interact（関係性）重視へと移りつつあり，企業や組織・団体を取り巻くさまざまな集団との関係性形成の重要性，つまり関係性マーケティングの重要性が高まってきている。

本章では，関係性マーケティング実行の具体的な例として，メーカーと小売業者との間の製販同盟やブランド構築のあり方，新製品開発の新しいプロセス，さらには，地域ブランド形成のあり方などを取り上げている。また，関係性マーケティングとは何かという問いに答えるべく，関係性の内実としての「信頼」と「コミュニケーション」について検討を加え，新しい関係性マーケティングというパラダイムの切り口として，「マーケティング・アズ・コミュニケーション」（marketing as communication〔MAC マーケティング〕）という考え方や対話型マーケティングが提唱されている。最後に，地域ブランド形成の関係性についても説明されている。

1 関係性マーケティングの誕生

● **3つの時代背景**

関係性マーケティングという新しいマーケティング・アプローチの中身とその具体例について検討を加える前に，いまなぜマネジリアル・マーケティング（4Pマーケティング）から関係性マーケティングへとマーケティングのパラダイム・シフトが起ころうとしているのかという点について述べておこう。もちろん，わが国の多くの市場が成熟期に到達し，フィット（fit〔環境適合〕）を基本原理とするマーケティングのアプローチが景気低迷にともなって大きく行き詰まっているという現実も見逃せない背景ではあるが。

| 消費者の変化 |

マネジリアル・マーケティングのアプローチが行き詰まった背景には，まず消費者の変化がある。高度成長期そしてバブル経済期にあったわが国の消費者の行動原理は，第1に生活財取り揃えのための「物財の購買」（buying）であり，第2にライフスタイル表現のための「ブランドの選択」（choice）であった。事実，この時期の消費者行動の目的変数は，購買行動（buying behavior）であり選択行動（choice behavior）であった。そして，その前提は生活者ではなく消費者であった。生活財取り揃えのお手本は「アメリカン・ウェイ・オブ・ライフ」にあった。バブル経済を経験したわが国の消費者は，物財的に満たされた消費者となり，「これから何が欲しいのかわからない消費者」「物財取り揃えのお手本を失った消費者」となってしまったのである。

342　第Ⅳ部　市場との対話

いま，日本の消費者ははじめて自ら主体的に生活行動構造体系（ライフスタイル）を作り上げようとしている。そして，生活行動構造体系の形成を商品やサービスの消費を通して行おうとしているのである。したがって，わが国の消費者，いやむしろ生活者にとって重要なことは，「何を買うか，どのブランドを買うか」ではなく，「買った商品・ブランドをどのように消費するのか，消費プロセスのなかで他者とのかかわりをどのようにもつのか」に変化してきているのである。まさに，購買ではなく消費プロセスこそが日本の生活者にとっての生活構造作りの中心となってきたのである。つまり，今日の消費者にとって企業のマーケティング提供物が自らのニーズにフィットするかどうかではなく，マーケティング提供物を消費するプロセスのなかで企業あるいは社会とどのようにインタラクト（interact）するのかということのほうが重要になってきたのである。

メーカーと流通業者の関係の変化

関係性マーケティング誕生の第2の背景は，流通チャネルにおけるメーカーと流通業者との間の関係の変化である。第7章でも示されたように，いま日本の流通環境は大きく変化している。そして，従来はメーカーが握っていた流通におけるパワーが大規模小売業者に移りつつあり，メーカーと小売業者との垂直的な関係において流通パワーの奪いあい，そしてコンフリクトの発生という行動プロセスが継続的に起こるようになってきた。このような状況のなかから，メーカーと小売の双方から実りなきパワー闘争をやめ，生活者厚生・文化の向上のために互いに協調しようという気運が生まれ，両者の間での関係性形成の議論と行動が芽生えてきたのである。

第15章　関係性マーケティング　　343

| ソーシャル・コミュニケーションの増大 |

第 3 に，証券市場でも，企業情報のディスクロージャー（disclosure〔情報公開〕）の問題がにわかに注目を集めるようになり，さらに IR 活動（investor relations）が PR 活動（public relations〔広報〕）とは違ったかたちで重要視されるようになり，企業と一般投資家，機関投資家，証券アナリストなどとの関係が重要視されるようになった。また，一般大衆あるいは社会に対しても，企業が PR 活動を積極的に行い，前章で示したソーシャル・マーケティングの考え方や活動も含めて，企業のソーシャル・コミュニケーション活動が重要視されるようになったのである。

2 関係性マーケティングとは何か
●ステイクホルダーとのインタラクション

| ステイクホルダーとのインタラクション |

関係性マーケティングは，企業と外部との関係性に注目しているから，その基本枠組みとして，①関係性の結合対象と，②関係性そのものの内容とを規定するところから始まる。したがって，関係性マーケティングはまず，企業と顧客（生活者）との関係性，取引先（仕入先や流通業者）との関係性，資本家・投資家との関係性，そして社会・大衆との関係性といったさまざまな次元から論じることができる。これらの結合対象は，いわゆるステイクホルダー（stakeholder〔企業を取り巻く関係集団〕）といわれるものである。しかし，関係性マーケティングを最も特徴づけているものは，むしろ関係性の内容であり，その中心概念はインタラクション（interaction〔双方向交互作用〕）である。

序章でも述べたように，4P マーケティングの中心概念は環境
適合（fit）である。「マーケティングとは，企業が環境に適合す
るしくみ作りをすること」なのである。したがって，4P マーケ
ティングのスタートは顧客ニーズの探索である。しかし，成熟市
場にあっては，企業がいかに顧客ニーズを汲み取ったとしても，
できあがった商品は，品質向上や価格切り下げといった当たり前
のニーズ対応商品であったり，潜在需要の掘り起こしと称する独
りよがりの生活提案商品であったりすることが多い。つまり，現
代の生活者にとっては生活のかなりの部分についてはニーズが当
たり前のものになっている場合が多いし，反面自らのニーズその
ものがわからなくなってきている部分も出てきているのである。
そして，そこにこそフィットを基本概念とする 4P マーケティン
グの限界がみえてくる。ニーズ探索，そしてフィットという行動
様式の限界を打破するものが，企業とステイクホルダー（たとえ
ば生活者）とのインタラクションであり，企業と生活者とがとも
に考え，ともに作り，ともに生きていくことが必要となってくる
のである。

| 信　頼 | インタラクションの内実の鍵概念のひと |

つは「信頼」であり，この概念はメー
カーと流通業者との間の関係性という次元で考えるとわかりやす
い。関係性の内実としての「信頼」の前提は，まず関係性発生の
形態が二者間関係性（dyadic relation）であることであり，それは
また長期継続的な関係の形成を目的としたものであることである。
そして，「信頼」とは自分が相手を信頼し同時に相手も自分を信
頼するという二者間のインタラクティブな関係である。より具
体的にいうならば，「信頼」とは，自らが相手になんらかの報酬

第 15 章　関係性マーケティング　　345

（たとえば商品の発注）を期待し，相手がその期待どおりに行動すると認識することと定義される。当然ながら，このような信頼は「裏切り」というリスクをともなう。ただし，二者間にインタラクティブな信頼が存在すれば，このようなリスクは最小化される。最終的には，双方の側で「期待−実行」という図式が繰り返されれば，信頼はしだいに強固なものとなっていき，長期継続的な取引関係が維持され，取引コストが減少していく。

「信頼」には，①認知的信頼と，②感情的信頼とがあり，「期待−実行」の図式によって形成される信頼は認知的信頼である。そして，認知的信頼には，あくまでも双方のパフォーマンス（実行・実績）の認知が前提となる。一方，感情的信頼には必ずしもパフォーマンスの認知が必要ではなく，「あいつは信頼できそうだ」といった感情的側面が強調され，パートナー双方のパーソナリティとか所属する企業の社風といったようなものが影響する。したがって，認知的信頼と感情的信頼との関係は双方向である。つまり，認知的信頼が「期待−実行」という図式の繰り返しによって醸成されると，「あいつは信頼に値するよい奴だ」といった感情的信頼が生まれる。一方，「あいつは信頼できそうだ」といったムード的・感情的信頼関係から出発しても，「期待−実行」図式が繰り返されると，そこには認知的信頼が付加される。つまり，信頼という関係性は最終的には認知という次元と感情という次元が混在しなければ成り立たないということである。

346　第 **IV** 部　市場との対話

3 マーケティング・アズ・コミュニケーション（MAC）
●コミュニケーションとしてのマーケティング

**MAC マーケティング
とは**

インタラクションのいまひとつの鍵概念は，「コミュニケーション」である。ここでコミュニケーション概念を中心としたインタラクションのマーケティング，「MAC マーケティング」について論じておこう。

MAC マーケティングは一種の造語であり，「マーケティング・アズ・コミュニケーション」を意味している。MAC マーケティングをここであらためて定義するならば，「主体と客体とが常にコミュニケートしている状況を形成・維持することであり，主体と客体とが常に双方向的なコミュニケーションを行うことによって双方に共感，共鳴，共動，共業という行為が発生し，最終的には主体と客体とが融合するようなしくみを作ることである」ということである。ここで，主体と客体とは企業と顧客を意味することはいうまでもない。

図15-1 は企業と顧客とが融合するプロセスを示したものであり，融合の内実は「クロス・パトロナイジング」，つまり企業と顧客とが相互にファンになるということである。

**ブランドをめぐる企業
と顧客のインタラクシ
ョン**

かつて「ブランド・ロイヤルティ」という言葉が，マーケティングの中心概念のひとつとなったことがあった。つまり，ブランドに対する「忠誠」を形成することが重要だという議論である。これを MAC マーケティングの観点から解釈すると，あま

第 15 章　関係性マーケティング　　347

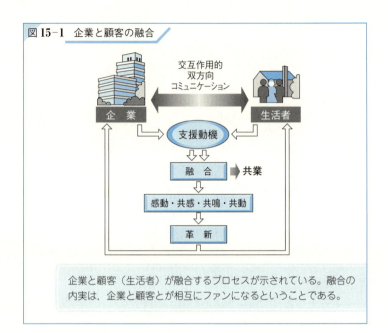

図 15-1 企業と顧客の融合

企業と顧客（生活者）が融合するプロセスが示されている。融合の内実は，企業と顧客とが相互にファンになるということである。

り意味をなさない。すなわち，忠誠という概念は，君に忠誠，企業に忠誠，ブランドに忠誠といったように，片方向的な概念である。現代の生活者はもはやこのような一方向的な関係を望んではいない。ブランド・ロイヤルティをいうならば，それは「ブランド・パトロナージュ」であり，企業の側からいえば顧客の間に湧き起こる「ブランド・フランチャイズ」である。これを，たとえば新商品開発のプロセスにあてはめてみれば，企業の提供する商品はブランドという共有物によって企業と顧客の間のインタラクティブな関係性を形成し，ブランド育成という意味で企業と顧客の双方が常にインタラクティブにコミュニケートする状況が作り出されるということになる。

　ここで顧客に提供される商品はあくまでも「商品素」である。

企業はブランドをとおして顧客と常にインタラクティブにコミュニケートすることができるワークショップ・プロセスを作り出し，顧客とともに商品素を商品に作り直す努力をしなければならない。そして，このようなワークショップ・プロセスが常に維持されていれば，結果としてロングライフ・ブランドが誕生し，愛着ブランドと愛着顧客が生まれるということになる。

　以上のように関係性マーケティングとしての MAC マーケティングは，企業のマーケティング目標そのものに「企業とステイクホルダーたちとのインタラクティブ・コミュニケーション状況」を設定することから出発する。そして，どのようにして，どのような形態や手法，しかけでそのような状況を作り上げるかが MAC マーケティングの重要課題となる。

4　信頼の製販同盟
● 流通にみる関係性マーケティング

製販同盟とは何か

　第 7 章でも示したように，最近のわが国の流通に関する話題のひとつに「製販同盟」がある。製販同盟のもともとの概念は，アメリカの大手トイレタリー・メーカーの P & G（プロクター・アンド・ギャンブル）とアメリカ最大の小売業ウォルマートとの間に結ばれた「戦略同盟」(strategic alliance) のことであり，両社の間に結ばれた受発注，在庫管理，物流を中心としたメーカーと小売による共同作業化・統合化の形態を意味している。わが国ではトイレタリー・メーカーの花王と大手小売業イオンとの間で結ばれた，情報システムの共用化，在庫管理などの共業化を中心とした EDI (electric data

第 15 章　関係性マーケティング　　349

interchange），ECR（efficient consumer response）結合が有名である。

製販同盟の本来的な目的は，①互いに独立に管理・実行していた，たとえば受発注管理，在庫管理，物流管理などを統一の情報システムを介して結合することによってメーカーと小売双方のコストを削減すること，②メーカーと小売がそれぞれの強み，たとえば技術力・生産力と販売力・顧客情報力などを基盤として結合することによって，マーケティング全過程の流れをスムーズにし，共同してよりよい商品作りや，よりよい顧客作りをめざし，メーカーあるいは小売単独であげうる成果以上のものを達成することである。

コンビニエンス・ストアの製販同盟

いずれの目的を達成するにしても，製販同盟の効果を高める前提は，メーカーと小売との間に「信頼」という関係性が形成され維持されることである。今日，わが国にみられる代表的な製販同盟と称されるものはコンビニエンス・ストア業態にみられ，「味の素とセブン-イレブン」や「ローソンと木村屋その他のパン・メーカー」との間の「焼き立てパン」の商品開発である。

味の素とセブン-イレブンの場合には，味の素が独自にもつパン生地冷凍の技術，セブン-イレブンがもつ物流拠点，パン・メーカーを活用した物流拠点におけるパン焼成の生産力，セブン-イレブンのもつ1万余店からなる店頭販売力を結合した，パン生地生産→パン焼成→店頭販売といった流れを「焼き立て」というコンセプトによって統合している。つまり，冷凍技術，パン焼成技術，拠点ネットワーク，店頭販売力といった，味の素，パン・メーカー，セブン-イレブンの3者によるそれぞれの能力に対する相互期待・実行という認知的信頼がこの同盟を生み出した

350　第 **IV** 部　市場との対話

ことになる。

　ローソンの焼き立てパンの場合には，同盟相手が各地域のローカル・パン・メーカーということもあって，ローソンと各地域のパン・メーカーとの商品開発がより進んでおり，商品開発における機能融合という側面がより強くでている。

流通における関係性の形成

　流通チャネルにおけるメーカーと流通業者との間の信頼という関係性は，前項のような特定の目的をもった関係性よりも，その構築が難しいかもしれない。これまで流通チャネル論で議論されていた「パワー論」は，そのパワーの源泉として，①経済取引依存性，②情報の専門性，そして③正当性・一体化のパワー資源をあげている。ここで関係性形成としてヒントとなるのは，③の正当性・一体化のパワー資源であり，①と②はメーカーと流通業者との間のパワー・バランスそのものを規定している。正当性・一体化のパワー資源とは，メーカーあるいは流通業者がその流通システムに属していることを正当と思い，システム・メンバーとしての一体感をもつということである。

　これまでパワー論の議論では，正当性・一体化のパワー資源が発生する基盤は，メーカーと流通業者とが共通の目的をもち，利益配分が適切に行われていると認識することであるとされた。これを関係性という次元で議論するならば，これはパワーの源泉ではなくまさにメーカーと流通業者との間の利益追求を超えた長期的取引関係継続の動機へと転化することができ，少なくとも認知的信頼という関係性が基盤となるであろうことは間違いない。しかし，このような関係性の多くは企業と企業との間のホリスティックな関係に依存する場合が多く，先に述べたEDIとか商品開

第 15 章　関係性マーケティング　　351

発といった特定の側面に絞り込めないだけに関係性の形成・維持がより困難である。

5 対話するマーケティング
●企業と顧客の対話の形成

> 企業の顧客への語りかけ

クリスマスの恋人へのギフトはなぜ「ティファニー」でなければならないのだろう。ビールはなぜ「麒麟」でなければならないのだろう。

われわれは「ティファニー」というと，映画『ティファニーで朝食を』でオードリー・ヘプバーンが早朝ティファニーの店にタクシーで乗りつけるシーンを思い出し，ティファニーのオープンハートのネックレスを思い浮かべる。事実，「ティファニー・テイスト」とは，「人生の儀式や祝い事に対して，美しさやスタイルを表現した商品によって生活の豪華さを生み出すこと」なのであり，「ティファニー」という言葉を聞いた瞬間，ティファニーはわれわれに多くのシーンや思い出やイメージを語りかけてくる。そして，われわれもまたそれを自分なりのシーンや思い出にコード化して語りかけていく。

さらに，ビールはなぜ「キリン」ではなく「麒麟」でなければならないのであろう。周知のように，「麒麟」はこの世には存在しない伝説の動物である。しかし，われわれは「麒麟」という言葉を聞き，瓶ビールのラベルに描かれているあの姿をみるとき，中央アジアを疾風のように駆け巡るアレキサンダー大王や成吉思汗の勇姿を思い起こすのである。「麒麟」はまさに，限り

352　第IV部　市場との対話

なく前進し限りなく愛を語り，われわれをロマンの語らいへと誘ってくれるのである。これが「キリン」ビールもしくは「Kirin」ビールでは味も素っ気もなく，せいぜい上野動物園のキリンぐらいしか思い浮かばない。

以上2つの例でわかるように，企業は商品やサービスをとおして顧客に語りかけているのである。

対話の媒介としてのブランド価値

顧客は商品やサービスの語りかけを自分のライフシーンのなかでコード化し，語りはじめる。そして，その媒介物はブランドでありブランド価値である。一般に商品はその基本価値や便宜価値をもつと同時に，消費に感覚的な楽しさを与えたり生活の意味を与えたりする。

図 15-2 は，このような商品の4つの価値（基本価値・便宜価

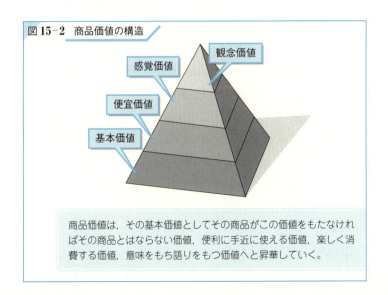

図 15-2 商品価値の構造

商品価値は，その基本価値としてその商品がこの価値をもたなければその商品とはならない価値，便利に手近に使える価値，楽しく消費する価値，意味をもち語りをもつ価値へと昇華していく。

第 15 章 関係性マーケティング

値・感覚価値・観念価値）を階層的に示したものである。ここで感覚価値と観念価値がブランド価値を生み出す源泉であり，とくに消費プロセスそのものが豊かな生活シーンを作ったり，自分のライフスタイルへの意味づけを行ったりすることのできる観念価値こそが，真の意味でのブランド価値なのである。つまり，ブランドが物語り，顧客がブランドの物語をベースとして人生を語るとき，そこに企業と顧客との対話が生まれるのである。「ムシューダ」などといった消臭効果という基本価値をもじったブランド・ネームなどからは，「対話」は生まれるべくもない。ちなみに，便宜価値とは，買いやすい価格であったり，使いやすい容器などのことを示している。

フェイス・トゥ・フェイス・コミュニケーション

先の MAC マーケティングの節で示した商品開発におけるワークショップ・プロセス作りは，このような対話の状況をさらに一歩進めたかたちでインタラクションの形成をねらったものである。つまり，前述のブランドを通じた対話は図15-3のように表現でき，ブランドという認識空間のなかで企業が語り顧客が語るという意味でのインタラクションである。言葉を換えていうならば，ブランドというキャンバスのうえで企業と顧客が独自に語りあうキャンバス・トゥ・キャンバスのインタラクティブ・コミュニケーションなのである。したがって，できあがる絵は企業と顧客，顧客と顧客とでは違ったものになるかもしれない。

一方，前述の商品開発におけるワークショップ・プロセス型の対話は，「フェイス・トゥ・フェイス・コミュニケーション」（face-to-face communication）や「情報プラットフォーム・コミュニケーション」といった，企業と顧客とが直接的に遭遇するイン

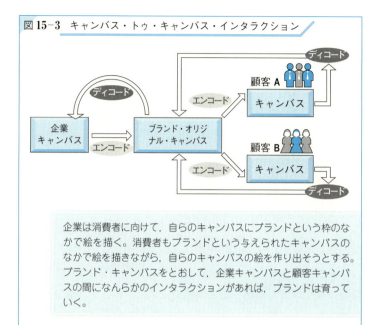

図15-3 キャンバス・トゥ・キャンバス・インタラクション

企業は消費者に向けて、自らのキャンバスにブランドという枠のなかで絵を描く。消費者もブランドという与えられたキャンバスのなかで絵を描きながら、自らのキャンバスの絵を作り出そうとする。ブランド・キャンバスをとおして、企業キャンバスと顧客キャンバスの間になんらかのインタラクションがあれば、ブランドは育っていく。

タラクティブ・コミュニケーションである。フェイス・トゥ・フェイス・コミュニケーションは、かつてマス媒体に代表されるインパーソナルなコミュニケーション形態の対としてのパーソナルなコミュニケーションの代表例としてあげられ、消費財市場では企業のマーケティング管理の枠の外にある口コミ（word-of-mouth）コミュニケーションとして位置づけられていた。

口コミ・コミュニケーション

口コミ・コミュニケーションでは、企業が発進した情報が特定の顧客に受信され、次のステップとしてフェイス・トゥ・フェイスの一対一の関係、あるいは一対多数の関係で情報が次々と普及拡大的に伝達され、最終的には一対一、一対多数を核として

情報のネットワークが形成されることになる。当然ながら，情報ネットワークの核となる一対一もしくは一対多数のコミュニケーションは，そのそれぞれがフェイス・トゥ・フェイスのコミュニケーションであり，そこには直接的なインタラクションが発生する。ただしこの場合，企業から一方的に発進された情報は，顧客の間での口コミ・コミュニケーションが発生すると，もはや企業の管理から離れ，口コミ・コミュニケーションのプロセスでインタラクションの結果として変形したり，拡大・縮小したりするという欠点をもっている。

以上のような口コミ・コミュニケーションは，顧客の間では対話が発生するが，企業と顧客との対話は存在しない。ワークショップ・プロセス型の商品開発にあっては，そのプロセスの基本型を口コミ・コミュニケーション型のインタラクションとしながら，企業と顧客との間にも口コミ，フェイス・トゥ・フェイス型のインタラクティブ・コミュニケーションを導入したネットワークを形成しようと試みる。

情報プラットフォーム・コミュニケーション　企業と顧客との対話やインタラクティブ・コミュニケーションをねらった口コミ・コミュニケーション・ネットワークの形成は，通常，顧客が不特定多数である消費者市場では難しい。せいぜいお客様相談室とか苦情処理部門などといった窓口で顧客と直接対話することぐらいしか考えられない。しかし，インターネットの発達などにみられる今日の情報通信技術やネットワークの進展は，前述の企業と顧客との間の直接的な対話を可能にし，新たな口コミ・コミュニケーション・ネットワーク形成の可能性を秘めている。「情報プラットフォーム」コミュニケーションあ

Column ⑮ **長野県小布施町の地域ブランド作り**

　長野県北部の長野市近郊に位置する小布施町は，人口1万人前後の小さな町である。小布施町は古くから栗の町として知られていたが，いまや「小布施ブランド」は年間120万人もの観光客が訪れる全国ブランドである。さらに，この町は単なる「栗の町」を超えたブランド・アイデンティティをもっている。そして，「小布施ブランド」は，町役場，地場企業，住民，さらには域外来訪者の間の関係性の形成によって裏づけられている。

　小布施町は，もともと農業を中心とした地方の小さな農村であったが，たまたま町内に大きな栗の樹が点在することから，栗菓子製造の地場企業が育っていったのである。栗羊かんの製造という発想がどこから出たかは定かではないが，とりあえず栗菓子の製造業として3社が立ち上がった。小布施堂，竹風堂，桜井甘精堂の3社である。ただし，この3社の「小布施ブランド」形成への対応は対照的である。すなわち，小布施堂は町に域外の人々を呼び込むことによって事業を発展させ町を発展させようとするものである。一方，桜井甘精堂は，地域貢献というよりは事業拡大策として域外に出店し，竹風堂はまちづくりへの貢献を意識しつつも，域外に出店することによって「小布施ブランド」の全国区化への貢献を図ったのである。

　小布施堂はもともとは一桝酒蔵という地元の酒蔵であったが，和菓子の製造にも着手したという企業である。小布施堂の基本的な戦略は，域外の人々を地域に呼び込むというものである。したがって，酒蔵で造られた純米酒は，全国に流通することはなく，「飲みたければ小布施に来て下さい」という戦略である。

　同社は，酒蔵のなかに「蔵部」という和食レストランを開設して，日本酒に合う料理を提供し，観光客との交流を図っている。このような取り組みは，オーストリアの「ゲヌス・レギオン」制度やフランスの「味の極上地」（SICG）制度にもみられるものである。これらは，地域での旬の食材やブランド酒，料理・菓子類を開発して集荷市場を形成し，来街者を増やすことによって町の活性化を図ろうとするものである。小布施堂では，

当主と由縁（ゆかり）のあった葛飾北斎の美術館を開設し，市街の集客力の強化にさらに取り組んでいる。

これまでの議論は，町役場，地場企業，住民との関係性のなかでのブランド作りであった。しかし，小布施はさらに，域外来街者との関係性を作り出すことによって地域ブランドの強化を図ろうとしている。小布施町のブランド作りの狙いは，域外来訪者が「何度でも訪れたくなる町」「滞在したい町」，そして「町の人と交流したい町」である。小布施町が打ち出した新たな方策は，「花のまち」づくりである。小布施町は，1990年に「美しいまちづくり条例」を制定し，観光客や住民のくつろぎ交流の場として「フローラルガーデンおぶせ」を建設，さらに育苗センターとしてプラグ苗の生産やポット苗の収集分配を行う「フラワーセンター」を開設し，約30戸の花木生産農家が花の地産地消に励んでいる。とくに小布施町がこの面で強調しているのが農家民泊による観光客と地元住民との交流である。

小布施町には小布施堂が経営する旅館以外には宿泊施設が存在しない。ここで注目すべきが，「花のまち」づくりへの来街者への勧誘であり，それに対応した農家民泊制度である。この制度を作ることによって域外来街者は小布施町に滞在することができるようになり，地域住民との交流が深まり，地域住民との「花のまち」づくりにともに貢献することができるということになる。このことは，まさに町役場，地場企業，住民の関係性を超えて，域外来街者も参画した「地域ブランド」作りが現実となっている。いわば，地域ブランドは特産品の生産を超えた，町の歴史文化遺産，環境遺産，コミュニティ交流遺産を踏まえた地域活性化の糧なのである。

るいはネット上のコミュニケーション（ネット・コミュニケーション）とは，まさにこのことを指しているのである。

ソーシャル・ネットワーキング・サービス（SNS）やホーム

ページのような情報プラットフォーム作りは，従来の電波媒体・印刷媒体以外の新しい広告販促媒体ととらえるよりは，その双方向性を活用した企業と顧客の対話や顧客同士のインタラクティブ・コミュニケーション，新しい口コミのコミュニケーション形成の手段と考えたほうがよいだろう。まさに，情報技術の発展によって，企業と特定多数との対話のマーケティングが現実のものとなっているのである。

関係性マーケティングの中心的な概念は「インタラクション」であり，その内実は信頼と対話型のコミュニケーションである。これからの企業に求められるものは，対前年成長率でも市場シェアでもなく，企業と顧客・取引先・投資家そして社会との間のインタラクティブなコミュニケーションであり，「マーケティング・アズ・コミュニケーション」の実践のなかにこそ，企業の長期的存続という目標達成の可能性が秘められているのである。

地域ブランド形成の
マーケティング

そもそも，地域ブランド形成の動きが活発化してきたのは，地方自治体を整理統合して，3600にものぼるものを半減しようとする，いわゆる平成の大合併がきっかけである。そして，その直接の背景は全国各地に広がる少子高齢化・過疎化の波である。このような状況のもとに多くの地方自治体が財政破綻に陥ってしまった。そこで登場したのが総務省主導の市町村合併による経営合理化支出削減である。しかし，市町村合併をしたからといって財政が改善されるわけではなく，支出削減よりも収入拡大が必要とされた。そこで「地域ブランド」の形成が注目されたのである。

それでは，地域ブランド形成とはどのようなことなのだろうか。地域ブランド形成の目的は明らかである。ずばり，地方自治体の財政の再建である。そして，この目的を達成するためには何をしたらいいのだろうか。それはまず，江戸時代各藩が行ったような，特産品を作り出し域外に移出することである。このことは現代社会でも頻繁に行われており，特許庁による規制緩和もうけて，各地域の商品が「地ブランド」として多数出されている。しかし，このことのみによって地域を活性化させることは難しい。今日，各地で盛んに行われている「ふるさと納税」は完全に本来の目的を失い，特産品目当ての納税という愚に陥ってしまっている。

　本来，「地域ブランド」を形成するということは，自治体の財政再建に留まらず，少子高齢化・過疎化を解消し，地域が生き生きと存在し，住民の活発な活動が展開することだろう。したがって，地域ブランド形成の本来的な目的は，地域の特産品を域外の人に「買ってもらう」ことはもちろんのこと，地域を「訪れてもらう」，地域に「滞在してもらう」，そして，地域に「住んでもらう」こと，地域の人々と域外の人々が「交流する」ということなのである。このことによって地域は活性化し，農工商業サービス業が活性化し，雇用が増え，需要が増え，観光交流人口が増え，住民が増えることとなる。これらのことが必然的に自治体の財政をうるおし，少子高齢化・過疎化が解消することとなる。

　地域ブランドの形成が企業のブランド形成と異なることは，ブランド形成の主体が単純に企業であるということではないことである。もちろん，地域ブランド形成の主体は地方自治体が中心であるが，それは時として，住民団体であったり，地域企業であったりする。さらに，地域ブランド形成の参画者は，自治体や住民，

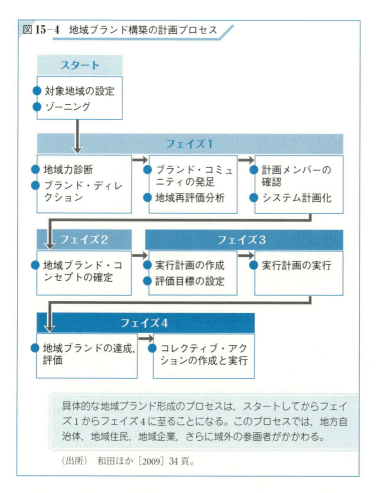

図15-4 地域ブランド構築の計画プロセス

（出所） 和田ほか［2009］34頁。

地域企業のほかにも，地域を訪れ，交流し，滞在し，移住したりする域外の人々であったりする。このような状態はまさに関係性マーケティングの領域であり，ここにこそ，企業マーケティングの関係性アプローチ以上に，関係性マーケティングの実行が必要になってくるのである。

地域ブランド形成の源泉は，その地域の歴史文化資産，自然天然遺産，商農工資産，そして人資産であろう。どのような自治体にあっても，これらのうちのいくつかの資産は必ず発掘できるものである。これらの資産を精査し，地域のアイデンティティを確立することが重要である。改めていうならば，地域ブランドの形成はさまざまなブランド形成参画者が連携して地域ブランド資産を探索し，地域ブランド・アイデンティティを作り出すことによって始まる。

具体的な地域ブランド形成のプロセスは，図15-4に示したように，フェイズ1からフェイズ4に至るものである。このプロセスにあって，地方自治体はもちろんのこと，地域住民，地域企業，さらには域外諸氏・諸集団が参画し，ブランドを形成するのであるのである。

◀本章で学んだキーワード▶　KEY WORD

関係性マーケティング　生活者　インタラクト　流通パワー　ディスクロージャー　IR活動　PR活動　ソーシャル・コミュニケーション　ステイクホルダー　信頼　二者間関係性　認知的信頼　感情的信頼　MACマーケティング　クロス・パトロナイジング　ブランド・パトロナージュ　ブランド・フランチャイズ　商品素　基本価値　便宜価値　感覚価値　観念価値　フェイス・トゥ・フェイス・コミュニケーション　情報プラットフォーム・コミュニケーション　ネット・コミュニケーション　地域ブランド

演習問題

1. 関係性マーケティングが生まれてきた背景について説明してみよう。
2. ブランド・ロイヤルティとブランド・パトロナージュとの違いを検討してみよう。
3. わが国の特定の地域に注目し,地域ブランド形成の様態を考えてみよう。

● 参考文献 ●

石井淳蔵［1993］,『マーケティングの神話』日本経済新聞社（岩波現代文庫,2004 年）。

矢作恒雄・青井倫一・嶋口充輝・和田充夫［1996］,『インタラクティブ・マネジメント』ダイヤモンド社。

和田充夫［1984］,『ブランド・ロイヤルティ・マネジメント』同文舘出版。

和田充夫［1998］,『関係性マーケティングの構図』有斐閣。

和田充夫［2002］,『ブランド価値共創』同文舘出版。

和田充夫・菅野佐織・徳山美津恵・長尾雅信・若林宏保,電通 abic project 編［2009］,『地域ブランド・マネジメント』有斐閣。

索　引

＊　本文中でゴチック（太字）になっているキーワードを中心に，とくに重要な概念には解説を付してあります。

アルファベット

AIDA モデル　227

AIO 測定尺度　68

AISAS モデル　227

BCG　→ボストン・コンサルティング・グループ

CI　50

CS（顧客満足）　50, 267

🖙　マーケティング・コンセプトの流れのなかでの顧客志向をより具現化したものであり，顧客満足度（CSI）を高めることが売上や市場シェアの向上以上に企業目標の一義的内容であるとする考え方。

CSR（企業の社会責任）　327, 334

　──マーケティング　336-339

CSV　339

ECR　172

EDI　172, 349

EDLP　→エブリデイ・ロー・プライシング

ES　→従業員満足

e コマース　269

IMC　12, 53, 236

🖙　アメリカのノースウェスタン大学を中心にして提唱された企業の対外的なコミュニケーション活動に関する概念や考え方であり，広報，広告，販促，

人的販売といった企業のコミュニケーション活動を統合した活動と組織の必要性を説いたもの。

IR 活動　344

🖙　わが国では企業の情報公開（ディスクロージャー）の要請の高まりとともに活発化しはじめた活動であり，広報活動の一環として，とくに一般投資家，機関投資家，証券アナリストに向けた企業の活動の理解を高めるための活動。

ISO　329, 330

LOHAS　331

M & A　151

MAC　→マーケティング・アズ・コミュニケーション

NB　→ナショナル・ブランド

OEM　150

PB　→プライベート・ブランド

PLC　→製品ライフサイクル

PL 法　328

POS 管理　27, 167

🖙　POS はポイント・オブ・セール（point of sale）を表し，消費者の購買時点での商品別・アイテム別のデータベースである。したがって，POS 管理を行うということは，アイテム別の購買データを管理することによってヒストリカルなデータ分析を行い，商品の発注や在庫管理を行うことを指す。

365

PR活動　344

SBU　→戦略事業単位

SCM　→サプライ・チェーン・マネジメント

SCP パラダイム　132

SEC（社会経済特性）　65

SNS　→ソーシャル・ネットワーキング・サービス

S–O–R モデル　107, 109

SP　→セールス・プロモーション

SPA　264, 268, 270

SRI　332

S–R モデル　107, 109

STP　81

t 検定　97

VALS　69, 114–116

W/R 比率　159

あ 行

アイディアの創造　183

アウトソーシング　149, 257

アーカー（D. A. Aaker）　136

アームストロング（G. Armstrong）
　62, 69, 178, 238

アロウワンス　12, 216
　トレードイン・――　216

アンゾフ（H. I. Ansoff）　29, 36

アーンド・メディア　243

威光価格　212, 213

井関利明　116

伊丹敬之　45

一次データ　80

移動障壁　145, 146

　――業界内の戦略グループ間の移動を妨げる障壁のことであり，戦略グループへの参入障壁とでもいうべきもの。業績の悪い戦略グループの企業が，業績のよい戦略グループの戦略をまねることができないのは，この移動障壁があるためである。

イノベーションの採用モデル　227

イベント　233

意味構成イメージ　52, 54

インターナル・マーケティング
　311, 312

　――組織とその内部の従業員との間に位置するマーケティングのことである。多くのサービス企業は高い顧客満足を得るために，顧客と接するあらゆる従業員を訓練し，彼らを動機づけ，サービスを提供するチームの一員であるという自覚を強くもたせる努力をしている。

インターネット調査　82, 85

インタラクション　106, 347, 359

インタラクティブ・マーケティング
　311, 312

　――従業員と顧客との間に位置するマーケティングのことである。サービスの知覚品質は，サービスを提供する者と受け手との相互関係によって大きく左右されるため，サービス企業により重視されているマーケティングのひとつである。

インタラクト　343

インテグレーテッド・マーケティング・コミュニケーション　→IMC

ウィリアムソン（O. E. Williamson）
　256

上澄み吸収価格　208

エイベル（D. F. Abel）　43

エクスターナル・マーケティング
　311

エブリデイ・ロー・プライシング
　（EDLP）　217

エリア・マーケティング　71

💬―ナショナル・ブランドの全国統一的なマーケティング活動の限界から，全国を地域（エリア）に細分化し，地域ごとの特性，需要・競争に対応したマーケティングの必要性を唱えたもの。

延　期　265-267, 269

延期―投機の理論　264, 265

💬―バックリンによって体系化された理論で，延期と投機という2つの原理によって，チャネル・システムの構成を説明するもの。延期は製品形態の確定と在庫形成を消費現場に近い点まで引き延ばすことを，投機は消費現場から遠い点で前倒しすることを表す。

オウンド・メディア　242

オピニオン・リーダー　121, 122

オフショアリング　150

オープン価格制　170, 261

オムニチャネル　164, 270

卸売価格　11, 169

卸機能　165, 166

卸構造の変化　164

か 行

回帰分析　101

外国モデル　157, 159, 160

解　読　225

カイ2乗検定　96

開　発　185

外部データ　82

快楽的消費　125

価格維持政策　260, 261

価格政策　9, 11, 12

加護野忠男　45

価値共創　243

金のなる木製品　35

感覚価値　354

間隔尺度　91, 93

環境会計　330, 332

環境監査　330

環境管理　330

環境にやさしい製品　331

環境報告書　330, 332

環境問題への対応　330

関係性マーケティング　17, 342

観察法　82, 86

慣習価格　213

感情型属性　276, 277

観念価値　354

関　与　112

管理システム　255

企業アイデンティティ　40, 41, 45, 48, 49, 51

企業イメージ　49, 51-54

企業コンセプト　49-51

企業システム　254, 255

企業戦略　15, 41, 54, 55

💬―マーケティング戦略や生産・開発戦略，財務戦略などの上位にあって，企業の生存領域，事業構成などにかかわる意思決定をいう。

企業ドメイン　43, 49-51

企業の社会的責任　→ CSR

企業ブランド　198

企業理念　49

記号化　225

季節割引　217

帰属特性　64, 65

拮抗力パワー　171

💬―J. K. ガルブレイスが唱えた概念であり，ある支配力が高まると必然的に対抗するパワーが発生すること。流通の場合では，消費財メーカーの流通支配力が高まると，それに対抗するようなかたちで大規模小売業のパワーが高まる様相を描いたもの。

索　引　367

機能割引　216
規模効果　35
規模の経済性　135
基本価値　353
　　──回帰　23
キム（W. C. Kim）　147
キャプティブ価格　211
境界戦略　263
競争戦略　142, 273, 274
　チャレンジャー企業の──　289
　ニッチャー企業の──　292
　フォロワー企業の──　291
　リーダー企業の──　284
競争地位別戦略　284
🔵─市場におけるシェア順位によって，
　各企業は，トップ企業のリーダー，2
　番手企業のチャレンジャー，3番手以
　下企業のフォロワー，シェアは小さい
　が集中戦略をとるニッチャーに4分類
　され，それらの競争地位に応じて最適
　な戦略が異なってくる。
競争要因　131, 132
　垂直的──　132
　水平的──　132
口コミ効果　232
口コミ・コミュニケーション　355,
　356, 359
クーポン　248
クロス・パトロナイジング　347
🔵─企業と顧客との関係性において，両
　者のコミュニケーション活動の活発化
　にともなって両者がお互いに支援しよ
　うという動機が発生し，愛顧商品と愛
　顧顧客が生まれ出る状況を示したもの。
クロス表　94
クロスメディア　238
経営資源　45
🔵─一般に企業が蓄積し活用するヒト，

モノ，カネ，情報のこと。企業は経営
資源を活用して競争優位を確立したり，
多角化事業を展開したりする。

計画的陳腐化　191
経験価値　127
経験曲線価格戦略　140
経験効果　35
🔵─規模の効果が一時点での生産規模の
　大小によって単位当たりコストが異な
　ることを示すのに対し，経験効果は一
　時点での生産規模が同一であっても経
　時的な生産経験の累積量によって単位
　当たりコストが異なることを示す。
経済のサービス化　298
系統的抽出法　89
契約システム　255
ゲイル（H. Gale）　105
系列小売店　257, 259
決済条件　12
ケラー（K. L. Keller）　315
ケリー（E. J. Kelley）　7
現金割引　214
現場調査　118
コア・コンピタンス　270
広　告　12, 238
　POP──　242
　折り込み──　242
　企業──　244
　交通──　242
　情報提供型──　245
　制度──　245
　製品──　244
　説得型──　245
　比較──　246
　リマインダー型──　245
広告計画　240
広告媒体　241, 242
広告・販促政策　9, 12, 13

広告費 12, 238

高集中度販路／低集中度販路 257

☞ー住谷宏によって提示された概念で，
メーカーの売上の大きな部分が少数の
量販店に集中しているのが高集中度販
路，多数の小規模小売店に分散してい
るのが低集中度販路である。現在の高
集中度販路においては，従来の低集中
度販路の戦略定石がその有効性を失っ
ている。

交渉戦略 263

後発優位性 193

小売価格 11

小売構造の変化 160, 161

ゴーエラー 185

顧客価値提案 187

顧客志向 5, 6

顧客満足 →CS

コスト・プラス法 203

コスト・リーダーシップ戦略 275

コーズ・リレーテッド・マーケティ
ング 337

固定費 203

コトラー（P. Kotler） 10, 62, 69, 178,
238, 284, 315, 318

コピー型戦略 23

コープランド（M. T. Copeland） 105,
253

個別ブランド 199

コーポレイト・ブランド 25, 198

コミュニケーション対応 224

コミュニケーションのプロセス
224

コミュニケーション・ミックス
234

☞ー広告やSPなどのコミュニケーショ
ン要素を単独で展開するのではなく，
相互に有機的に連動させながら展開し

ようという考え方。最近では，ミック
スの概念を発展させたIMCの概念も注
目されている。

コンサマトリーな消費 126

コンシューマー・インサイト 62

コンシューマリズム 318

コンセプト提案 323-325

コンセプト変換 24

コンフリクト 171, 263

さ 行

サイコグラフィック変数 68-72

再販売価格維持行為 170

☞ーメーカーは獲得利益を再投資・再生
産に投入すべく仕切価格の安定維持を
はかり，そのために末端小売の価格安
定化・維持を行おうとする。近年では，
価格破壊的なディスカウント小売の出
現によって末端小売価格の安定化が難
しくなり，また独占禁止法上もメーカー
による末端価格の安定化は困難になっ
ている。

佐久間昭光 45

サービス 298, 299

――の価格 309

――の供給管理 308

――の需要管理 308

――のチャネル 310

――の特性 303, 304

――のプロモーション 310, 311

――の分類 300, 302

サービス業のマーケティング・ミッ
クス 309

サービス・マーケティング 16, 299

サプライ・チェーン・マネジメント
（SCM） 264, 267, 269, 270

サブリミナル広告 226

差別化 276, 277, 289, 291

索　引　369

——戦略 275-277

サポーター 243

サンク・コスト 136

三次卸 159

産出量/過剰能力シグナリング戦略
141

参照価格 210

参入障壁 135

🔵——当該業界への新規企業の参入を妨げ
る諸要因のことであり，それが高いほ
ど業界内の企業は安定した収益を得る
ことができる。代表的なものとして，
規模の経済性，必要投資額，サンク・
コスト，製品差別化，チャネルの確保，
特許，法的・行政的規制などがある。

参入阻止戦略 139

サンプリング 248

事業機会の探索 22

事業性の分析 185

事業戦略 273

事業領域の設定 43, 44

思考型属性 276, 277

自己超越の欲求 339

市場拡大戦略 31, 33

市場空間の選択 59

市場細分化 →マーケット・セグメ
ンテーション

市場需要の開拓 22, 23

市場浸透価格 209

市場浸透戦略 29, 32

市場設定 73

市場導入 186

市場との対話 15

市場の国際化 31

市場の成長性 34, 35

市場の選択 14

市場の定義 151

市場の分析 15

シーズ志向 4

実験群 87

実験法 82, 86, 87

実勢価格 207

質的データ 91

質問法 82

社会階層 65

社会経済特性 →SEC

社会貢献のマーケティング 327,
333

社会志向 6

——のマーケティング 318, 319

🔵——レイザーらが提唱したもので，4P を
中核とするこれまでのマネジリアル・
マーケティングに，そこに欠けていた
社会責任や社会倫理といった社会的視
点を導入していこうとするもの。

社会心理的特性軸 64

社会責任のマーケティング 327,
328

社会的価値 337, 339

社会的顧客 337, 338

従業員満足（ES） 312

従属変数 86

集中型マーケティング 59, 64, 66,
74

集中在庫 267

集中戦略 277, 278, 292

集中度 133, 135

🔵——当該業界の売上が上位企業に集中し
ている度合いのことであり，メーカー
による独占度の指標である。高集中度
業界とは，大企業が大きなシェアをも
つ業界を意味しており，高い収益率や
流通への強い交渉力をもつことが多い。

周辺需要拡大 286

集落化法 90

需給調整機能 166

受注生産 266

シュミット（B. Schmitt） 127

主要業務プロセス 187

主要経営資源 187

需要の価格弾力性 219, 220

　🖝 製品の価格を変化させたときに生じる需要量の変化の度合いを把握するための概念である。通常は価格の下落に対して需要量は高まるので，弾力性の値はマイナスになる。この値の絶対値が1より大きい場合には弾力的，1より小さい場合には非弾力的という。

需要の交差弾力性 221

需要の変動性 307

準拠集団 122

　🖝 個人の意識や行動に影響を与える集団のことであり，家族や学校・職場・地域の友人グループなどが代表的である。消費者の製品選択やブランド選択に影響を与えるものであり，とくに贅沢品や人前で使う製品の購買の際に影響が大きい。

少数集中生産 266

消費社会の記号論 124

消費者行動分析 105

消費者情報処理 109

　🖝 消費者行動を，情報処理活動としてとらえるアプローチであり，今日の消費者行動分析の中心的パラダイムである。この消費者の情報処理活動の動機づけを規定するのが関与であり，能力を規定するのが知識である。

消費者のインタラクション 106

消費者の購買拠点 171

消費需要構造の把握 73

商品素 348

情　報 27

情報公開 331, 344

情報処理モデル 228

情報統合の方略 110

情報プラットフォーム・コミュニケーション 354, 356

　🖝 企業と顧客がパソコン情報ネットワーク，たとえばインターネットのフォーラムを共通のコミュニケーションのフィールドとし，そこをプラットフォームにして製品開発などのマーケティング戦略上のインタラクティブなコミュニケーションがはかれる状況を作ること。

消滅性 307

序数尺度 91, 92

人口動態的特性軸 64

新事業の探索 23

新製品 181, 183

　——の成功率 183

　——の先行予告戦略 141

　——の普及過程 120

　🖝 新製品などのイノベーションが市場に普及していく過程である。新製品採用の順序によって，消費者は，イノベーター，初期採用者，前期大衆，後期大衆，採用遅滞者の5つのグループに分類される。

新製品開発 181

　——戦略 30

　——のプロセス 183

人的コミュニケーション 232

人的販売 232

浸透価格戦略 140

信　頼 345, 346

　感情的—— 346

　認知的—— 346

衰退期 190, 282

垂直的マーケティング・システム（VMS） 254, 255

スイッチング・コスト 140
数量割引 12, 215
　非累積的―― 215
　累積的―― 215
スクリーニング 183, 184
スターン（L. W. Stern） 261, 264
ステイクホルダー 332, 344
　――・リレーションシップ戦略
　142
スノーボール式抽出法 90
住谷宏 257
生活者 343
生活文明の形成 23
📝―本書では文明と文化を分けて用いて
おり，生活文明とは人々の生活の便利
さを向上させるような，交通網・通信
網などのインフラストラクチャーの発
達や，家電製品や自動車などの製品が
生活のなかに取り込まれることをいう。
成熟期 189, 282
製造物責任 328
成長期 188, 282
成長ベクトル 32
生販統合 264
製販同盟 172, 264, 267, 269, 270,
　349, 350
📝―メーカーと小売，たとえばコンビニ
エンス・ストアが共同して商品開発を
行い，より高品質・低コストの商品を
消費者に提供できるしくみを作ること。
味の素とセブン-イレブンの焼き立て
パンなどがその代表例である。
製　品 178, 179
　――の安全性 328
製品アイテム 179
製品コンセプト 10
製品差別化 136
製品・市場マトリックス 29

製品政策 9, 10
製品ポートフォリオ・マトリックス
　34
製品ミックス 180
📝―ある企業が供給している製品の集合
体のこと。製品アイテムと製品ライン
の2次元で把握できる。製品アイテム
とはサイズ，デザイン，価格などが異
なる個々の品目で，製品ラインとは機
能や顧客などの点で密接な関係のある
製品群である。
製品ライフサイクル（PLC） 122,
　187, 280, 281
📝―人間と同様に製品にも一生があると
考え，製品が生まれてから死滅するま
での段階をいくつかに分け，製品の特
徴を説明しようとした概念。通常は，
導入期，成長期，成熟期，衰退期の4
つの段階に分けられている。
　――の問題点 190, 191
　――別戦略 280
📝―製品ライフサイクルの4つの段階ご
とに，企業内外の環境は大きく異なり，
その結果，各段階において達成すべき
マーケティング目的，展開すべき最適
な4P戦略が異なってくる。
製品ライン 180
政府規制 139
セグメント・マーケティング 63,
　64, 66, 72
セールス・プロモーション（SP）
　246, 248
　――の種類 248
　小売業者による―― 247
　消費者向け―― 247
　流通向け―― 247
先制的広告支出戦略 141
先発優位性 192

＊―ある特定市場へ最初に参入すること
によって，その市場での競争を有利に
展開できることを説明した言葉。実際，
先発ブランドの市場シェアは，後発ブ
ランドの市場シェアよりも大きいこと
が多くの調査によって明らかにされて
いる。

戦略グループ　142, 146

＊―業界内の企業で，同様な戦略パター
ンをもつ企業のグループのことであり，
各企業の保有経営資源の違いや，目標
とリスクに対する考え方の違い，また
業界への参入時期の違いなどによって
形成される。

戦略事業単位（SBU）　273
戦略的製品　36
戦略的マーケティング　273
戦略同盟　172, 349
層化抽出法　89
相関係数　99

＊―2つの項目間の関連の度合いを示す
係数である。係数の値はマイナス1か
らプラス1までの間をとり，絶対値が
1に近づくほど関連の度合いは強くな
り，逆に，0に近づくほど関連は弱い
ことを意味している。

相互浸透戦略　263
相対市場シェア　34
増量販売　215
属性イメージ　52, 54
測定尺度　91

＊―調査対象からデータを収集する際，
各サンプルの状態や内容を測定しなけ
ればならない。そのために用いられる
のが測定尺度である。測定尺度は，名
義尺度，序数尺度，間隔尺度，比例尺
度の4つに類別することができる。

ソーシャル・コミュニケーション

344
ソーシャル・ネットワーキング・サー
ビス（SNS）　358
ソーシャル・マーケティング　16,
318, 319

＊―なんらかのかたちで社会とのかかわ
りを扱うマーケティングのことで，2
つの流れがある。ひとつは，コトラー
に代表される非営利組織のマーケティ
ング，いまひとつは，レイザーらに代
表される社会志向のマーケティングで
ある。

――とマネジリアル・マーケティ
ングの統合　335
損益分岐点　204

＊―販売数量の増加によって，赤字から
黒字へと変わる分岐点である。この分
岐点よりも少ない販売量だと赤字，逆
に，この分岐点より多い販売量だと黒
字となる。固定費，変動費，そして販
売価格によって算出できる。

た　行

大規模小売店舗法　159
大規模小売店舗立地法　159
対照群　87
代替品　151
対立から協調へ　264, 267
ダイレクト・マーケティング　313
多角化　31, 45
「いもづる」的な――　48

＊―旭化成の多角化にみられるように，
技術を軸にして技術の輪のつながると
ころは何でも多角化してしまおうとす
るような事業展開。

集約型――　46, 47
垂直統合――　46, 47
「ナベカマ」的な――　48

🔹—かつての鐘紡のように，わが国のリーディング・カンパニーという自覚のもとに，経営資源の活用といった基軸を無視して企業の社会的存在の高揚のために何でも多角化してしまおうといった活動のこと。

連鎖型—— 46-48
多角化戦略 31, 32, 40
抱き合わせ価格 211
ターゲットの絞り込み 313
ターゲット・マーケティング 59
ターゲティング 42
多市場先制戦略 141
多数分散生産 266
達成特性 64, 65
建値制 11, 169, 260
ダブル・ブランド 199
多変量解析 100
田村正紀 157, 160
単純集計 94
単純無作為抽出法 89
地域貢献 338
地域ブランド 357, 359
知覚価値 206
知　識 112
チャネル管理 253, 259-261, 269
チャネル・コンピタンス 270
チャネル政策 9, 13, 253, 254
開放的—— 254
選択的—— 254
排他的—— 254
チャネル選択 253, 255, 257
チャネルの確保 137
チャネル・パワー 171
チャネル・リーダー 259
チャレンジャー 284
超組織戦略 263
通信販売 155, 157, 163

ディスクロージャー　→情報公開
低迷製品 36
テイラード・マーケティング 59
テスト 185
デファクト・スタンダード 283, 284
デモグラフィック変数 69-72
デュアル・ブランド戦略 135
店頭在庫期間 266
電話調査 82, 84
等間隔法　→系統的抽出法
投　機 265-267, 269
同質化対応 287, 288
導入価格 209
導入期 188, 282
特売価格 217
特約店制度 168
独立変数 86
特　許 138
留置調査 82, 85
トラウト（J. Trout） 193
ドラッカー（P. F. Drucker） 5
取次店 26
取引コスト 256
🔹—ウィリアムソンらによって研究された概念で，市場取引にともなって発生する情報収集費用，交渉費用，取引契約の実行確認にかかわる費用などのこと。取引を市場で行うか，組織内に内部化するかの意思決定は，取引コストと内部化費用の大小で決まる。

——・アプローチ 256, 257
取引数最小化の原理 166
トリプル・ボトムライン 334, 336
トリプルメディア・マーケティング 243
トレーサビリティ 329
トレードオフ 24

374

ドロップエラー　185
問屋無用論　160, 165

な　行

内部化費用　256
内部データ　82
ナショナル・ブランド（NB）　134
二次卸　159
二次データ　80
二者間関係性　345
二重価格　170
ニーズ志向　5, 6
ニーズ対応　323, 324
ニッチャー　284
日本型の取引関係　160
日本の流通システム　157
入札価格　207
ニューロ・マーケティング　128
ネイダー（R. Nader）　328
ネット・コミュニケーション　358
ネットチャネル　270
ネット販売　155
ノイズ　226
納品リードタイム　266
望ましい企業像　53, 54
ノベルティ　242

は　行

媒体（メディア）　225, 242
ハイ・ロー・プライシング　217
ハーシュマン（E. Hirschman）　125
端数価格　212
バックリン（L. P. Bucklin）　264
パッケージ　196
パーティ販売　157
花形製品　34, 35
パパママ・ストア　158, 161
パブリシティ　233

ハメル（G. Hamel）　270
ハモンド（J. S. Hammond）　43
バリュー・イノベーション　147
パワー・コンフリクト論　261, 263
　　🔹—スターンらに代表されるチャネルへ
　　の社会システム論アプローチのこと。
　　チャネル・システム内のパワーとコン
　　フリクトについての研究がとくに精力
　　的に行われたので，このように呼ばれる。
パワー資源　261, 262
　一体化——　262, 351
　情報——　262
　制裁——　262
　正統性——　262, 351
　専門性——　262
　報酬——　262
パワー資源論　351
ハワード＝シェス・モデル　107,
　　109
販社（販売会社）　155, 255, 256
販　促　12
販促費　12
ハント（S. D. Hunt）　190
反応プロセス　227
　　🔹—受け手である消費者が，コミュニケー
　　ションによって影響されていくプロセ
　　ス。このプロセスに関しては，いくつ
　　かのモデルが提唱されている。そのひ
　　とつ AIDA モデルによると，「注目」「関
　　心」「欲求」「行動」という 4 つの段階
　　をたどる。
販売志向　5
販路の集中度　257
非営利組織のマーケティング　318–
　　320
　　🔹—コトラーによって提唱されたもので，
　　4P をはじめとするマーケティングの諸
　　概念・諸技法を，これまでのように営

利企業だけでなく，教会や病院といった非営利組織にも適用していこうとするもの。

非価格競争　286

ビークル　242

ビジネスモデル　186, 268

非人的コミュニケーション　232

必要投資額　136

標準小売価格　169

標準偏差　99

標的市場　59

標　本　88

標本抽出　88

　🔵─母集団と呼ばれる調査対象の全体からデータを得ることが困難である場合，母集団より選び出された一定数からデータを得ることが多い。標本抽出とは，この一定数を選び出すことであり，単純無作為抽出法や層化抽出法などの手法が知られている。

比例尺度　91, 93

品質の変動性　305

ファックス調査　82, 85

ファミリー・ブランド　199

フィランソロピー　327, 333, 335

フェイス・トゥ・フェイス・コミュニケーション　354

フォロワー　284

不可分性　306, 307

プッシュ戦略　234

　🔵─人的販売を駆使して，自社製品を流通段階へ押し出す戦略である。

物的移転機能　166

プライス・フォロワー　207

プライス・ライニング　210

プライス・リーダー　207

プライベート・ブランド（PB）　42, 134

プラハラード（C. K. Prahalad）　270

ブランド・アイデンティティ　357

ブランド・イメージ　230

ブランド・エクイティ　136

ブランド開発　195

ブランド拡張　200

ブランド価値　353, 354

ブランド・カテゴライゼーション　111

ブランド強化　195

ブランド増殖戦略　140

ブランドの基本戦略　194

ブランドの採用戦略　198

ブランド・パトロナージュ　348

　🔵─ブランド・ロイヤルティ（銘柄忠誠）といった消費者のブランドに対する一方的な忠誠ではなく，消費者がブランドの発信する情報や価値に共鳴してブランドに愛顧を感じ，ブランドを支援したいという気持が湧いてくる状況をいう。

ブランド・フランチャイズ　348

ブランド変更　197

ブランド・マネジメント　194

ブランド・リポジショニング　195

フリクエンシー　241

ブルー・オーシャン戦略　147, 148

プル戦略　234

　🔵─広告により直接消費者へ働きかけ，自社製品に対する彼らの引き合いを高める戦略である。

プレミアム　249

プロダクト志向　4

プロモーション　231

分化型マーケティング　59, 63, 64, 74

分散在庫　267

分散分析　100

平均値　94

ペイド・メディア　242

ベイン（J. S. Bain）　132

ベットマン（J. R. Bettman）　112

便益の束　178

便宜価値　353

変動費　203

報酬−罰則メカニズム　262, 263

訪問販売　157

母集団　88

ポストモダン　125, 127

──消費者行動分析　125

ボストン・コンサルティング・グループ（BCG）　33, 36

ポーター（M. E. Porter）　131, 146, 273–275, 339

──の３つの基本戦略　274

🔹ポーターは，競争優位のタイプ（低コスト／差別化）と戦略ターゲットの幅（広／狭）という２要因により，競争戦略の基本戦略を，コスト・リーダーシップ，差別化，集中の３つに分類した。

ポートフォリオ　33

ボードリヤール（J. Baudrillard）　124

ホルブルック（M. B. Holbrook）　125

ホワイトスペース戦略　186

ま　行

マーケット・セグメンテーション　60, 62, 63, 73

マーケティング　2, 3, 54, 56

──の目的　7

マーケティング・アズ・コミュニケーション（MAC）　347

マーケティング・コンセプト　3

マーケティング・システム　7, 8

マーケティング戦略　54, 55

──の作成　73

マーケティング戦略体系　7, 8, 13, 55

マーケティング・マイオピア　10, 50

🔹レビットが『マーケティングの革新』で用いた言葉で，アメリカの鉄道事業が鉄道会社同士の競争にあけくれ，自らを輸送産業と定義せず自動車産業や航空産業との競争に目を向けなかったために衰退したとし，マーケティングの近視眼的経営（マイオピア）をいましめた。

マーケティング・マネジメント　273

マーケティング・ミックス諸要素　7, 9, 13

マーケティング4P　9

マージン　12

マス・コミュニケーション研究　106

マス媒体　232

マス・マーケティング　59–61, 72

マズロー（A. Maslow）　115

──の欲求５段階説　115

マッカーシー（E. J. McCarthy）　9, 105

マネジリアル・マーケティング　7, 17

見込み生産　266

ミニリーダー戦略　292

無形性　304

🔹サービスの特性を説明する言葉のひとつである。サービスには具体的な形がないために，買い手は購入前に当該サービスを体験したりテストすることができない。このほかにもサービスの特性として，品質の変動性，不可分性，消滅性，需要の変動性がある。

矛盾結合　24
名義尺度　91, 92
メーカー希望価格　11
メーカー（製造者）仕切価格　11,
　169, 170
メーカーの販売拠点　171
メセナ　327, 333, 335
メッセージ　225
メディア　→媒体
面接調査　82, 83
モノからコトへ　27
モバイル調査　118
模　倣　291
モボルニュ（R. Mauborgne）　147

や　行

矢作敏行　265
ヤンキーシティ研究　106
有意水準　97
郵送調査　82, 84
吉原英樹　45, 47

ら　行

ライズ（A. Ries）　193
ライフスタイル　68, 69, 114, 117
　消費活動を含む生活全般にわたる個
　人の思考・行動様式の複合的システム
　のこと。所得など1次元の変数がもっ
　ていた説明力の限界を，生活全般にわ
　たる多次元的な変数を複合・統合する
　ことによって乗り越えるものである。
　　——分析　116, 117
ライフステージ　65
ランバン（J.-J. Lambin）　273

利益方程式　187
リスク分散　47
リースマン（D. Riesman）　115
　——の同調様式　115
リーダー　284
リーチ　240
リベート　12, 169, 216, 260
流通迂回率　159
流通革命　160
流通系列化　160, 168
流通経路　155
流通システム　155
　ミクロ的には個々の企業が選択した
　製造業者から消費者に至る，商品の取
　引流，物流，情報流に携わる諸機関，
　すなわち製造業者，卸売業者，小売業
　者からなるひとつのシステムのこと。
　マクロ的には流通構造の全体を指す。
流通チャネル戦略　253
流通パワー　343
量的データ　91
量販店　257, 259
ルメルト（R. P. Rumelt）　45, 47
レイ（P. Ray）　331
レイザー（W. Lazer）　7, 318, 335
レビット（T. Levitt）　10, 50
ロジャース（E. M. Rogers）　120
ロス・リーダー　217

わ　行

割当抽出法　90
ワン・トゥ・ワン・マーケティング
　60, 74

マーケティング戦略〔第5版〕
Marketing Strategy, 5th ed.

ARMA
有斐閣アルマ

1996 年 4 月 10 日	初　版第 1 刷発行
2000 年 9 月 30 日	新　版第 1 刷発行
2006 年 3 月 30 日	第 3 版第 1 刷発行
2012 年 3 月 5 日	第 4 版第 1 刷発行
2016 年 12 月 15 日	第 5 版第 1 刷発行

著　者　　和　田　充　夫
　　　　　恩　藏　直　人
　　　　　三　浦　俊　彦

発 行 者　　江　草　貞　治

発 行 所　　株式会社　有　斐　閣

郵便番号　101-0051
東京都千代田区神田神保町 2-17
電話　(03) 3264-1315〔編集〕
　　　(03) 3265-6811〔営業〕
http://www.yuhikaku.co.jp/

組版・田中あゆみ／印刷・大日本法令印刷㈱／製本・大口製本印刷㈱
©2016, M. Wada, N. Onzo, T. Miura. Printed in Japan
落丁・乱丁本はお取替えいたします。
★定価はカバーに表示してあります。

ISBN 978-4-641-22078-2

JCOPY　本書の無断複写（コピー）は、著作権法上での例外を除き、禁じられています。複写される場合は、そのつど事前に、(社)出版者著作権管理機構（電話03-3513-6969，FAX03-3513-6979，e-mail：info@jcopy.or.jp）の許諾を得てください。